事实财物罪初论

SHISHI CAIWUZUI CHULUN

文海林 ◎ 著

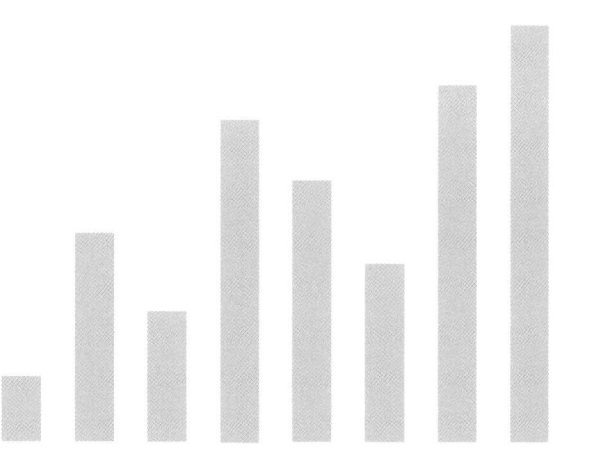

中国政法大学出版社

2025·北京

声　明　1. 版权所有，侵权必究。

　　　　2. 如有缺页、倒装问题，由出版社负责退换。

图书在版编目（CIP）数据

事实财物罪初论 / 文海林著. -- 北京 : 中国政法大学出版社, 2025. 3. -- ISBN 978-7-5764-1625-1

Ⅰ. D924.354

中国国家版本馆 CIP 数据核字第 2024TG0323 号

出　版　者	中国政法大学出版社
地　　　址	北京市海淀区西土城路 25 号
邮寄地址	北京 100088 信箱 8034 分箱　邮编 100088
网　　　址	http://www.cuplpress.com（网络实名：中国政法大学出版社）
电　　　话	010-58908285(总编室) 58908433（编辑部）58908334(邮购部)
承　　　印	固安华明印业有限公司
开　　　本	720mm×960mm　1/16
印　　　张	13.5
字　　　数	200 千字
版　　　次	2025 年 3 月第 1 版
印　　　次	2025 年 3 月第 1 次印刷
定　　　价	62.00 元

序 言

从案例推动到理论推动的事实刑法学

近些年,我国出现了一些典型案例,推动了刑法理论的发展。

第一,纽扣案。将不同颜色、型号、形状的纽扣混倒在一起,纽扣本身没有任何损坏,但带来使用的巨大不便。通过捡拾,重新让这些纽扣回到原来的麻袋中需要十余万元。案件展示出物理毁坏、效用毁坏之间的巨大落差,也引来理论界对毁坏方法判断标准的巨大争议。结果我们已经看到,各持己见,无果而终。

第二,天价葡萄案。案中显示的从行为人、常人认识的几百元,和从被害人出发的一万多元科研葡萄价格,都是实际存在的价格现象,客观价格、主观价格,行为人价格、被害人价格,事实价格、价值价格之间,明显对立。尽管最后从行为人出发的事实价格主导了案件进程,但其中的原委则语焉不详。

第三,帅英案。案发时的《中华人民共和国保险法》第54条第1款与刑法保险诈骗罪的冲突,突显出刑法与其它法律冲突情况下,能否对符合其中一方法律规定的行为人定罪,这样的问题在一般法律之间、刑法规范之间、刑法司法解释之间,也会产生。帅英案显示了法律规范的存在意义和重要性,但法律规范在定罪中的地位和意义究竟如何安放,则不是这样一个案例可以完全说清的。余音缭绕,绕梁三日的感觉就有了。

第四,昆山反杀案。对于正当防卫要求的"正在进行"其实也是对犯罪正在进行的判断,一般情况下对于构成要件要素的判断足以得出结论,而一旦构成要件要素"失灵"时,时空能否"递补"判断,成为理论需要直面的问题。时空在刑法现象中不时被使用,但经常被忽略,其作用原理、标准位置始终没有得到系统梳理和解说，留下了越来越长的有待答疑解惑的"尾巴"。

还有司法考试的两个案例，比如2006年试卷二第13题：

关于故意杀人罪，下列哪一选项是正确的？

A. 甲意欲使乙在跑步时被车撞死，便劝乙清晨在马路上跑步，乙果真在马路上跑步时被车撞死，甲的行为构成故意杀人罪。

B. 甲意欲使乙遭雷击死亡，便劝乙雨天到树林散步，因为下雨时在树林中行走容易遭雷击。乙果真雨天在树林中散步时遭雷击身亡。甲的行为构成故意杀人罪。

此试题的结论正确，理由错误，标准答案给出的理由是因为"行为本身不足以致死"而不能成立犯罪，由于这是对事实杀人行为的标准，但试题问的却是价值杀人行为，是否仍然沿用事实杀人行为的判断标准让人存疑（本书《财物的封闭原理》一章有更为详细一些的讨论）。

围绕典型案例推动的刑法进步，是有缺陷的：

第一，案例的解决本身疑惑声不断。有的案例解决本身就争议不断，比如第一个案例；有的案例解决皆大欢喜，比如后面三个案例。但不争的问题是，理论逻辑、说理过程均不尽如人意，不能不让人十分怀疑解决问题所依据标准的科学性、合理性、正当性，这对于法治社会而言，绝对不是一个好消息。它显示出仅仅满足结论正确，追求当下定分止争的短视，说到底，还是理论的不彻底。案例解决不能有效上升到理论解决，进退维谷，案件解决的系统合理性始终存疑。

第二，案例判断有时难以选择。案例讨论缺乏对共同标准的抽象、遵循，不仅使案例本身选择困难，也会使案例之间的标准归纳、提炼十分困难，导致"推不开"的困境。第一个案例已经出现这种选择困难，理论讨论中也不时出现类似苗头。比如故意伤害罪的法益，有身体完整说、生理机能健全说，我们都知道对人的伤害，通过身体还是机能进行，都是有效的伤害途径，两个观点本身都无可厚非，在缺乏参照物的情况下也无从选择，更不可能一比高下。这也是案例判断的局限所在。理论则不同。理论是从逻辑正确出发的，符合标准的理论都是正确的，反之，则是错误的。理论和实际情况的脱节，使其有脱离实际的选择能力。还以故意伤害罪法益为例，从事实标准注重物理外观的角度出发，身体完整说符合该标准而成为判断标准，对生理机能的损害须以破坏身体完整的形式出现才是有效的。而生理机能健全说成为身体完整说的反映目标、补充标准，这样的难题便在事实标准面前迎刃而解。

第三，案例推动是权宜之计，理论推动才是终极动力。案例推动是刑法进步早期的无奈，但只见树木不见森林，总有天花板和推不动的地方和时候，其理论视野、逻辑一致性、标准统一性受到很大影响，多点开花的案例推动达到临界点后，理论的抽象、归纳完成后，理论推动的时机就到了。理论推动毕竟具备案例推动不具有的整体、全面、深入的优势，这是任何刑法进步到成熟阶段都必须来到的新层次，尽管这一时期仍然需要案例推动。

任何一个时代的刑法进步一定是漫长、艰辛的过程，不可能一蹴而就，但最后的成熟阶段一定是在理论成熟之上实现。中国刑法理论通过几十年的向外借鉴、案例推动，已经逐渐积累了丰富的感性体验和理性认识，对现代犯罪规律的把握也达到了一定成熟度，现在是时候形成合力、形成通说，将罪刑法定原则下的犯罪现象理论化。

笔者粗浅地认为，现代刑法理论已经进入了事实刑法学的时代，事实刑法、犯罪的层面不同于社会危害层面，称之为变革并不为过，变革时期的理论推动需要注意以下几点：

第一，树立刑法分层、刑法立体的观念，建立分层犯罪、立体犯罪理论。

笔者个人认为，刑法是分层次的，以往的刑法理论最大的问题是缺乏刑法分层观念，并且以为一直如此、并将永远如此。遵守层级原则、遵循层级规律，分层设置、分层讨论才是正确的态度。事实标准是罪刑法定原则选中的标准，正如上述案例所显示的那样，事实标准已经脱离社会危害层面，以不同面目出现在犯罪现象各层次、各部位，上述案例争论，相当程度上是不同层面刑法现象之间的争论，也就是层级争论，类似于"太空课堂"曾经展示过的水在太空、地球表面的不同存在样态。只有在确立所处层面后讨论才会有效，过分留恋社会危害性层面从而跳不出价值判断窠臼，对于理论研究的危害是巨大的。比如，财物的物体特征即有体性、移动性、物体完整性是事实层面，财物的法益性质即利益性质、归属关系、归属数量则是价值层面，事实财物罪是在事实层面建立犯罪标准的，非要跳跃到价值层面的现象，比如以存款占有、虚拟财产、积分等来判断是否犯罪，或者直接使用价值层面的标准，比如以财产数额作为标准，都是违反层面逻辑的做法。因此，全方位、立体式针对事实标准展开一次层面定位、系统梳理已经迫在眉睫，再习惯性地沿用社会危害性层面的价值标准和判断，已经不合时宜。中国刑法理论背负几千年价值判断的成功，在转型事实标准时由于习惯了从价值判断出发平视所有被评价对象，转型困难更大一些，走过太多的弯路，是时候回归正途了。比如，我国四要件理论平面地看待立体犯罪现象，将价值层次的主体与事实层次的主体一样作为事实入罪标准，德国产生的主体出罪的期待可能性理论在中国四要件理论中就无处安放，因为，主体不可能在作为入罪标准的同时，又承担出罪功能，这样处理不仅层次混乱，而且主体现象的功能紊乱。这样的认识会促使我们猛醒，并深刻体会到德国理论坚决不把主体作为构成要件要素的缘由。

事实，摧毁了人治的价值世界，建立了法治的事实世界。事实，降妖除魔，驱逐鬼怪，踏雪而来，潜入凡间；日本20世纪初全民激辩"杀尊亲属罪"的存废后，脱去身份的马甲，抛下皇帝的新衣，持事实平等之剑，斩价值不平等之冤；源于人格，发于人心，外于行为，落于利益，呈于危害；办用刀杀人，辨借力杀人，不以人定罪，不以利量刑；立法垄断标准，司法执行标准，权力接力。

事实标准通过缩小范围实现明确性和罪刑法定，这在中外刑法立法中表现十分明显，比如《日本刑法典》第177条规定了暴力、胁迫方法成立的强奸罪，第178条规定了乘他人心神丧失或者不能抗拒，或者使他人心神丧失或者不能抗拒的准强奸罪；《中华人民共和国刑法》（下文简称《刑法》）第236条规定的是暴力、胁迫和其他手段成立强奸罪，但司法解释却解释为"违背妇女意志"的法益标准，对比日本、我国两部刑法强奸罪范围，明显看出日本强奸罪范围小于我国，这正是日本刑法更符合罪刑法定明确性原则的基本逻辑，法益危害、主体危险、社会危害正是突破事实束缚的利器。

第二，注重理论的标准研究、系统归纳，尤其是在时代发展变革的重大历史关口。

举世承认，中国古代刑法开创了犯罪价值标准的时代，利益（以皇权为核心）、人的危险、社会危害成为那个时代价值刑法最醒目的标志。当前，世界和中国又站在了建构犯罪事实标准的历史时刻，即建立罪刑法定原则下的犯罪理论。尽管这一理论已经过了200多年的建构，但不得不承认，这一历史进程依然处于进行时，我们依旧处在这一大的历史周期之中，现有刑法、犯罪理论中的几乎所有争论问题均源于如何从价值走向事实。同时也不得不遗憾地承认，在这一历史转折中，中国刑法及其理论已经落后于以德国为代表的刑法及其理论。好在事实刑法的周期还在，德日现有理论并未成熟、没能穷尽事实刑法学全部理论。最高人民检察院在迁西"马树山案"中的表态"决不能出现没有犯罪事实予以逮捕、起诉的案件"，非常具有意义，诬告陷害罪、诽谤罪本是典型的价值犯罪，历史上它们完全可以在没有犯罪事实前提下定罪，"莫须有""无中生有""说你行你就行不行也行、说你不行行也不行"等情形就是其具体表现，但在当今的中国都能够要求必须具有"犯罪事实"前提才能认定诬告陷害罪、诽谤罪，说明这些价值犯罪也已经被今天的中国司法机关事实化了，这对于防范权力的任意、擅断意义重大，对于事实犯罪的建立也具有重大的示范意义。中国刑法急需思考的是如何才能奋起直追，完成又一次以事实标准的"唐律盛典"式华丽转变，是当代中国刑法学人的历史性责任！

不同层面遵循不同工作原理，犯罪的事实标准作为与价值标准不同的全新标准，具有自己独特的运行制度，是理所当然的，注重事实层面的原理归纳和抽象，适时上升到制度层面，是刑法理论责无旁贷的研究重点。这方面，德国刑法理论做出了重大贡献，比如事实（构成要件符合性）入罪、价值（违法、罪责）分别出罪，事实由主观心理、客观行为的要件组合而成，事实时空原理，以罪定刑，等等；在共同事实犯罪，德国刑法有意识探索出了适应事实（实行犯）标准的正犯·共犯参与模式，保留了正犯·正犯、正犯·共犯两种组合模式成立共同事实犯罪，排除了共犯·共犯的组合成立共同事实犯罪；部分犯罪共同说，在事实重叠范围内成立共同事实犯罪，排除了缺乏同一事实的行为之间成立共同事实犯罪；共犯从属说，解决了共犯的性质和处罚等基本问题，极大地提升了人类认识共同事实犯罪的水平，为共同事实犯罪理论、制度的后续建构、完善打下了坚实的基础。本书试图讨论的封闭性原理、发生顺序（先主观后客观、先方法后对象）原理等问题，也具有同样的意义。

以事实标准为核心，围绕标准建立犯罪理论，是重中之重。但标准之余还不可避免地存在事实、价值的过渡、混合形态，表现出十分复杂、多变的特点，深入思考事实、价值之间的难点、困点、堵点、拐点、融点、沸点，是刑法理论深化研究的标志。

第三，变革理论需要迎接一批变革性概念。

知识增量以概念增量为标志。事实标准作为一个新的层级，产生出不同于社会危害层级的新标准、新概念介入到刑法理论、犯罪理论之中，必然带来一系列相关概念的分裂，产生一批新类型，有力促进人类对相关层级和现象的认识准确度，重新分类它们恰是理论该做的工作。概念是认识的指示器。模糊概念是混沌认识的载体，新概念预示了认识的新层次、新高度。上述案例已经展示出毁坏、数额、规范、时空、行为、伤害现象客观存在的层次复杂、类型丰富，已有的概念过于宏观、粗放，完全不能适应精准表达这些现象的新面貌、新意境，人类急需一大批能够反映更丰满、更鲜活的全新概念来完成新的表达任务，这也是衡量人类认识是否获得深化的基本指标。

我们已经在先后引进的苏联、德日刑法理论中，看到了这样的苗头，犯罪构成、构成要件要素、违法、罪责、法益、实质刑法（犯罪）、形式刑法（犯罪）等全新概念扑面而来、应接不暇，而行为、结果、因果关系、心理、危害性等旧概念也面临着需要重新认识、重新分类而重新焕发新意义的客观形势，新概念在两股合力促成下已有苗头，比如共同犯罪是有着久远历史的概念，但今天，已经出现了共同故意犯罪、共同过失犯罪的不同概念，对于这两种现象，仅使用共同犯罪这一概念已经被认为不能有效地区别它们；再比如，由于事实标准介入，在法益领域已经出现了物质化法益、精神化法益的分类，这一分类大有成为通说被广为接受的可能，使法益内部进一步分类成为可能，此时，再使用法益概念指称法益子类型比如用财产权替换表达占有权的现代财产犯罪法益、用身体健康权表达身体完整性的伤害罪法益，显然是不准确的，甚至可以说是错误的。在法益与物质化法益相互区别已成共识的前提下，混用意味着错误。在方法、对象、心理、主体等几乎所有存在根本性争论的领域，类似法益概念的尴尬已经普遍存在，争论实质就是一种分类，争出分类，是以往刑法理论在讨论中意外的贡献。而且，它们几乎都是物质化、精神化之间的对垒，是事实、价值不同层面的争论，比如物理毁坏与效用毁坏、物理暴力与效用暴力等的对垒，承认不同层面的客观存在，承认不同层面诞生的不同类型，恐怕是今后刑法理论需要思考的课题。其实，物质化、精神化就是事实、价值存在方式的表达，如果我们能够顺势而为、顺水推舟，直接使用更具概括力、包容力的事实、价值替代它们，新概念的改造工作将事半功倍，人们至今本能抵触事实、价值概念的使用，是因为对它们的标准、区分还不够清楚，一旦突破了这些瓶颈，事实、价值的使用会十分顺利。而且，这是不以人的意志为转移的，比如，我们说事实认识错误的时候，从来没有人使用"物理认识错误"替换，在诉讼法使用事实证明概念时，也没有见谁使用了"物理证明"替代，可见，物理与事实相比，并不具备作为概念的条件，人们更愿意使用"物理"概念而不是"事实"概念表明，人们还不能透过"物理"看到"事实"。

如果我们不使用事实、价值的概念区分它们，不仅会闹出"笑话"和理论尴尬，比如对于持有行为，在实在找不出概念归纳它在行为中的性质后，人们创造了"第三行为"概念，于是，作为是"第一行为"、不作为是"第二行为"。对行为不同类型使用数字标记、指称，充分反映出理论思维的突破渴望和概念饥荒。尴尬的是，我们一直使用危害的、严重的、犯罪的来限制社会危害性、行为，试图将它们与非犯罪、违法行为区分，这样的努力恰恰反映出寻找危害性、行为内部分裂出新概念的努力，只是这种努力十分蹩脚，比如限制后的"犯罪行为"一词，行为与其他要件组合成立犯罪，但这一概念先行将行为定性为"犯罪"，使人们对组合的必要性产生怀疑，存在明显的逻辑缺陷。

更重要的是会妨碍我们对刑事责任的追究。比如有这么个关于因果关系的案例，警察与劫匪枪战，警察将第三人打死，如何确定本案的因果关系？在警察没有任何过错的前提下，"警察打死第三人"的事实因果关系并不符合追责目的，但"让子弹再飞一会儿""让子弹回到原点"，确立"劫匪打死第三人"的价值因果关系，则符合追责目的，而这首先需要理论上的突破，才能使类似的因果关系案例获得符合归责要求的解决，没有理论上因果关系的拐弯和弯曲表达，劫匪的子弹将无法射杀第三人。但这样的价值因果关系显然是"潘多拉的盒子"，在事实标准的大背景下，轻易不能允许使用，少数急需使用的，一定需要对其性质、标准、范围和使用条件由立法明确规定后才能谨慎使用。从现有立法和司法解释角度看，突破已经有了，我初步收集到下列规定：(1)《中华人民共和国民法典》第182条规定："因紧急避险造成损害的，由引起险情发生的人承担民事责任。危险由自然原因引起的，紧急避险人不承担民事责任，可以给予适当补偿。紧急避险采取措施不当或者超过必要的限度，造成不应有的损害的，紧急避险人应当承担适当的民事责任。"第183条、第184条有在保护他人、自愿紧急救助中造成损害时责任的类似规定。(2)神明裁判。(3)不作为案件。(4)疏忽大意的过失案件。(5)疫学因果关系。(6)1998年正式施行的《最高人民法院关于审理盗窃案件具体应用法律若干问题的解释》第5条第13款规定："盗窃行为给失主造成的损失大于盗窃数额的，损失数额可作为量刑的情节"。《中华人民共和国民法典》第182条跳过紧急避险行为，将损失与造成险情行为联系起来，形成价值因果关系，才使归责成为可能。司法解释将损失数额作为量刑情节，将盗窃数额的因果链条从行为数额延伸到损失阶段，也是一种价值因果关系的延伸。立法、司法解释不得不使用价值因果关系表明，对其的需求客观存在，无论理论是否承认。区分事实因果关系、价值因果关系的原因是它们适用的规则不同，事实归因，因就是责；价值归责，责就是因。我国刑法理论已经认识到归责对于归因的重要性，但一味使用归责替换归因，并不正确。立法、司法对价值因果关系的思考显然已经走在了理论的前面，刑法理论对事实因果关系、价值因果关系的归纳、提炼，将极大地提升人类认识因果关系的水平，极大地丰富哲学对因果关系始终停留在"引起、被引起"的一般认知，刑法越来越哲学化，越来越有能力为哲学提供犯罪、刑法问题的解决方案，这也是刑法作为一门人文学科在探索哲学问题时的优势所在。

概念不够用，那就创造新概念。事实是不同于价值的全新层次，不能习惯性沿用老的套路和思维，建立事实世界的刑法、犯罪体系，首先以区分事实、价值为前提，概念的新鲜使用就无法避免。相对社会危害，事实危害是更为微观、范围更小的层面，这正是支撑当代犯罪范围缩小，刑法具有文明、谦抑特征的坚实基础。笔者认为，近现代刑法由罪刑法定原则带来的刑法谦抑性，不是由执法理念转变就自动实现的，把人命关天的事情寄托于毫无强制力的理念，实在不靠谱。其实，是事实标准挽救了芸芸众生的生命，减少了千千万万的罪犯数量，减轻了大量针对罪犯的身体处罚。对于小众一些的事实危害，使用更为宏大的社会危害概念虽然能够在相当意义上加以说明，但毕竟有"高射炮打蚊子"的大材小用感觉，不够精确，比如任何一个事实犯罪都必然会具有社会危害性、法益危害、主体危险的因素，但直接使用社会危害性、法益危害、主体危险判断事实犯罪尽管能够表明其负价值性质，但更有范围"扩大化"的危险，对于准确表达事实现象来说，明显有"使不上劲"的无力，因此，使用事实标准就成为在微观层面区分事实危害、社会危害的当然需要，也是人类理解力的一次重要提升。

事实、价值概念的代入会催生一大批新概念：事实行为、价值行为，事实结果、价值结果，事实因果关系、价值因果关系，共同事实犯罪、共同价值犯罪，事实占有、价值占有，事实财物、价值财物，事实杀人、价值杀人，事实伤害、价值伤害，事实强奸、价值强奸，事实抢劫、价值抢劫，事实盗窃、价值盗窃，事实危害、价值危害，以罪定刑、以刑定罪，事实立法、价值立法，事实司法、价值司法，等等。以往，我们作为刑法、犯罪概念使用的行为、结果、因果关系、共同犯罪、占有、财物、杀人、伤害、强奸、抢劫、盗窃、危害性、罪刑关系、立法、司法，由于没有标准的指向性，指望它们分辨更为精细的事实现象是不现实的。它们应当成为类概念，在需要综合本现象所有类型时，作为类概念才有可能使用，在相当程度上不应该再成为其中子现象的判断标准。果真如此，"犯罪是行为"的格言应当作古，改为"犯罪是事实行为"。

本书选择常见、多发的财产犯罪作为事实刑法理论研究的入口，期待这一思路有助于我国刑法学的发展。

西南财经大学法学院　文海林
2025 年 3 月

目 录

序言　从案例推动到理论推动的事实刑法学 ………………………… 001

第一章　从价值财产罪到事实财物罪——以盗窃罪为线索 ………… 001
- 第一节　财产犯罪的体系转换 …………………………………… 001
- 第二节　从类罪名到个罪名 ……………………………………… 002
- 第三节　价值标准、逻辑 ………………………………………… 010
- 第四节　事实标准、逻辑 ………………………………………… 018
- 第五节　结　语 …………………………………………………… 029

第二章　财物的封闭原理 …………………………………………… 030
- 第一节　封闭性：行为理论的新方向 …………………………… 030
- 第二节　要素选育封闭 …………………………………………… 036
- 第三节　要件激活封闭 …………………………………………… 043
- 第四节　犯罪补充封闭 …………………………………………… 048
- 第五节　立法效力封闭 …………………………………………… 052

第三章　抢劫罪的事实暴力 ………………………………………… 057
- 第一节　暴力困惑的语境解决 …………………………………… 057
- 第二节　价值暴力 ………………………………………………… 060
- 第三节　事实自由说 ……………………………………………… 071
- 第四节　作为方法的暴力 ………………………………………… 077
- 第五节　作用于事实对象的暴力 ………………………………… 087

第六节　结　论 …………………………………………… 098

第四章　强、盗顺序论 …………………………………… 100
　　第一节　顺序的类型 …………………………………… 100
　　第二节　顺序的运行原理 ……………………………… 103
　　第三节　价值的顺序 …………………………………… 107
　　第四节　事实的顺序 …………………………………… 113
　　第五节　事实顺序必要要件要素说 …………………… 118
　　第六节　结　语 ………………………………………… 124

第五章　虚假立罪的刑法变革 …………………………… 126
　　第一节　虚假立罪：近代刑法的一个基本趋势 ……… 126
　　第二节　虚假立罪变革犯罪标准 ……………………… 137
　　第三节　虚假立罪变革行为理论 ……………………… 144
　　第四节　虚假立罪变革刑法制度 ……………………… 148

第六章　财产罪的事实体系分类 ………………………… 158
　　第一节　单一分类的问题 ……………………………… 158
　　第二节　体系分类 ……………………………………… 161
　　第三节　事实外分 ……………………………………… 165
　　第四节　事实内分 ……………………………………… 167
　　第五节　价值补充分类 ………………………………… 180
　　第六节　分类的类别性 ………………………………… 185
　　第七节　分类的层次性 ………………………………… 189

主要参考文献 ……………………………………………… 199

后　记　为事实刑法学而奋斗 …………………………… 202

第一章
从价值财产罪到事实财物罪
——以盗窃罪为线索

第一节 财产犯罪的体系转换

财产犯罪本来没有固定不变的模式、范围,是现实的社会治理模式主动选择后才相对固定下来。犯罪标准是财产犯罪标准的基础。基于标准不同,财产犯罪存在价值财产犯罪、事实财物犯罪的差异,[1]从而为法官做出不同决定提供了可能。犯罪的事实标准,是研究事实财物罪以及从价值财产罪演变为事实财物罪的前提,缺乏这样的前提性共识,分歧、混乱、不休的争论,就不可避免。

价值标准追求社会安全的概括性,放大犯罪范围,以人治为抓手,从社会一般人、被害人角度出发,将所有权、数额作为价值评价的对象,使用客体危害、主体危险、社会危害的标准评判;事实标准追求明确性,收缩犯罪范围,以法治为抓手,还原财产犯罪发生、发展的事实过程,从行为人角度出发,以法益为目标,以具有事实意义的行为(占有方式、财物对象)、心理为标准判断。两种标准给人的直观印象是,价值关乎对、错,相对事实要简单一些;事实关乎是、非,要更为精细、复杂。

财产犯罪中的法益归属、主体危险、社会危害,或者行为取得方法、对象、主观心理,只有主干化、具体化意义,背后的事实、价值才决定了侵犯

---

[1] 与犯罪存在价值、事实两大体系密切相关。相关研究成果参见文海林:《犯罪论的基本体系》,中国政法大学出版社 2011 年版。

财产现象的性质。对于那些边缘现象，不回归到性质层面是难以看清其定位的，比如今天论及的事后抢劫与典型抢劫罪在暴力、取财之间，围绕顺序易位带来的意义、性质差异就要求将其独立规定，如果仅仅从要件要素分析，始终无法洞察其间的差异，唯有回归价值、事实的性质，才能有解。

财产犯罪无论采取何种标准，界限、分类、关系等问题都不会消失，只会转移，并因而形成独特的自身逻辑。必须运用动态的眼光，才能正确认识财产犯罪及其具体罪名的标准、界限、关系、罪名等问题，僵化地、一劳永逸地看待它们，注定无法得到准确认识。

罪由名始。长期以来，理论界和老百姓习惯上以"财产犯罪"统称涉及财产的犯罪现象，无形中消弭了不同财产犯罪现象之间的标准差异，已到了改变的时候。本书运用"标准+对象"的概念结合模式，将不同财产犯罪体系分别表述为事实财物罪、价值财产罪。

历史之中有现实。文献清晰显示，在数千年的人类历史长河中，刑法的财产罪悄无声息发生了剧烈而深刻的变革，几乎在未被察觉的状态下就完成了从价值到事实的惊天跳跃，尤其是罪名变动，忠实记录了这一轨迹。掸去尘土，还原真相，是本书试图努力的目标之一。

第二节 从类罪名到个罪名

罪名是犯罪标准的提炼，是最敏感的显示器。罪名演化史，就是一部财产犯罪发展史。中外文献显示，财产罪名走过了从类罪名到具体罪名的历史轨迹。

一、类罪名时代

古代中外财产犯罪基本都是类罪，以类为罪、以类为名，是其罪名的基本规律。

类罪名的根源在于类标准。中外古代财产罪名的标准是保护经济利益，经济利益面前，行为方法、主观心理的事实差异都被利益"抹平"继而"收编"了，利益的一致性成就了罪名的类同性，基于方法、心理等差异形成的独立性质、独立罪名被消灭了。所有权的相同性，消灭了行为方式的不同性，这就是古代用盗窃罪消灭侵占罪、诈骗罪、敲诈勒索罪、盗用罪、贪污罪等罪名的根本原因。

利益中,又以所有权为圆心,向债权、经济利益、经济秩序扩散。张斐所说的"取非其有"中的"有",是所有之有,不是占有之有,占有被包括在所有之中,大塚仁教授也认为"窃盗罪的本质在传统上就被视为对所有权的侵害,即使在今日,最终也无疑是以保护所有权及其他本权为目标。"〔1〕

以《永徽律疏》为例,其第282条的"窃盗"条,是类盗罪的核心,财产罪名统一于窃盗罪。除了窃盗罪外,只对同时还侵犯了人身权的行为成立强盗罪,明朝才加上抢夺罪;所以,我国古代财产犯罪只有盗窃罪、抢劫罪、抢夺罪3个罪名。其它财产罪名,都以盗窃罪论处。

古代盗罪,也被今天称为大盗窃罪,在窃盗罪、强盗罪、抢夺罪之外,它通过准盗论、以盗论、常盗、凡盗等形式,包括了今天的诈骗、侵占、盗(挪)用、毁坏财产、敲诈勒索、贪污等财产犯罪现象。古代西方国家,对盗(挪)用、敲诈勒索、诈骗、侵占等犯罪也像中国一样统一定为盗窃罪,"罗马法中,作为财产罪的'盗',被定义为'以获利为目的而非法夺取他人动产的行为',不仅包含现代刑法中的盗窃罪,而且还包括抢劫、侵占、诈骗等多种犯罪类型。"〔2〕为了便于看清并证明古代盗窃是如何消灭其它财产罪名的规定,本书此处讨论类罪名时选择盗窃罪、敲诈勒索罪、挪用、盗用为例说明,下文讨论个罪名时选用诈骗罪、侵占罪、毁坏罪为例展开:

第一,"取非其有"类,即今天的盗窃罪。"窃盗"规定:"诸窃盗,不得财笞五十;一尺杖六十,一疋(匹)加一等;五疋徒一年,五疋加一等,五十疋加役流。"《永徽律疏》:"窃盗人财,谓潜形隐面而取。"潜形,是指潜藏身形;隐面,是遮挡脸面的意思,延伸的意义有隐藏社会身份,使人无从知晓、无法找寻得到。"公取窃取皆为盗"条规定:"诸盗,公取、窃取皆为盗。器物之属须移徙,阑圈关闭之属须绝离常处,放逸飞走之属须专制,乃成盗。若畜产伴类随之,不并计。即将入己及盗其母而子随者,皆并计之。"《永徽律疏》:"公取,谓行盗之人,公然而取;窃取,谓方便私窃其财"。古代盗窃罪的所有权标准,使其包括秘密窃取、公开窃取两种,不同于今。

---

〔1〕 [日]大塚仁:《刑法概说(各论)》,冯军译,中国人民大学出版社2003年版,第184页。
〔2〕 刘明祥:《财产罪比较研究》,中国政法大学出版社2001年版,第179页。

第二,"恐非其有"类,即今天的敲诈勒索罪,准盗论。第285条"恐喝取有犯人财物"规定:"诸恐喝取人犯人财物者,准盗论加一等;虽不足畏忌,财主惧而自与,亦同"。

第三,"用非其有"类,即今天的挪用类罪,准盗论。第211条的"亡失假请官物":"诸假请官物,事讫过十日不还者笞三十,十日加一等,罪止杖一百;私服用者,加一等。若亡失所假者,自言所司,备偿如法;不自者,以亡失论。""依杂律,亡失官物者,准盗论减三等。"

古代立法至少说明两点真实情况,第一,今天财产犯罪以行为方法立罪的所有取得型罪名,古代都注意到并以犯罪定性处罚了的,基本无一漏网。第二,类盗窃罪,古代除了明文设置的盗窃罪、抢劫罪、抢夺罪外,其余财产犯罪如贪污罪、诈骗罪等均以盗窃罪论处,消灭贪污罪、诈骗罪等罪名的同时成就了大盗窃罪。古代的强盗罪,如果不是人身权的标准,恐怕也摆脱不了被并入盗窃罪的宿命,但"强盗"一词依然体现了对盗窃罪的依附,不同于今天使用的"抢劫"对盗窃概念的无感。

从类罪名的角度看,中国二十世纪八十年代曾经将挪用公款按照贪污罪处理,这显然也是古代思路的惯性沿用。由于古代的贪污罪也是按照盗窃罪定罪处罚的,所以,古代的贪污、挪用公款都一样被以盗窃罪处理,在侵犯所有权面前,挪用公款、贪污之间具备平滑的条件,两罪共用盗窃罪这一平台,是忽略其行为方法、聚集利益的定罪标准使然。

一旦概括力强大的法益标准被概括力弱化、明确性强化的事实标准取代,类罪名会被分裂、分解,个罪名的时代就不期而至了。

二、个罪名时代

工业社会确立罪刑法定原则后,牺牲犯罪范围实现立法明确以事实标准为犯罪标准,[1]表达事实的主观心理、客观行为(行为方法、对象)共同拱卫了事实标准,它们也顺理成章地成为财产罪标准的要件、要素,当然地提升了财产犯罪的门槛。在传统的德日理论中,事实标准往往被说成封闭的要件要素、定型作用(性)。以事实取舍后,法益的大小、重要性的地位反而下

---

〔1〕 具体研究成果参见文海林:《论罪刑法定的事实明确》,中国政法大学出版社2016年版。

降了，对象财物化必然反对对象利益化（其实是法益化），"'由刑法来保护财产，必须是财产的侵害行为在构成要件上具有定型性。这是罪刑法定主义和人权保障的要求。即使是重大的财产侵害，并且民事手段的保护也不充分，如果该侵害行为在构成要件上难以定型化，也难以成为刑罚处罚的对象。'如利益盗窃的行为之所以不可罚，主要是因为其手段多样难以将其类型化，即难以在构成要件中规定利益盗窃行为。"[1]

在心理以行为为内容，对象被统一在财物的前提下，行为方法基本上担负起了财产犯罪的标准重任，"由于刑法是通过处罚对财产的不法侵害行为来保护财产权利，所以，对侵害财物占有的财产罪来说，必须是排除他人对财物的支配而将财物事实上置于自己支配的状态时，才能构成。"[2]"偷盗罪侵犯的是他人对财产的'占有权'。因为偷盗涉及非法的剥夺行为，所以重要的问题不是谁有'所有权'，或者谁有'保管权'，而是谁有法律承认的占有权。"[3]

具有展示不同事实场景的各种占有方法，如敲诈勒索、诈骗、侵占、贪污等，具备了从盗窃罪挣脱出来、独立成罪的动力。财产个罪名，几乎是由其他国家批量地于十八世纪中期至十九世纪初产生，时间、地点与人类法治建设保持了同步，与罪刑法定的步调高度吻合，证明不是偶然，是标准使然。

尽管由于文献匮乏，笔者尚无法全面揭示所有财产罪名由类而个的具体情况，但下面几个主要罪名的演化史，已经足以向我们展示基本脉络。

（一）诈骗罪

针对诈骗现象，古代中国早有规定，主要在伪造类、盗类两种犯罪立法中，为此，《永徽律疏》专门用第25章规定了诈伪律，第373条的"诈欺官私以取财物"："诸诈欺官私以取财物者，准盗论"，就是今天的诈骗罪。可见，古代规定了诈骗犯罪，但没有诈骗罪名，而是按照窃盗罪定罪处罚的，"在魏晋以前，诈骗罪是盗窃犯罪的一种，并不独立论罪。史有'诈伪律者，魏分贼律为之。历代相因，迄今不改'的记载。此种立法例不仅至唐代未变，

---

[1] 转引自童伟华：《财产罪基础理论研究：财产罪的法益及其展开》，法律出版社2012年版，第9页。
[2] 刘明祥：《财产罪比较研究》，中国政法大学出版社2001年版，第40页。
[3] 储槐植：《美国刑法》，北京大学出版社1996年版，第229页。

而且一直沿用至国民党政府时期。"〔1〕

古代西方国家的认识惊人相同。在1764年出版的《论犯罪与刑罚》中，贝卡里亚的下述说法，也证明了之前对诈骗现象以盗窃定罪的现实，"在我以前的一些学者已经证明：对暴力盗窃和诡计盗窃在刑罚上不加区别，荒谬地用一大笔钱来抵偿一个人的生命，会导致明显的混乱。这两种犯罪是具有本质区别的。"〔2〕

首先将诈骗从伪造类、盗类犯罪中独立出来的是1757年的英国刑法。〔3〕随后，包括中国在内的世界各国逐次效法。由于诈骗独立成罪的行为方法标准的理论根基还因脆弱而不稳固，回潮、摇摆、反复现象在所难免，值得注意的是，消除诈骗独立罪名后的选择，仍然是回到将诈骗纳入盗窃罪的老路上，比如《美国模范刑法典》规定了"欺诈方式的盗窃"取代诈骗罪，按照盗窃罪论处，〔4〕这再次说明了诈骗、盗窃之间的法益包容、方法对立的关系。

（二）侵占罪

一般认为，我国古代刑法中没有规定侵占现象，这种看法恐怕并不正确。《永徽律疏》第397条规定："诸受寄财物，而辄费用者，坐赃论减一等。诈言死失者，以诈欺取财物论减一等。"〔5〕该规定表明，接受寄存财物的，擅自使用消耗的，成立坐赃罪；谎称丢失或死亡的，以诈欺取财物论，而第373条规定的诈欺取财物，是准盗论。可见，至少侵占中"谎称丢失或死亡的"，没有脱离以盗窃定罪的类罪处理方案。

中国古代刑法规定了侵占犯罪且仍然以盗窃定罪的结论，得到了孙向阳博士研究成果的支持，"明清律文中出现的拐带行为，就是今天的侵占罪，清律在'诈欺官私取财'条规定：'若冒认及诓骗局骗，拐带人财物者，亦计赃，准窃盗论。'所谓拐带，即'因事遇便，而携取人财物'。"祝庆祺在

---

〔1〕赵秉志主编：《侵犯财产罪研究》，中国法制出版社1998年版，第215页。

〔2〕[意]贝卡里亚：《论犯罪与刑罚》，黄风译，中国大百科全书出版社1993年版，第73页。

〔3〕参见[美]乔尔·范伯格：《刑法的道德界限（第三卷）：对自己的损害》，方泉译，商务印书馆2015年版，第311页。

〔4〕参见美国法学会编：《美国模范刑法典及其评注》，刘仁文等译，法律出版社2005年版，第161页。《美国模范刑法典》不仅将诈骗定为盗窃罪，敲诈勒索、侵占等也以盗窃定罪，其盗窃罪类似中国古代的大盗窃罪。储槐植教授的介绍也证明了这一点，参见储槐植：《美国刑法》，北京大学出版社1996年版，第238页。

〔5〕钱大群撰：《唐律疏义新注》，南京师范大学出版社2007年版，第845页。

《刑案汇览三编（一）》中认为，拐带"迹虽近于诈欺，而居心实无异于窃盗……该犯装点被抢情形，希图掩饰，核与穿穴逾垣实犯窃盗者固不相同，即较之店家船户中途盗卖客货为害行旅者，情罪亦轻，核其案情，与拐带无异……潜行隐匿，私行攫取谓之窃，受托运送，乘便窃去谓之拐。其情本有不同，其罪亦因之各异……该犯图窃在先，自应以实犯窃盗论。若初无行窃之心，迨雇主将银交给后始起意盗取，在该犯固属取非其有，究由伊主之昧于审择，信任非人所致。"[1]清朝学者祝庆祺等在《刑案汇览》（卷十四至卷二十一）中对窃盗与诓骗、局骗、拐带及费用受寄财物四项比较后认为，"四者虽皆取非其有，而失主亦有被诱慢藏误寄偏信之咎，究与实犯窃盗有间。"[2]明清中的拐带现象也按盗窃定罪处罚，同时，人们也认识到了拐带与盗窃存在着行为方式上的差异。

侵占现象，在古代西方被以两种罪名处理。一种是以盗窃罪论处。侵占罪"最早规定源于罗马法，为财产罪的一种。"[3]"占有即豁免"的传统一般情况下排除了侵占入罪的可能，"在英格兰法律史上，侵占罪在一系列十八世纪的制定法中附属于盗窃罪，其典型形式是扩展盗窃罪，让它包括现在称之为侵占的案件。"[4]"在中世纪的德国法中，把以秘密窃取为内容的盗窃与以公然夺取为内容的强盗，以及那种将自己所占有的他人之物归为己有的侵占区别开来，但对侵吞受委托之物的行为与盗窃同等看待。"[5]另外一种是以背信罪论处，"德国的法传统在这一点上是富于启发性的，因为它将侵占诉诸刑罚是在十六世纪，并将其视为古代背信罪的一个分支。因此，在所有西方法系中，侵占罪的根基都在于破坏诚信，而不在于未得允许而获取财产。"[6]将侵占纳入背信，显然不仅忽略了侵占的财产法益，也无视了侵占的行为方式，而是以行为人、被害人之间的信任关系作为标准评价侵占了。

无论按照盗窃罪，还是按照背信罪定罪，都证明侵占罪在古代没有被独

---

[1] 孙向阳：《中国古代盗罪研究》，中国政法大学出版社2013年版，第340~342页。
[2] 孙向阳：《中国古代盗罪研究》，中国政法大学出版社2013年版，第350~351页。
[3] 赵秉志主编：《侵犯财产罪研究》，中国法制出版社1998年版，第306页。
[4] [美]乔治·弗莱彻：《反思刑法》，邓子滨译，华夏出版社2008年版，第2页，详细的介绍请见该书第44~45页。
[5] 刘明祥：《财产罪比较研究》，中国政法大学出版社2001年版，第180页。
[6] [美]乔治·弗莱彻：《反思刑法》，邓子滨译，华夏出版社2008年版，第26页。

立成罪,其独特的被害人未占有财物、行为人先行合法占有财物未能有效成为影响标准的因素,从而表明今天注重的侵占罪方法特征,在古代并不被重视。

"'侵占'作为独立罪名最早体现在1799年的一项法律中"。[1]根据张晋藩教授等人的研究,我国将侵占罪从盗窃罪中独立出来成罪,最早是在《大清律》中完成的,在此之前,从未出现独立的侵占罪名。

(三)毁坏财物罪

"1813年德国巴伐利亚州刑法典,在盗窃、强盗、侵占、恐吓、诈骗等罪之中,都有关于'损坏财务罪'的规定。1871年德意志帝国刑法将'损坏'从其他财产罪中分离出来,同时又穿插在'文书伪造罪'、'破产犯罪'、'可罚的谋利行为与泄漏秘密罪'和'放火'等'公共危险罪'中。"[2]

此后,盗(挪)用、敲诈勒索、贪污,也纷纷从盗窃罪挣脱出来,独立成罪。

对于古代并没规定诈骗罪、侵占罪等罪名,在少有的注意中,存在着想当然的不足,主要表现为三点,[3]一是对于古今财产犯罪标准存在误解。据童伟华教授介绍,日本学者平川宗信认为这是因为古代社会注重事实、现象支配,以夺取罪为主,主要类型是盗窃罪。诈欺、横领和背任不是自古就有的犯罪类型。本书前述介绍表明,古代是价值财产罪,今天才是事实财物罪,注重事实、现象,以夺取为主的是今天而不是古代的财产犯罪。其实,这里使用"误解"一词说明对标准问题的认识不足也许并不准确,准确的应当是"摇摆""矛盾""投机",因为,前面的介绍也说明,日本刑法理论也有主张从罪刑法定的定型性即事实性设置财产罪名和财物标准,与此处的说明显然是对立的。二是对推动诈骗、侵占现象产生的原因存在误判。日本学者芝原邦尔认为市场经济、财产私人化、财产观念化、未知对手交易,导致了信赖

---

[1] 储槐植:《美国刑法》,北京大学出版社1996年版,第233页。这一结论得到了弗莱彻教授研究的印证,同时,弗莱彻教授还进一步指出,"几乎同时,法兰西国民议会在1810年的《拿破仑刑法典》中承认了极具包容性的法国式侵占罪。"参见[美]乔治·弗莱彻:《反思刑法》,邓子滨译,华夏出版社2008年版,第2页。

[2] 刘明祥:《财产罪比较研究》,中国政法大学出版社2001年版,第412~413页。

[3] 具体请参见童伟华:《财产罪基础理论研究:财产罪的法益及其展开》,法律出版社2012年版,第1~2、8页。

关系地位提升，确保了侵占罪、诈骗罪的产生。与此观点类似的还有西田典之教授，西田典之教授进一步认为现代财产利用形态催生了财产存在形态，使侵犯利用权、担保权以及其他债权等财产权都可能受到法律规制，使财产犯罪扩展到利得罪、利益罪（旧刑法也无这两种犯罪形态），到了现在更是出现了无形财产权·知识产权等所谓的第三种财产权。[1]本书的观点恰恰相反，犯罪标准不受财产利用形态、存在形态决定，财产犯罪标准的确立是由基本原则决定的，被确立的犯罪标准对财产形态进行选择、取舍，这才是正确的标准与形态的关系。侵占罪、诈骗罪的产生，不是它们共有的价值标准，而是事实标准导致的，是事实标准注重方法后，由于需要侵占、诈骗等价值方法填充事实方法的空缺才产生的。佐证这一判断的是，事实财物罪从古代盗窃罪分离的罪名远不止侵占罪、诈骗罪，还包括盗用罪、故意毁坏财物罪等事实财物犯罪。同时，财产的形态在古代并不以财物作为基本形态，其可能是主要形态。当然，财产利用形态确实催生了新的财产存在形态，丰富了财产犯罪的类型，但并不因而表明财产犯罪的标准是价值的。三是对于古代是否有侵占、诈骗的犯罪认定存在模糊误导。童伟华教授认为基于背信的侵占罪、诈骗罪，在规模较小且熟悉的环境下，由道德规范足以调整没有由刑法保护的必要，但在市场经济的今天需要由刑法调整。这样的逻辑给人以古代没有侵占、诈骗犯罪认定的模糊认识，上述对古代情况的介绍表明，不仅侵占、诈骗，包括盗用、毁坏财物、贪污等在古代都是以犯罪认定的，只是以盗窃罪论处而已。所以，这里的关键不是有无犯罪认定的问题，而是为什么会出现古今不同罪名认定的问题。

将其他财产罪名作为盗窃罪的一种现象，意味着其他财产罪与盗窃罪的共同点——利益成了入罪标准；而将其他财产罪作为独立财产罪名，是以其他财产罪具有不同于盗窃罪的其他标准——行为方式作为独立存在的标准，财产罪名是否独立，完全是标准决定的。

财产罪名由类而个的历史变迁，是从价值类罪名向事实个罪名的演化。刑法理论中的罪名分类，一直有类罪名、具体罪名的划分方法，但该分类方法没有与犯罪标准联系起来，更没有深入到类罪、个罪的具体历史变迁。其

---

[1] 参见［日］西田典之：《日本刑法各论》，刘明祥、王昭武译，中国人民大学出版社2007年版，第106~107页。

中的关键，就是对犯罪标准、财产犯罪的标准把握不够。可见，类罪名、个罪名之间，必须在标准的研究中才能被有效分辨。

第三节　价值标准、逻辑

一、价值标准

价值标准，实质是将犯罪现象作为被评价的对象。作为评价的价值标准，搭起了一个价值评价的平台，其中有客体危害、主体危险、社会危害的分类评价标准，它们共同形成了价值判断，相互之间在价值评价层面具有相互沟通、转化的途径。

（一）客体危害

1. 所有权利益是基础标准、是核心。

按照张斐说的"取非其有"（此处的"有"，是所有，非占有）就是盗，盗罪是以侵犯利益（不是行为及其方式）为标准的。所有权反映法律归属，属于价值意义的概念。

2. 经济利益是扩展标准。

所有权作为价值判断的核心，但不是终点。向所有权以外的经济方向做价值扩散是基本路径，包括债权、经济利益、经济秩序，[1]这在今天被称为经济犯罪，古代它们与窃盗罪统称为一般窃盗罪。经济价值标准的直观反映，是"计赃论罪"。窃盗罪向经济利益扩展的清晰路径，使窃盗罪具备强大的包容能力，从中似乎让人猛然地释然：古代早期的罪名只有贼（侵犯人身类）、盗（侵犯经济类）两大类犯罪，原来是这样做到的。

因此，我们才能够接受《永徽律疏》将今天侵犯债权、经济利益、经济秩序的罪名，也归入盗罪，比如《永徽律疏》第197条的"验畜产价有增减"

---

〔1〕 溢出经济利益后，就是社会危害性，从所有权出发达到社会危害的社会价值连接，是一条清晰的价值通道，它充分说明了社会危害性的价值统领能力，也证明了社会危害性理论的强大价值解释力。如果选择其中的事实标准后，尽管事实最终也反映了社会危害性，但却不是据此用社会危害取代事实标准的理由，那样将会导致犯罪范围的剧烈扩大。这正是1997年《刑法》规定罪刑法定原则后学术界出现一股清理社会危害性思潮的根源。

类似坑蒙拐骗的罪名，第88条的"因使私有交易"相当于现代走私罪，第418条的"行滥、短狭而卖及贩卖"类似短斤少两的罪名，等等。在处罚上，一般窃盗大多数遵照窃盗罪的规定，少数存在独立处罚幅度。比如，"因使私有交易"："因使私有交易者，准盗论。""验畜产价有增减"："诸验畜产不以实者，一笞四十，三加一等，罪止杖一百。若以故价有增减，赃重者，计所增减坐赃论；入己者，以盗论。""行滥、短狭而卖及贩卖"："诸造器用之物及绢布之属，有行滥、短狭而卖者，各杖六十；得利赃重者，计利，准盗论。贩卖者，亦如之。市及州、县官司知情，各与同罪；不觉者，减二等。""私作斛斗秤度不平，而在市执用者，笞五十；因有增减者，计所增减，准盗论。"〔1〕

3. 经济利益以外的其他利益，成立特殊窃盗罪。特殊窃盗罪，主要反映皇权、伦理、道德等价值标准，据孙向阳博士的研究，"以体现的社会关系的性质划分，包括体现违背封建伦常、威胁国家安全、破坏农耕生产、影响国家储备保障等方面的特定财物和物品。"〔2〕

特殊窃盗罪并无特定罪名独立定罪，按照一般窃盗罪定罪，区别体现在处罚上。特殊窃盗罪，不实行"计赃论罪"，但原则上比一般窃盗罪更重，从重幅度取决于对于客体的价值评估。

（二）主体危险

对于行为人危险性的评估，始终是价值标准的一个重要维度。尽管财产犯罪的重点聚焦在以所有权为核心的客体类别，但主体危险依然是不可或缺的。正如谋杀犯罪一样，唐律规定了一般谋杀与特殊谋杀，特殊谋杀主要是特殊身份的行为人和被杀对象，特殊身份的行为人意味着主体危险，特殊身份的被杀对象意味着客体危险，特殊谋杀并无独立杀人罪名，依旧按照谋杀罪定罪，只是处罚比照一般谋杀罪上下浮动。

表达主体危险的窃盗罪，也属于特殊窃盗罪，道理很简单，主体身份从价值角度讲，无疑属于独立类型。财产罪中的主体价值危险表现在两个方面，一是社会身份导致的危险，比如《永徽律疏》第283条的"监临主守自盗及

---

〔1〕 对此的详细研究，请参见孙向阳：《中国古代盗罪研究》一书，中国政法大学出版社2013年版。

〔2〕 孙向阳：《中国古代盗罪研究》，中国政法大学出版社2013年版，第132页。

盗所监临财物",规定比照窃盗罪加重二等处罚。监守自盗就是今天的贪污罪，贪污罪主体因为具有特殊的身份，代表了公务活动和职务廉洁的特殊利益，因而既是财产犯罪，也是职务犯罪，既是一般窃盗罪，也是特殊窃盗罪。监守自盗按照一般窃盗罪定罪，从重处罚。二是家族身份导致的危险。比如《永徽律疏》第287条的"盗缌麻小功大功期亲财物"比照一般窃盗罪减轻一等至三等处罚。

（三）社会危害

将盗窃作为破坏社会安全秩序的因素，以占有为标准，[1]这是有传统的，即使在今天，人们也往往会将盗窃等财产犯罪视为对社会安全的破坏。

二、价值关系

价值财产罪因价值标准，引起了财产犯罪性质、关系、罪名的根本性、连锁性反应，形成了价值逻辑。从犯罪性质看，财产犯罪仅有的窃盗罪、抢劫罪，实质是价值盗窃罪、价值抢劫罪，古今的盗窃罪、抢劫罪，相互之间并不一致，一致地看待它们必然会犯重大错误；价值标准导致更多包容关系的产生，作为经济利益标准代表的盗窃罪成为典型价值财产罪，准盗论、以盗论成为常态，对立关系虽然也存在，但其是价值对立关系；更多的包容关系为类罪名消灭个罪名创造了条件。

限于论题和篇幅，本书无法对两罪均讨论其价值关系，只以窃盗罪为例讨论，强盗罪的研究只有另文论述；本书同样无力展现价值财产罪与事实财物罪之间的具体差异，只以文章标题那样，围绕关系及其影响的罪名展开。关系与罪名之间的逻辑在于，对立关系倾向于个罪名，包容关系倾向于类罪名；不同标准形成的体系内部，都存在对立关系、包容关系，但理由并不一致，从而显示出不同的逻辑。

价值财产罪中罪与非罪、此罪与彼罪的关系，是以财产犯罪的价值为基础展开的，因而是在不同价值类型之间比对价值意义形成的关系形态，因此，不仅会围绕价值现象展开，而且更重要的是突出价值类型之间的意义差异点

---

[1] 参见徐凌波：《存款占有的解构与重建：以传统侵犯财产犯罪的解释为中心》，中国法制出版社2018年版，第265~266页。相同的结论还请参见［美］乔治·弗莱彻：《反思刑法》，邓子滨译，华夏出版社2008年版，第25页。

和相同点。可见，价值关系是以价值标准为前提的，价值关系只在价值标准及其形成的体系中，才有重大的作用。

研究窃盗罪内部出现的对立关系、包容关系，不是为研究而研究，而是研究那些能够影响量刑、定罪的关系，从而为窃盗罪的罪名设置、理论设计提供理论依据和说明。

（一）窃盗罪的对立关系

1. 窃盗罪的价值对立

价值之间，实质是价值不同类型之间，由于不同价值的意义不同，因而，它们之间属于对立关系，即价值对立。价值对立导致了价值类型对立、价值罪名分立。

窃盗罪的价值对立首先存在于外部，即窃盗罪与非财产犯罪的价值对立、窃盗罪与其他财产罪如抢劫罪的价值对立。窃盗罪的外部价值对立十分明显，也容易区分，比如谋杀罪与窃盗罪的区分。因此，其并不是本书讨论窃盗罪价值对立的论题范围。本书讨论的是窃盗罪内部的价值对立。

窃盗罪主要以客体的不同，首先，区分为侵犯财产（包括经济）利益的窃盗罪、非财产（包括经济）利益的窃盗罪，从而出现了一般窃盗罪、特殊窃盗罪的划分。一般窃盗罪、特殊窃盗罪之间的区分标准，就是是否单纯侵犯财产（包括经济）利益；其次，在特殊窃盗罪内部，主要又由客体危害的窃盗罪、主体危害的窃盗罪组成。窃盗罪内部的对立关系，主要是财产（包括经济）利益与非财产（包括经济）利益的价值对立，客体不同类型内部的价值对立，主体不同类型内部的价值对立，客体与主体类型之间的价值对立。

理论上讲，一般窃盗罪与特殊窃盗罪之间，相互区分并不困难，这正是价值对立功能的体现；特殊窃盗罪的对象往往也具有一定经济价值，甚至还可能价值不菲，一般情况下容易分辨，但特殊情况下则需要一番考量才能确定，可见，一般窃盗罪与特殊窃盗罪之间由于还具有包容关系，相互的区分并不容易。这个考量的过程，就是价值分辨的过程。

以一般窃盗罪与特殊窃盗罪的区分为例。由于特殊窃盗分为客体特殊、主体特殊两种，一般窃盗罪与特殊窃盗罪的价值区分就体现在两个领域，一是一般窃盗与客体危害窃盗罪相区分，二是一般窃盗与主体危险窃盗相区分。

第一个领域，在财产权与皇权、生命权、公权等之间的区分，并非想象中的那么简单，需要仔细甄别，比如《永徽律疏》第 279 条规定："诸盗大祀神御之物者，流二千五百里。谓供神御者，帷帐几杖亦同。其拟供神御，谓营造未成者。及供而废阕，若飨荐之具已馔呈者，徒二年；飨荐，谓玉币、牲牢之属。馔呈，谓已入祀所，经祀官省视者。未馔呈者，徒一年半。已阕者，杖一百。已阕，谓接神礼毕。若盗釜、甑、刀、匕之属，并从常盗之法。"表明，提供神用的物品，包括正在供神使用的、准备供神用的、未制作完成准备供奉进用的、供祭已完的物品，窃盗上述物品均成立特殊窃盗罪；对于"若盗釜、甑、刀、匕之属，并从常盗之法。"疏文的解释是，"谓并不用供神，故从常盗之法。""言'之属'，谓盘、盂、杂器之类。"[1]对于不是用来供神的物品，成立一般窃盗罪。

特殊窃盗罪中比较典型的，是今天被作为普通财产看待的马、牛在古代被作为特殊对象，规定了"盗官私马牛而杀"的罪名，"诸盗官私马牛而杀者，徒二年半。""马牛军国所用，故与余畜不同……其有盗杀牦牛之类，乡俗不用耕驾者，计赃以凡盗论"，马、牛因为在农业社会对于农耕、军事的作用，而成为一种重点保护的对象，盗杀马、牛的成立特殊盗窃罪；牦牛一般没有农业、军事作用，成立一般窃盗罪，但如果牦牛也作为"耕驾"使用，与马牛一样属于特殊对象，成立本罪。

第二个领域，在辨别是否属于需要保护的特殊身份时，一些情形仍然会存在辨别困难，比如，一般而言官员侵犯财产成立监守自盗从重处罚，但有些情况是否也如此定罪处罚呢？《永徽律疏》第 286 条疏文的解释"监临主司殴击部内，因而窃物，以窃盗论加凡盗三等。"[2]主司殴击部内，与该条主要处罚的"以他故殴击人因而夺或窃其财物"情形，除了在身份上不同外，其余均相同，因而，究竟成立强盗罪、盗窃罪还是故（斗）杀伤罪，需要仔细分辨。

对于师生关系之间发生的窃盗罪，是否因为涉及伦理的价值因素而从重处罚？《永徽律疏》第 57 条疏文解释道，"弟子若盗师主物及师主盗弟子物等，亦同凡盗之法。"[3]可见，唐律的价值评价结果，是并未按照特殊窃盗罪处罚，而是仍然按照一般窃盗罪处罚。

---

[1] 钱大群撰：《唐律疏义新注》，南京师范大学出版社 2007 年版，第 597~598 页。

[2] 钱大群撰：《唐律疏义新注》，南京师范大学出版社 2007 年版，第 626 页。

[3] 钱大群撰：《唐律疏义新注》，南京师范大学出版社 2007 年版，第 230 页。

2. 处罚轻重对窃盗罪的调整

定罪服从量刑，从量刑角度对定罪重新调整，实质是运用一般窃盗罪与特殊窃盗罪之间的包容关系调整对立关系，是价值对立关系的延续考察。

前已述及，特殊窃盗罪由于在财产之外侵犯了更为重要的客体价值，处罚原则上重于一般窃盗罪。因而，一旦出现特殊窃盗罪轻于一般窃盗罪时，按一般窃盗罪处罚。《永徽律疏》第280条规定："诸盗不计赃而立罪名，及言减罪而轻于凡盗者，计赃重，以凡盗论加一等。"[1]

窃盗罪与其他罪名竞合时，如果窃盗罪更重，按照窃盗罪定罪量刑，比如《永徽律疏》第260条规定："诸祖父母、父母及夫为人所杀，私和者，流二千里；期亲，徒二年半。大功以下，递减一等。受财重者，各准盗论。"[2]

(二) 窃盗罪的包容关系

窃盗罪的属、种包容关系，既是导致特殊窃盗罪以盗论、准盗论的原因，也是让诈骗罪、侵占罪、敲诈勒索罪等事实犯罪不能从盗窃罪中独立的原因。包容关系是其标准具有概括性、包容性导致的，古代的窃盗罪由于其标准是价值的，包容关系是其标准的伴生现象，必然原则性、普遍性存在的。

从包容关系的结合看，一般来讲，价值才具有包容事实的可能，从而产生包容关系。但在古代，由于种种原因，也出现了此价值包容彼价值的现象，使包容关系呈现出复杂的局面。因此，古代窃盗罪的包容关系就有两种情形。

1. 所有权包容经济利益、秩序

按照今天民法对财产权利的看法，古代窃盗"取非其有"中的"有"，其标准本指所有权。但由于古人尚未能有效区分所有权、经济利益、经济秩序，从而将它们之间视为对立关系，也就在一致意义上理解继而包容了它们；有效地区分这些是后来的事情。这就使当时的所有权概念存在模糊的地方，出现平滑为经济利益、经济秩序的现象，实质是利益的价值泛化造成的。因此，在所有权与经济利益、经济秩序之间，形成了所有权包容经济利益、经济秩序的关系，导致了经济犯罪罪名同样不能独立于窃盗罪。

如果将所有权向经济利益的泛化转换为事实，则是所有权对对象的包容；从这个角度讲，它也属于后面提及的价值包容事实的部分。

---

[1] 钱大群撰：《唐律疏义新注》，南京师范大学出版社2007年版，第614页。
[2] 钱大群撰：《唐律疏义新注》，南京师范大学出版社2007年版，第575页。

这种思维带来两种包容后果：第一，在一般窃盗罪内，有一部分属于今天划分为经济犯罪的部分，在利益类型、行为方法上与典型窃盗罪就存在明显差异，但在所有权包容经济利益、秩序的思维中，差异被包容了。比如，对于《永徽律疏》第 197 条的"验畜产价有增减"规定了类似坑蒙拐骗的罪名，"行为人检验畜产故意增减价值相对于被验畜产所有人或国家主体是'潜形隐面'的"；第 88 条的"因使私有交易"，"相对于国家是私下的、隐蔽的，交易所得为'取非其有'，目的和手段与窃盗具有可类比性，唐律对此准盗论"；第 420 条的"私作斛斗秤度不平而在市执用因有增减"，"针对'增减'予以加重处罚的准盗论处，其中包括的公平交易的那部分就不能计入，'取非其有'的只能是增减部分，为此唐律'私作斛斗不平，而在市执用，因有增减'的，计所增减数额准盗论处是公平合理的。"[1] 上述例证表明，只要利益同属财产、经济范畴，就没有超出一般窃盗罪范围，即使使用了明显不同于秘密窃取、公开窃取的手段，也不妨碍以一般窃盗罪定罪处罚。大家也知道，今天的走私罪以及扰乱市场经济的强买强卖、强拿硬要、赌博等，都是独立于盗窃罪、财产罪的独立罪名。

第二，在利益标准下，侵犯利益包容了侵犯利益的各种方法。方法对财产犯罪形态的固定能力下降、作用缺失；同时，即使承认方法的作用，方法也是变形了的方法。比如价值财产罪下的窃盗罪，不仅承认秘密窃取的事实方法，也认可公开窃取的价值方法。公开窃取是依赖利益判断的方法，所以是价值方法。在窃盗罪承认公开窃取的价值方法后，像走私、强拿硬要等方法就更容易被窃盗罪接纳，这种看法被接受也是大概率事件。

2. 价值包容事实

价值一般大于事实，因此，价值包容事实是包容关系的典型类型。包容途径有三。

(1) 所有权包容权能

从价值评价出发，作为评价标准的所有权，是从被害人、社会人角度出发评价的。对于侵犯所有权不同程度的各项权能，如侵犯占有权、使用权、处分权、财物完整性等，都被一样地视为侵犯了所有权，并无区分必要，盗

---

[1] 孙向阳：《中国古代盗罪研究》，中国政法大学出版社 2013 年版，第 355~411 页。

窃与盗用、挪用、毁坏之间的权利差异就被消灭了，实质是被所有权标准包容了。

从清朝对拐带解释的"迹虽近于诈欺，而居心实无异于窃盗"，能够体会到"无异于窃盗"的提法是所有权的无异，而不是行为方式的"无异于窃盗"。清朝学者沈之奇对诈骗的解释同样是在所有权意义上将其与窃盗等同起来的，"阴谋诡计，欺人之不觉而取之，犹窃盗之潜踪匿迹，窥人之不见而取之，事虽不同，心实相似，官与私并计赃准窃盗论。"[1]

从事实侵犯出发，作为侵犯对象的所有权，是从行为人实施行为的角度判断，所有权内部对侵犯财产权利的程度差异会导致事实性质差异。事实标准虽不以法益为标准，但以法益为目标。目标法益不以所有权为标准，而是以所有权的权能——占有权、使用权、处分权、财物完整性为标准，盗窃与盗用、挪用、毁坏之间的程度差异就需要正视并加以区分，它们之间的价值包容关系，调整为事实对立关系，独立罪名就水到渠成了。

（2）所有权包容取得所有权的行为方式

当以侵犯所有权为标准时，侵犯利益的各种行为方式并无差异，行为侵犯方式的独立意义被消灭了，代表所有权的窃盗与代表行为方式的侵占、毁坏、诈骗、敲诈勒索之间是包容关系，所有权包容行为方式，即窃盗包容了侵占、诈骗、敲诈勒索，这就是侵占、毁坏、诈骗、敲诈勒索等罪名无法从窃盗罪挣脱出来的原因。从被害人角度出发，这很容易接受，因为，行为人的使用、占有、毁坏、诈骗等行为，对于被害人来说都同等地侵犯了其对财产的所有权，"正如盗窃了财物之后，财物所有权并不当然转移给盗窃行为人，但所有权人要对该物行使占有、使用、收益、处分等所有权权能的现实可能性便丧失了。"[2]正如孙向阳博士所说，"《注律表》对于'盗'解释为'取非其物谓之盗'，该解释是以目的而非手段对盗加以定义，是一个广义的概念。""张斐在解释'盗'字时却没有考虑获取财物的方式问题，而是着眼于财物的所有权。"[3]

---

[1] 孙向阳：《中国古代盗罪研究》，中国政法大学出版社2013年版，第334页。
[2] 徐凌波：《存款占有的解构与重建：以传统侵犯财产犯罪的解释为中心》，中国法制出版社2018年版，第259页。
[3] 孙向阳：《中国古代盗罪研究》，中国政法大学出版社2013年版，第54~55页。

古代刑法中除了窃盗罪外还规定了强盗罪，强盗罪同样证明而不是否定了所有权对行为方式的包容。

强盗罪能够成为一个独立的财产罪名，是因为强盗在侵犯所有权的同时还侵犯了人身权，人身利益独立于财产利益使强盗具有了独立于窃盗罪的客体原因。因此，强盗并非以强制行为方式成为犯罪标准的，而是以强制行为方式反映的人身权为犯罪标准。强盗相对窃盗，一方面，窃盗包容强盗，"强盗"罪名由"强""盗"两字组合而成，显示出"强"对"盗"的依附性，这也符合张斐的"取非其有"中"取"服从"有"的结构；另一方面，强盗的人身利益相对所有权具有独立性，这是其能够独立成罪的关键。所以，简单地说此时的窃盗与强盗之间是包容关系，或者是对立关系，都并不辩证，必须明确论及是强盗的哪一部分才能下定论。

（3）所有权对其他事实现象的包容

事实标准除了上述利益、行为方式之外，还有主观心理、事中、顺序等因素。但在以所有权为标准的价值财产罪时代，这些因素并没能像今天这样发挥出决定罪与非罪的作用，而是被所有权标准包容了。

比如，犯罪范围不限于事实所处的事中阶段，而且往往包括的事前、事后阶段。于是，不仅事中盗窃以盗窃论处，事后盗窃一样以盗窃论处。如《永徽律疏》第296条的"知略、各诱及强盗、窃盗而受分"："诸知略、和诱及强盗、窃盗而受分者，各计所受赃，准窃盗论减一等。"不仅不是事中的行为，而且，其主观心理也不可能是今天意义的明知，但都可以成立财产犯罪，这是所有权价值包容功能的体现。

第四节　事实标准、逻辑

财产犯罪的事实标准，意味着对财产的侵犯要以形成、能够形成事实的面目出现；而非体现所有权的经济数额决定是否成立犯罪。事实格局，为具体罪名的设置提供了事实空间。

一、事实标准

事实财物罪通过客体收缩、事实重建两个层面的重整，将财产犯罪限定在事实范围。

(一) 客体收缩有两步

客体设计是顶层设计。法益虽不是事实标准本身,却是事实标准反映的目标,决定着事实的范围,拥有价值出罪的权力。

1. 从客体危害到法益危害

在事实标准中,事实行为、心理事实组成了犯罪标准,法益虽然不是标准,但是标准即其中的行为要件反映的目标。法益为行为提供事实舞台,法益的调整意味着事实行为的范围调整。

价值财产罪有一条从所有权出发,途经财产权、经济利益、经济秩序、其他秩序,最终抵达社会秩序的价值路径。客体泛化是价值运行的路径,也是保证古代财产罪价值性质的根本原因;有效斩断该价值链条,阻止客体泛化是事实标准首先要做的,也是对价值财产罪釜底抽薪式的致命一击。

将客体限制在法益的事实意义在于,财产法益收缩于以所有权为核心的范围,最多允许延伸至债权的范围,有效切断了财产犯罪向客体、经济、秩序、社会危害等价值现象进一步演化的可能。而将涉及经济秩序的经济犯罪、其他使用了财产犯罪方法的犯罪,都成立特殊的盗窃罪、抢劫罪、抢夺罪、诈骗罪等独立罪名,归入其他类别犯罪实现刑事责任追究,为财产犯罪的事实化划定法益范围;同时,也是这些犯罪在今天能够出类罪、个罪(如走私罪、非法经营罪、盗窃枪支罪、赌博罪等)的根本原因。

2. 从所有权到所有权权能

与价值评价向所有权以外扩散的方向相反,事实判断是向所有权以内的权能如占有权、使用权、处分权、财物外观完整展开;尽管有些国家还规定了所有权之外的债权、知识产权等法益,但明显是处于补充所有权能的地位。

所有权是判断财物归属的,从被害人、社会一般人角度出发,属于价值标准,拥有补充入罪、出罪的价值权力;权能是判断财物被侵犯的事实性质的,从行为人角度出发,是事实标准反映的目标。

(二) 事实建设有三步

法益的舞台搭好后,仅仅为事实标准扫清了外围环境障碍,并没有触及事实标准本身。客体收缩不是目的,只是前提,建立事实标准才是目的。事实标准形成的不只是事实本身,而是标准体系,以事实为标准,以价值为补充,两者共同形成事实财物罪的基本格局。

1. 按照事实标准设置的基础罪名

事实财物罪主要以要件要素的组合作为标准,要件要素的实质在于,其是财产犯罪的内部因素,暗藏了事实发生、发展的基因,事实在要件要素中才能获得真正的解释,完成描述事实的任务。事实标准内部化(要件要素化),价值标准外部化,是与外部社会价值评价联系的自然延伸。事实标准主要从事实占有方法入手,才能外拒价值侵入,内分事实差异。事实标准的关注点、关心处,迥然有别于价值标准。

犯罪的事实标准通过要件要素两个层面来实现:

第一,在要件层面,由客观行为、主观心理两个要件组成。行为人角度的主观心理、客观行为相结合,正是行为人推动犯罪事实发生、发展的基本逻辑;其中,客观行为是主导,事实财物罪被公认为主要以行为的不同进行相互区别,主观心理都是故意,但有些国家在个别罪名上如毁坏财物罪规定了过失类型,表明毁坏财物罪名有两个不同心理类型,客观行为、主观心理都有资格、有可能成为设计事实财物罪的主导标准。

第二,客观行为的要素层面,由方法、对象相结合。由于对象固定为财物,财物自身不可能区分不同财物犯罪,行为的区分功能只能借助方法进行,方法差异主要地决定了事实差异。从这个意义上讲,取得型的财物罪,就是典型的方法之罪。行为方法成为标准的实质是排斥所有权归属标准的适用,换言之,如果以所有权归属作为标准,就不可能从盗窃罪中区分出侵占罪、诈骗罪、盗(挪)用罪、敲诈勒索罪、贪污罪等罪名。从财产犯罪出发,放眼当今许多罪名的构造,能够发现一个基本规律,就是许多罪名本身是由行为方法和行为对象组合的,比如生产销售伪劣产品罪、故意杀人罪、破坏交通工具罪。

事实财物罪内部罪名之间的区分,是事实独立特征的争奇斗艳,能否具有一个独立的事实场景,决定该现象是否具有独立罪名的资格,不同事实方法与反映该方法的心理、统一的财物,共同表达独立的事实标准。其中,方法是开放的,主观心理是相对方法封闭的,财物也是相对封闭的。事实财物罪之间的差异,体现在事实方法上的意义有二。一方面,没有事实防御就没有事实方法,被害人是否事实占有,决定了事实防御是否成立,为事实方法的使用提供前提。另一方面，行为人是否事实占有，决定了事实侵犯是否成立。所有事实财物犯罪，都需要在这两块试金石面前检验其事实的成色。

事实占有方法，当然是主导的、基础性的标准，产生了事实财物罪中的典型罪名，其历史性的贡献在于，既推动了盗（挪）用罪、故意毁坏财物罪等罪名的独立，也成就了盗窃罪、抢劫罪、抢夺罪内部的深刻变革。

事实占有方法之间有共性，也有个性。共性是各事实占有方法形成的罪名，被侵犯对象——财物都处于被害人事实占有之下；个性是行为人实施的各事实占有方法，各不相同，正是相互区分的关键所在，也证实了事实标准的差异主要体现在方法上，这个方法不是被害人占有财物的方法，而是行为人取得财物的方法。盗窃罪、盗（挪）用罪使用的是偷偷摸摸、鬼鬼祟祟的窃取方法，抢劫罪使用公开、强制被害人将财物移位于行为人事实控制之下的方法，抢夺罪采取出其不意、乘其不备的猝然方法将被害人财物移位于行为人事实控制之下，故意毁坏财物罪采用毁坏财物外观、物理完整性的方法毁坏财物。

2. 按照价值标准设置补充罪名

事实标准由于范围相对小了些，事实方法无法穷尽所有侵犯财产犯罪的方法。事实方法将基本的事实场景瓜分完毕后，必然面临剩余价值方法如何处置的难题，价值补充入罪便提上了议事日程。价值补充，同样既催生了诈骗罪、敲诈勒索罪、侵占罪、贪污罪等罪名的独立，也有对盗窃罪在秘密窃取之外补充的公开窃取，抢劫罪在先强后盗之外补充的先盗后强、携带凶器抢夺、基于毁坏的聚众打砸抢、基于使用的抢劫汽车等，故意毁坏财物罪在事实毁坏之外补充的价值毁坏。所以，今天财产犯罪也有"以""准"财产犯罪的处理方案，比如以（准）盗窃论、以（准）抢劫论，其是价值盗窃罪以事实盗窃罪论，价值抢劫罪以事实抢劫罪论，价值毁坏财物罪以事实毁坏财物罪论，因而是事实标准相似的"以""准"。

价值补充，有两个地方可以入手。一是被害人的事实占有。侵占罪的"无被害人事实占有"，正是围绕"被害人事实占有"展开的。侵占罪能否成立犯罪的"拒不退还""拒不交出"决定性指标又是对所有权是否具有最终的侵犯的补充，所有权标准显然是法益性质的。一是行为人的事实占有。诈骗罪、敲诈勒索罪虽有被害人事实占有，但行为人并非事实占有地获得财物，而是通过各种手段让被害人自愿、被迫交付财物。诈骗罪、敲诈勒索罪还需要评估被害人因素的影响才能最终确定是否需要追究行为人的刑事责任，德国刑法学因此产生了以诈骗罪为核心的被害人信条学，属于客体评价的价值判断。尽管诈骗、敲诈勒索方法不是事实方法，但却是考察方法模式的副产品。贪污罪，是具有特殊身份人的一般财产犯罪。贪污罪因为是事实要件要素之上叠加了主体危险形成的罪名，因此，在窃取、侵吞、骗取等事实标准之外单独要对公务活动进行判断才能决定是否成立犯罪，属于主体危险的价值判断。

3. 事实占有的分类——夺取罪、交付罪

事实财物罪分类，是对事实标准原则、价值标准补充的支撑。与价值盗窃罪的分类注重外部价值区分相反，事实盗窃罪的分类注重内部事实区分。

尽管事实财物罪的分类方法众多，大多都与事实环境下的标准、目标等因素有关，其中法益、对象、主观等标准成为比较普遍的分类方法，但以事实占有方法形成的分类，即夺取罪、交付罪分类，有主张者，却并不是主流。

理论研究的低调，掩饰不了立法规定的高调，域外立法者为人类事实财物罪的立法提供了一个全新的分类设计，非常有创意。《埃及刑法典》第8章规定了"夺取罪和侵占罪"的章标题，第311条对夺取的定义规定为："夺取，是指攫取他人所有的财产。"《捷克刑法典》在第五编侵犯财产罪中规定了第205条夺取罪、第206条侵占罪。《斯洛伐克刑法典》在第四编侵犯财产罪中规定了第212条夺取罪、第213条侵占罪。

夺取，实是行为人的行为夺取，夺取罪内的具体个罪都是具体的事实占有方法决定的，属于典型的事实财物罪；交付，实是被害人主动交付，交付罪内的具体个罪都是具体的被害人主动交付场景决定的。夺取罪、交付罪的分类，是事实、价值的分类；缺乏事实、价值区分的认同，很难有效区分夺取罪、交付罪。

夺取罪、交付罪的分类，紧扣事实核心——被害人事实占有的前提。在被害人事实占有且不愿意交付财物的前提下，行为人只有事实夺取才能获得财物，从行为人在被害人事实占有下转移财物的单向度思考，就能有效说明财物转移的原因，这就是夺取罪的逻辑；在被害人事实占有，已经或愿意交付财物的前提下，行为人不使用事实夺取方法即能获得财物，其间，既要考查行为人行为,也要考查被害人在其中的作用即行为人、被害人双向度思考,才能最终认定是否成立财产犯罪,这就是交付罪的逻辑。

从被害人交出财物角度看,有被迫交出、主动交出,被迫交出(如抢劫中的情形)是行为人方法的延伸、结果,尽管也是一种被害人交付,但实质是行为人夺取,不能归入交付罪;只有被害人主动交出财物的,才是交付罪,尽管其主动最终仍然是被动、被迫的。

被害人主动交付财物的情节具有改变事实财物罪的重大功能。因为,被害人主动交付财物,表明被害人主动放弃(包括事前、事中两种情形)了事实占有,行为人取得财物的事实前提——被害人事实占有不存在了,行为人不使用事实占有方法即可控制财物,行为人事实占有方法就不可能是财物转移的原因;被害人主动交付财物,无论什么原因,都否定了行为人事实占有方法的解释功能,也不可能成立事实财物罪。

交付罪行为人获取财物的方法自然是非事实的价值方法,即被害人的交付。虽然要对被害人交付的具体情形进行区分,但显然需要采用价值标准评价。其中的交付罪尽管也有事实因素,但主要按照价值标准判断,其要么采取所有权标准,如侵占罪(拒不退还、拒不交出),要么对行为人的事实占有方法进行评价,在评价了被害人行为后,才能最终确立是否成立财产罪,如诈骗罪。[1]

与方法上的夺取罪、交付罪的分类具有异曲同工意义的,是围绕对象区分的财物罪、利得罪。[2]限于论题和篇幅,在此不再赘述。

二、事实关系

研究事实关系必须有两个思维的前提,第一,事实标准产生了事实关系。关系随着标准的调整而调整。标准的改变,同步改变了关系。事实标准的运用,使被事实标准分割的现象之间呈现出事实的关系特征,即以心理、行为,或者行为内部的方法、对象作为相互关系的区分标志。价值特有的包容现象

---

[1] 这也是德国刑法理论之所以产生被害人信条学,用以主要解决诈骗罪中被害人侧面的根本原因。

[2] 参见[日]大塚仁:《刑法概说(各论)》,冯军译,中国人民大学出版社2003年版,第172页。

不可能被完全消灭，在不得不规定的情况下，还是会出现的。于是，事实关系的重要特征就出来了，即事实关系以对立关系为主、包容关系为辅。包容关系站在事实标准角度，两者也是对立的。第二，处理罪名关系理论化。与价值关系相对简单，以处理一般窃盗与特殊窃盗，特殊窃盗之间的价值衡量为基本思路不同，事实关系有对立关系、包容关系的基本形态，也有结合关系、牵连关系、吸收关系、想象竞合关系、法条竞合关系等复杂形态，如何选择处理方式，成为棘手的问题，于是，产生了罪数、法条竞合等理论。理论提出的处理方案如特殊法优于普通法原则、从一重从重处罚原则、构成要件说或重法优于轻法原则，其理论依据并不清晰，尤其是如何与犯罪标准的结合是其硬伤。

如同讨论价值关系时那样，本书只讨论最基础的对立关系、包容关系。独立罪名为主，包容罪名为次。

在缺乏不同标准的体系思考前提下，盗窃与抢劫的复杂关系很难被洞察。但由于今天的事后抢劫规定的盗窃、诈骗、抢夺等先行为中，并没有轻微抢劫，从而将盗窃与抢劫的关系问题摆上了台面。因为，如果出现轻微抢劫后，为了逃跑、护赃、毁证将人打成重伤时，轻微抢劫、重伤的数罪并罚，不及事后抢劫罪依照加重抢劫处罚，可能出现与先盗窃后重伤的事后抢劫量刑不合理的现象，为了弥合此种处罚的不合理，张明楷教授主张将轻微抢劫解释为盗窃罪，并提出盗窃与抢劫不是对立关系而是包容关系，从而解决上述不合理现象。[1]这实质是将如何区分财产犯罪内部罪名之间的对立关系、包容关系，摆上了台面。

（一）事实对立关系

事实对立关系，根据事实标准的不同，有心理对立关系，如杀人罪中的故意杀人罪、过失杀人罪；有方法对立关系，如财产罪中的盗窃罪、抢劫罪；有对象对立关系，如盗窃尸体、尸骨、骨灰罪，抢劫枪支、弹药、爆炸物、危险物质罪，抢夺、窃取国有档案罪，金融诈骗罪等。

我国的财产犯罪都是故意犯罪，没有心理对立关系；少数罪名如拒不支付劳动报酬罪的对象是债权，但其余均是财物，基本可以说无对象对立关系。

---

[1] 参见张明楷：《刑法学》，法律出版社2016年版，第979~980页。

因此，我国财产犯罪是方法对立关系。

方法对立关系有二种。

一是同一性质方法内的对立关系，这种方法对立关系在刑法中大量存在，如盗窃罪内存在的多次盗窃、入户盗窃、携带凶器盗窃、扒窃几种方法，这种对立由于秘密窃取方法、财物对象统一而不改犯罪的性质，因而不成立不同罪名。同一方法内的差异，不是性质差异，而是表现方法的方式、事实场景的差异。

二是不同方法的对立关系。这里面有两种方法性质的对立，一是此事实方法与彼事实方法的方法对立，比如盗窃方法与抢劫方法、抢夺方法、毁坏方法的方法对立；二是事实方法与价值方法的方法对立，如盗窃方法与诈骗方法之间，故意毁坏财物罪中的价值毁坏方法（典型如纽扣案）与事实毁坏方法，抢劫罪中的先强后盗与先盗后强等；此价值方法与彼价值方法的方法对立，比如诈骗方法与侵占方法之间。

盗窃方法与抢劫方法之间就属于这种情形。事实抢劫罪与事实盗窃罪之间的对象都是财物，抢劫是强制方法，体现强制取得财物的事实场景；盗窃是秘密窃取方法，体现非强制取得财物的事实场景。在反映事实差异的方法之间，抢劫与盗窃是对立关系；对立方法对于反映不同事实现象来说，不能随意混淆，否则，分辨不同事实现象的任务就不可能完成。

事实对立关系，原则上应当按照特定的事实吻合性定罪，这也是法条竞合理论中的构成要件说的主张，否则，立法规定的特定罪名就失去了存在的依据。必须看到，立法之所以基于事实对立关系规定特殊事实罪名，既在体现特定事实现象的同时，还要体现立法者对于特定处罚的意图。相对于普通的事实罪名，单独设计，有高、有低，而无论高低，均是立法评估的结果，代表了必须贯彻的立法意图。一般情况下，由于法益、对象的重要性，特殊法条的量刑往往重于普通法条，但不能排除特定情形下特殊法条轻于普通法条的可能。如果完全以自己认同的量刑轻重比对，不仅无视立法的权威，而且将严重破坏事实罪名之间的固有生态。比如盗伐林木罪是盗窃罪的特殊法条，主要是对象特殊造成的。盗伐林木罪和盗窃罪规定的刑罚的下限相同，但上限，盗伐林木罪是 7 年以上有期徒刑、并处罚金，盗窃罪是无期徒刑，显然盗窃罪重于盗伐林木罪，如果采用重法优于轻法的处理方式，所有盗伐林木者均应定盗窃罪，无异于取消了盗伐林木罪，这是用价值衡量的标准在处理事实对立关系，无视了事实的标准地位和优于价值标准的性质。

盗窃与抢劫之间，事实标准首先改造了盗窃原先的价值标准，解除了两者之间原来的包容关系；其次将盗窃的方法定位于秘密窃取方法，与抢劫的强制取得方法对立，盗窃与抢劫之间的关系便固定在方法对立关系上。对立关系是不能像包容关系那样按照重法优于轻法的方案处理，必须分别定罪量刑，才能既体现出对事实标准的适用，又区分了不同事实现象间的差异。

事后抢劫中的盗窃前罪，如果包括轻微抢劫，显然是将与盗窃对立的抢劫解释成盗窃，既无视了立法的权威，也忽略了盗窃与抢劫的不同事实意义，是罪刑法定不能容忍、也不应该容忍的。这种解释虽然在古代刑法中存在过，张明楷教授着重强调的也正是这一点，与其法益理论一脉相承，但显然穿越了时代。

（二）价值包容关系

价值包容关系在犯罪事实标准中，不像在犯罪价值标准中那么多样，基本有两种形式，一是法益包容行为方法，作为财产犯罪的盗窃罪中，其规定的数额入罪现象即属于此种类型；一是法益包容对象，过失杀人罪与特殊的过失杀人罪如交通肇事罪、重大责任事故罪之间，普通重大责任事故罪与特殊责任事故罪之间，普通的生产、销售伪劣产品罪与特殊的生产、销售伪劣产品罪如生产、销售、提供假药罪之间，普通走私罪与特殊走私罪如走私贵重金属罪之间，普通玩忽职守罪与特殊玩忽职守罪之间，普通窝藏罪与特殊窝藏罪之间，等等。

在犯罪事实的环境中，价值包容关系的处理要坚持两点。

1. 包容关系与其他事实现象之间，是对立关系，需要分别定罪

对于事实标准来说，这是不容改变的原则；如果这一原则得不到落实，意味着事实标准将受到根本否定，罪刑法定将不复存在。中国刑法在这个问题上喜忧参半。

喜的是，大多数包容关系被分别定罪了，充分体现出与事实标准、其他价值标准的对立关系，有效地将事实标准落实在定罪中，财产犯罪之外有走私罪、非法经营罪等，准盗论、以盗论现象急剧减少，财产犯罪内部有诈骗罪、侵占罪等。这集中体现在我国刑法立法中规定的法益包容对象的现象中。

普通法条与特殊法条分别定罪，表面给人十分繁琐的印象，但实质是深刻认识到了普通与特殊之间的标准对立，落实了事实标准，是罪刑法定的具体化。我们也能够感受到，中国刑法的这一转变，恰恰是从1979年《刑法》到1997年《刑法》完成的，其中一个根本性的推动力量，正是罪刑法定原则在1997年《刑法》确立后的内在要求，该原则极大地提升了中国刑法的立法科学化程度，为理论指明了研究方向，开了好头。

忧的是，极少数包容关系的对立关系并没有独立罪名，从而有将对立关系转化为包容关系的危险。比如，盗窃罪中将数额入罪与秘密窃取方法的多次、入户、携带凶器、扒窃等入罪场景同等看待，没有将它们看作对立关系，没有成立不同盗窃罪即价值盗窃罪、事实盗窃罪，是不妥当的。始于1979年《刑法》规定以数额作为成立唯一标准的盗窃罪立法模式，明显是源于古代窃盗罪。在盗窃罪完成了由利益到方法的标准转变后，盗窃已经是事实盗窃、方法盗窃，不再是以往的价值盗窃、利益盗窃，作为方法的盗窃罪不仅与抢劫等罪解除了包容关系，确立了对立关系，而且，在以秘密窃取方法作为盗窃罪标准后，其与利益盗窃罪的关系便具有两面性。一方面，方法盗窃与利益盗窃不同，属于对立关系，这是确定方法的标准地位必须明确的；另一方面，利益包括方法的包容关系仍然客观存在，这同样不容否认。以利益为标准，以数额反映利益的数额盗窃，与以多次盗窃、入户盗窃、携带凶器盗窃、扒窃之间形成了对立、包容两种关系特征。在秘密窃取方法成为盗窃标准后，数额盗窃与方法盗窃之间首先应当明确对立关系。其实，这恰恰是大家反对1979年《刑法》以数额作为盗窃罪唯一标准的根本理由，只是没被说破而已。后来，虽经再次补充，多次、入户、携带凶器、扒窃的秘密窃取方法得到承认，但数额与多次、入户、携带凶器、扒窃之间的关系从来没有被正视并深刻认识。从数额与方法的对立关系看，现在的刑法将它们并列，混淆了价值、事实标准；这种混淆让人觉得十分奇怪。比如，数额入罪肯定会有具体秘密窃取方法的同时使用，那么，如果使用了多次、入户、携带凶器、扒窃，而窃取的数额有达到了入罪标准、未达到入罪标准两种情况，此时，数额与方法的关系如何认识、处理。可见，立法将数额、具体秘密窃取方法一同作为盗窃罪标准，是违反逻辑的。正确的处理应当像上述对于过失杀人罪、责任事故罪，生产、销售伪劣产品罪，走私罪，玩忽职守罪，窝藏罪中的普通罪名与特殊罪名那样,两者分别定罪,才能体现两者的标准差异。这让人体会到德国财产犯罪只以行为定罪、不以数额定罪的深意。

数额的价值标准,与交付罪的价值方法标准的存在理由是一样的,即其虽不是事实标准,但受益于事实标准,是在补充事实标准中出现的价值现象。

2. 在协调包容关系、对立关系时,原则上按照对立关系分别定罪量刑;特殊情况下,由立法按照包容关系进行价值衡量

我国刑法对于包容关系的罪名之间,基本做到了上述方案。

第一,"本法另有规定的,依照规定"模式。在过失杀人罪、故意伤害罪、过失致人重伤罪、滥用职权罪、玩忽职守罪等条款中,均有此模式。"本法另有规定,依照规定"模式,意在突出具有此种包容关系罪名之间的对立关系,强调罪名之间在定罪、量刑上毫无关联,不需要价值衡量后进行罪名的再选择。

第二,无说明模式。重大责任事故罪与特殊的责任事故罪之间,普通的伪证罪、窝藏罪、包庇罪与特殊的伪证罪、窝藏罪、包庇罪之间等,均各自规定了独立罪名,对于相互包容关系没有立法规定。此种模式效果,与第一种模式一样。

第三,暗示了包容关系,但明示的是对立关系模式。走私罪是典型例证,我国《刑法》第153条规定,走私本法第151条、第152条、第347条规定以外的货物、物品的,根据情节轻重,分别依照下列规定处罚:(一)走私货物、物品偷逃应缴税额较大或者1年内曾因走私被给予2次行政处罚后又走私的,处3年以下有期徒刑或者拘役,并处偷逃应缴税额1倍以上5倍以下罚金。走私罪这一规定既表明了普通走私货物罪与其余走私罪之间的包容关系,但又规定分别定罪,表明了相互之间的对立关系。此模式同样表示不同走私罪之间不需要价值衡量地定罪、量刑。

第四,价值衡量模式。此模式只是少数,但还是存在的。比如,我国《刑法》第149条规定生产、销售本节第141条至第148条所列产品,不构成各该条规定的犯罪,但是销售金额在5万元以上的,依照本节第140条的规定定罪处罚。生产、销售本节第141条至第148条所列产品,构成各该条规定的犯罪,同时又构成本节第140条规定之罪的,依照处罚较重的规定定罪处罚。生产、销售伪劣产品罪中的特殊罪名、普通罪名之间具有的对立关系,

体现在被分别定罪、量刑上；包容关系，作为衡量重法优于轻法的选择标准，这种处理方式与古代价值标准的处理是一致的。

另外，也要看到，古今价值衡量的内涵仍然有所不同，古代是利益与利益之间的价值衡量，今天是法益与对象的衡量。

第五，包容关系模式。盗窃罪是典型。

第五节　结　语

本章以文献为根据，以事实标准、价值标准两分为指引，试图对财产犯罪的历史演变做一系统梳理、解释，初步认为古代刑法是价值财产罪，注重财产取得结果；现代刑法是事实财物罪，注重财物取得过程。事实过程以价值起因、结果为目标，过程不能脱离起因和结果，但双方又毕竟不同，这正是过程与起因、结果之间关系的真实写照，也是最终演变为行为无价值、结果无价值之争的根源。事实标准产生了与价值标准区分的内在需求，是现代财产犯罪几乎所有争论的源头，只有从事实标准出发、协调价值标准，才能有效地解决分歧，比如事后抢劫在古代是强盗罪的当然形式，不需要单独、刻意地规定，但今天却普遍被立法单独规定以抢劫罪论处，或者成立事后抢劫罪，意在强调其不同于抢劫罪、必须从中分离的意思。比照抢劫罪要求"强取"的事实逻辑，事后抢劫是"取强"的价值逻辑，两者近似但确实不同，表面看"强取""取强"仅仅是要件要素之间的顺序不同，但实质是标准、性质的不同。立法不专门规定，事后抢劫不能成立抢劫罪。事实标准为实现罪刑法定提供了新的视角和可能，无疑具有很强的理论和现实意义。

第二章
财物的封闭原理

开放显，封闭隐，人治兴；封闭起，开放落，法治生。现代刑法，因封闭而明确，因明确而罪刑法定。

第一节 封闭性：行为理论的新方向

封闭构成要件要素、开放构成要件要素的研究须以标准的准确界定为前提，在现代犯罪标准"春秋战国"时代，研究的深化已经被迫止步，开放构成要件要素仅仅提出了概念，封闭构成要件要素尚是一块处女地。

封闭性锚定特定事实场景，形成固定性、唯一性特点，排除社会危害性平台随意平滑现象，比如生产、销售，从其内部封闭把握，就不能外溢至包括库存情形；比如强拿硬要，从其内部封闭把握是指买卖时不交付对价就拿货物的，不可能包括私建桥梁、道路收取费用的情形。相反，开放性以价值评价为场景，不断从事实以外因素获取新鲜能量支撑犯罪的重新判断，犯罪认定是一个不断生成的过程。[1]事实封闭判断属于犯罪构成，价值开放判断属于犯罪生成。

财物作为行为对象，是组成行为的要素，与行为方法一道支撑着行为概念，也深受行为理论向外的影响，往往被外化为"财产"，财物封闭性的研究，实质是对行为封闭性研究的一部分，梳理行为理论方向将有助于财物封闭性的讨论。回顾历史，法治时代的行为探索经历了两个阶段，第一个阶段，是以行为为标志，区分行为、非行为的1.0版本。反价值、反伦理、反道德

---

[1] 参见文海林：《犯罪论的基本体系》，中国政法大学出版社2011年版，第24~31页。

成为启蒙思想的一杆大旗、响亮口号,在德国先后产生了因果行为论、目的行为论、社会行为论、人格行为论,服务于早期反价值的行为地位,被人们站在行为外部加以认识,"犯罪是行为"的口号深入人心,但行为的功能则被"阉割",消极行为论的出现表明以向外作为发展方向的德国行为理论已经失败。第二个阶段,是区分行为内部行为差异的2.0版本。向外喧嚣,向内静思。这是从内部深度认识不同行为类型的新阶段,比如预备行为与实行行为,帮助行为与实行行为,用刀杀与吓杀、骗杀之间的差异,围绕行为不同方法、对象差异形成的理论,进而又逐步抽象出事实方法、事实对象的方向,有些犯罪的立法已经自觉进入了"行为方法+行为对象"的行为阶段,摸索两者结合的各种可能,比如以财产犯罪的方法划分罪名,危害公共安全罪中危险方法犯罪、侵犯特殊对象犯罪等,方法、对象的不同成为设置不同罪名的基本依据,比如盗窃罪、诈骗罪、放火罪、以危险方法危害公共安全罪、破坏电力设备罪、破坏易燃易爆设备罪等。

与此同时,行为理论、行为要素理论、行为周边理论出现的新发展苗头,大有合力推动行为理论向内的新指向。

一、行为理论的新趋势

行为的希望在行为之内,而不是行为之外。与价值行为外化进而开放化的旧套路相反,行为之内恰是事实标准的内在要求,向行为内部寻找依据的实质,就是行为的事实化进而封闭化。

第一,实行行为概念的出现。这是德国发展起来的被实际且广泛使用的行为概念,但奇怪的是,并没有像因果行为论、目的行为论、社会行为论、人格行为论那样成为一种名正言顺的行为理论。

实行行为概念产生于共同犯罪区分正犯、共犯的紧迫需求,被广泛接受后移植于行为要件,成为行为要件的实质概念。实行行为,全称应该叫"实行(施)事实的行为",明显有一种从如何具体实施的行为内部来理解行为的意味,这不同于过往从外部解读行为,已经表现出事实意义的行为意图。但也要承认的是,实行行为除了概念有着事实味道之外,没有同步带给我们配套的事实标准,更没有组成行为的内部各要素的身影,其中包括本书讨论的"方法+对象"的行为意义,这显然严重打击了它的解释力、影响力,缺乏实质内容恐怕正是实行行为概念难以上升为行为理论的根本原因。

第二，事实行为、价值行为的新分类。已经出现的事实理论主张了事实行为、价值行为分类，事实行为向内、价值行为向外，事实行为需要从行为的组成要素中才能探究成功，行为要素由行为方法、行为对象的必要要素和时间、地点、空间、顺序等选择要素组合而成，两者的不同组合模式决定了行为性质、范围的差异，[1]在描述事实而不是评价现象的判断中，对所描述事实主干进行事实改造后，便能有效描述事实发生、发展的全貌。事实行为对以往被理论空心化的行为，赋予了方法、对象、时间、空间、顺序等实质内容，行为从苍白走向丰满，从被评价走向了主导事实过程，从而有能力担负起标示事实犯罪的重任。现代刑法包括财产犯罪在内的许多犯罪，都明显显示出"行为方法+行为对象"的罪名模式，隔离犯罪经常举例的"邮寄毒苹果杀人"的着手判断，寄送说、接收说正是方法说、对象说的体现，方法、对象的隔离导致着手判断的困境，恰恰从反面印证了行为由方法、对象组合而成的实质，事实行为的组合要素契合了现代犯罪的要件标准。

二、行为要素理论的新方向

组成行为的各个要素被立法强力规定，因而理论对其的研究必会对行为研究产生潜移默化的影响。这种看不见、分散的影响，也许更为有力。

第一，行为方法的事实方向。在许多行为方法的争论中，尽管还有严重的分歧，无法否认的是，具有罪刑法定方向优势的事实性质对行为方法的影响力、解释力已不容忽视，据法治而谋一席之地的依据也拥有足够说服力，比如，财产犯罪中的占有方法，学术界在事实占有、规范（价值）占有之间的徘徊和"投鼠忌器"，使用事实占有的明确优势和范围劣势，规范（价值）占有的概括优势和明确劣势，都已经被学界深刻洞察。其余犯罪中的方法研究比如毁坏方法、伤害方法等，一再重复上演着惊人类似的理论戏码，甚至方法内部的子方法也存在同样的争论，比如暴力方法的标准界定就存在物理暴力、效果暴力之争，事实标准往往引导着行为方法向内寻根，与价值方法向外评价反向用力。事实方法在要素层面的不断蔓延，使行为理论向内发展

---

[1] 参见文海林：《论罪刑法定的事实明确》，中国政法大学出版社2016年版，第227~243、183~189页。该书对事实行为、封闭构成要件要素进行了事实性质的初步讨论。

已经在个罪行为方法的要素层面一扫行为理论的向外老路，成为值得侧目的一种十分活跃、争论激烈的新战场。

第二，行为对象的新展示。财物作为财产犯罪的共同行为对象，恐怕最有发言权。尽管有理论主张以财产意义把握财物，但以早期理论为代表的方向则是向内挖掘财物封闭性，从而在财物要素内部形成了可贵探索。财物替换财产肩负的历史使命就是向财物内部发展，这在早期讨论提炼并被确定的物体性、移动性、完整性中能够看得很清楚，后来面对电力、电磁等是否是财物的讨论也遵守着向内挖掘财物的方向，使向内寻根的传统得到传承。尽管，人们不时会有犹豫，期间也布满了不同历史时期由财产性利益、虚拟财产、债权等财产新形式发起的一次次挑战和严重冲击，但总体看人类还算坚守住了财物向内方向，坚守了罪刑法定的最后希望。

第三，先方法、后对象的行为要素先后顺序结构，固定了事实意义。先方法、后对象形成的盗取、强取、骗取等财产犯罪固定模式，不仅否定了事后抢劫成立抢劫罪，而且，固定了事实发生、演化的先后流程，与以结果论法益的价值评估逻辑完全不同。

三、行为周边理论的新示范

故意的界定也曾经走过从故意外部判断得出客观故意的弯路，[1]但与行为同属构成要件层面的主观理论，也即现在的通说主张故意由内部的意识、意志组合而成，其向心理内部寻找主观心理标准的努力方向几乎获得了一致认同，为行为理论做了最好的指引。尽管主观理论内仍有争论，并且其争论依旧显示出事实、价值之争的余威，但已经是由内部心理要素组成心理要件的通说基础之上的具体争论，比如心理事实、心理价值是否有分类必要的争论，客观故意、主观故意的故意类型争论，故意本质的意识说、意志说、容任说等争论。主观理论的大获成功与行为理论的严重失败形成的巨大反差，是行为理论应当向内、还是向外的方向落差，也是封闭、开放的反差，这一经验教训值得总结和记取。

上述三股力量合力后，人们能够更系统、更完整、更清晰地看到事实标

---

[1] 参见王雨田：《英国刑法犯意研究——比较法视野下的分析与思考》，中国人民公安大学出版社2006年版，第102页。

准在要件、要素两个层面对于价值标准具备的明确、稳定、垄断优势，甚至包括事实标准自身存在的不足和可行的弥补措施，正在以积沙成塔的缓慢方式聚焦，笔者相信，达到一定临界点后，肯定能够产生强大的理论力量。

迄今为止，行为理论在要件层面、要素层面向内拓展取得的一点点进步，仍然是初步的，还有反复、不够精确的春寒料峭。比如，我国司法考试题中出现两个借外力将人杀害的案例，[1]两个案例的标准答案都是不能成立故意杀人罪，因为借力行为本身并不足以致人死亡。应该承认，这一答案对劝杀行为的判断是从行为内部出发的，已经有了"行为向内"的新气象，已经摆脱了从因果、目的、人格、社会等外部角度判断行为的旧套路。但由于该标准没有建立在区分事实行为、价值行为的基础上，尤其对于行为内部判断的标准等基础理论没有根本性突破，仍然没有根本解决行为问题，导致对于这两个本不是事实行为的价值行为的案例，错误使用了事实行为的判断标准，尽管对于价值行为判断后肯定会因为不符合事实行为标准而不能成立犯罪，但这并非价值行为不成立犯罪的理由，其结果还是对价值行为的判断出了问题。因为，事实行为、价值行为都可能成立犯罪，"行为本身足以致人死亡"是事实行为入罪标准，但价值行为入罪标准不是从行为内部入手，比如不作为杀人、过失杀人，它们成立犯罪是因为满足了各自的价值标准的作为义务、注意义务（或回避义务）。[2]可见，如果不能对行为的全部现象进行系统判断，建立起科学标准体系，从而及时排除在事实行为、价值行为上的判断问题，中国行为理论的突破可能仍然遥遥无期。

事实行为向内封闭发展的新趋势、新成就，迎合了财物封闭构成要件要素的研究需求，为本书后续研究奠定了基础，避免重蹈行为开放化的老路，

---

[1] 2006年试卷二第13题：关于故意杀人罪，下列哪一选项是正确的？A. 甲意欲使乙在跑步时被车撞死，便劝乙清晨在马路上跑步，乙果真在马路上跑步时被车撞死，甲的行为构成故意杀人罪。B. 甲意欲使乙遭雷击死亡，便劝乙雨天到树林散步，因为下雨时在树林中行走容易遭雷击。乙果真雨天在树林中散步时遭雷击身亡。甲的行为构成故意杀人罪。参见《2006年国家司法考试试卷二》，载 https://www.moj.gov.cn/pub/sfbgw/jgsz/jgszzsdw/zsdwgjsfkszx/gjsfkskskt/202102/t20210203_172281.html。

[2] 如果出现一个价值杀人行为案例，这个问题就更为明显了。比如，行为人为了杀害被害人，劝被害人到一座高桥上远眺极美远景，实际的想法是行为人知道该桥年久失修，桥面枕木已经朽烂承重不了行人，希望被害人从桥上摔下致死，被害人听从后上桥果然摔下致死。由于行为人主导了整个事实过程的性质、流程，劝杀行为人应该承担刑事责任并不是因为"行为本身足以致死"。

对于财物封闭研究的提示至少有两点。

一是向财物内部发展一定要落到实处，杜绝行为向内时停留于口号式的表面化、空心化。空心化为类推预留了空间。废除类推制度，并不能最终废除类推现象，只有废除导致类推的判断标准，做到要件要素的封闭性，忠实于文字的事实场景，才能斩断"弯曲文字"的类似、类比、类推做法，真正废除我国出现的诸如将库存作为"生产、销售"、将建桥收费作为"强拿硬要"等不断发生的"解释"。使用"行为"概念说明"行为"现象是典型的同义反复，行为向内没有方法、对象，向外没有被评价对象、评价依据，行为概念就有空洞无物的危险。行为标准来自行为的支点，支点或者向内、或者向外。财物取代财产成为财产犯罪对象，虽然迈出了财产内化的第一步，但并没有最终完成标准设计。财物有表达归属及其数额的可能开放性，也有有体性、移动性、物体完整性的可能封闭性，不激活封闭性，就激活开放性。除了在向内以事实为支点的基础上，还要在共有物体性的基础上，考虑到针对不同财物犯罪形成的不同内部特征，比如取得罪的移动性、毁坏罪的完整性；反之，一切在财物自身内部无法得到根本说明，必须借助财物以外因素才能得以最终说明的，都是财物以外因素，比如财物的归属关系、财产数额等。可见，不仅是财物问题，所有犯罪面临着究竟"怎样选""选哪些"要素，这是未来个罪需要重点研究的课题。

二是财物应当定性为事实财物。财物不决定"财物"，是被决定的。财物向内封闭是事实标准，向外开放是价值标准，事实自足、价值他足。[1]财物由此也能够依据财物内部、外部特征定义后，分类为事实财物、价值财物。随着行为现象被分化认识，再以具有类性质的"行为"概念表述事实行为现象已经不合时宜，宜以更为准确的"事实行为"概念表达这类行为，这是财物向内在概念上的必然反应，即由"事实财物"概念取代"财物"概念。

事实封闭的含义是，由构成要件要素组成的事实整体封闭，不溢出事实范围的向内，都属于事实封闭。事实，在法治刑法时代就是规范事实，[2]包括形式规范、内容事实两个方面，事实平台能够为财物封闭提供整合能力，对财物的事实再造也按此进行。事实不同于价值的是其构成要件要素组合特

---

[1] 参见文海林：《论罪刑法定的事实明确》，中国政法大学出版社2016年版，第148~156页。

[2] 参见文海林：《论罪刑法定的事实明确》，中国政法大学出版社2016年版，第131~171页。

征，对于财物封闭性，财物要素不足以单独定义财物的封闭性，是与其余构成要件要素甚至权力形式共同界定的，而开放现象不同，只要有被评价现象就能够从社会主流价值出发予以评价。财物的封闭性因其自身存在的自然状态、中性性质，使其并不适合作为犯罪标准使用，但通过一步步特殊设计后，每一步都导致了限缩封闭范围的效果，才最终完成封闭性设计，其中每一步都是封闭性不可或缺的事实封闭的一部分。在各方深度参与下的财物封闭标准，深刻地重组了现代财产犯罪，无论标准还是形式，都与古代财产犯罪发生了革命性变化，这是判断任何一个财产犯罪时必须时刻注重的。从这个角度看，财物封闭性不同于开放性的地方是，封闭性具有过程特征，开放性具有结果特征，过程封闭不同于结果开放。

第二节　要素选育封闭

选用、培育要素是人工合成财物的第一步，是自封闭，关系到封闭使用的材料，也是财物封闭时通常会涉及的领域。选用就是选择，有取有舍，取财物舍财产，是因为财产只有开放一种可能，财物则有封闭、开放两种可能，经改造后能够实现封闭性。培育财物封闭性，必须激活财物封闭接口：财物的有体性、移动性、物体完整性，关闭开放接口：财产属性、归属关系、归属数额，从价值财物转向事实财物，对被害人事实占有财物完成保护性激活。将财物作为现代财产犯罪的对象，仍旧是笼统、不准确的，侵犯财物，是侵犯财物的物体特征即封闭接口。停留在财物层面，是对现代财产犯罪的时代误读。激活，意味着强制封闭财物标准，否则，开放接口将吞并封闭接口，封而不闭，就是开放。财物的要素封闭有封闭载体、封闭功能两方面，两方面合一，才能最终展现财物封闭。

一、封闭载体——财物的平台封闭

法益化体——财物。财产、财物之间，是否物体成为封闭、开放的分界线，从财产到财物，向体而封、向物而闭，具有鲜明的内向封闭性、明确性。外化于物、内塑于体、计体论罪，中间要掌握两个原则。

第一，物体原则。"化财为物"，财物即财产，由物及财，法益由物体表达，财产的意义由物体所承载的法益间接表达，法益不能直接作为标准使用；法益的表达必须由物体特征替代完成，物体特征具有先于法益的优先性。以体为界，体外是向外，体内是向内。物体特征自然会限制法益的扩张本能，关闭不依附物化形态的财产比如财产性利益、债权、知识产权等作为行为对象。物体平台的功能有二，一是外拒非物体，二是内分物体不同特征。

物体实现的，是从财产到财物的转变，这只是财物封闭的第一步。但财物仍然有向内、向外两种接口，如果要最终实现财物封闭性，必须在物体内部特征上下功夫，才能完成财物封闭性的最终蜕变。从这个意义上再看物体，其实，它只是财物的一个事实平台、载体，物体使财物有了成为事实现象的可能，但还不是事实标准。

物体与不同物体特征结合，就成为不同财产犯罪的财物封闭标准。物体性与移动性结合，成为取得型犯罪的财物封闭特征，是物体移动还是非物体的移动，存在事实移动、价值移动的标准差；物体性与完整性结合，成为毁坏型犯罪的财物封闭特征，完整是基于物体的物体完整还是非物体的效用完整，存在事实毁坏、价值毁坏的标准差。

物体平台不是物体特征，从物体到物体特征，还有一段距离。如果不完成分离物体、物体特征的工作，仅仅试图用物体代替物体特征，那么，就始终停留在从财产到财物的程度，没有从物体深入到物体特征的最后阶段，就没有最终完成财物封闭性，因为，财物还保留有财物开放性的接口。比如强调财物是有体物的说法由来已久，在日本刑法理论看来，"有体物说认为，所谓财物就是指有体物（参照民法第85条）。有体物是指'占有空间的一部分并有形存在之物'。"[1]林山田教授认为有体物是"具有体积而占有空间。"[2]事实判断仅仅停留在有体物的层面，就是停留在财物的层面，尽管相对法益的财产标准有进步，但还不够，需要进一步深入到财物的物体特征层面才能完成取代法益的事实判断。主张有体物不是物体特征的理论后果是，不动产能够成立财产犯罪。

第二，孤立考察原则。财物除物体特征外还有法益等表达接口，为了保

---

[1] [日] 西田典之：《日本刑法各论》，刘明祥、王昭武译，中国人民大学出版社2007年版，第109页。

[2] 林山田：《刑法各罪论》（上册），北京大学出版社2012年版，第211页。

证物体特征的标准接口，必须排斥法益等价值接口，这就要求对物体的孤立考察。物体孤立考察实质是与法益等价值接口切断联系。

物理管理说、事务管理说之所以不可取，是因为它们对财产的表达能力均没有对法益"断奶"，承担管理载体的管道、电缆、纸张，本身并不代表财产，需要依赖管理的过程说明财产的种类和数量，所有的管理性说，在意的均是经济价值的转移式管理，并不在意物理、外观式管理对转移归属的重要性，其向财物以外因素寻找财物依据属于开放性解释，这就违背了财物取代法益的初衷。按照物体化后的财物标准，由管道体现的管理电力、由欠条表明的欠款、由存折说明的存款，由于管道、纸条、存折本身不表达财产性质和数量，不能成为财物。

二、封闭功能——财物的移动或物体完整性，是财物的物体特征

侵犯物体的效果，就是导致物体的物理改变。物体物理特征不能由财物说明，只能由财物内在的物体特征来说明，因为，财物除了物体特征（接口），还有价值特征（接口），由财物说明还不能精确到究竟是哪个接口来说明。通过侵犯财物的移动、物体完整，财物所有权将被侵害。财物的移动、物体完整功能，实质是财产所有权功能的事实转化，也是财物封闭性的最终形态。

第一，移动性。移动与物体的结合就是归属关系的物体改变。[1]事实移位是物理、外观的移位，控制即事实占有，原地控制财物永远完成不了财物物体的所有权易主，事实占有必须具有易位的作用，所有权的归属才能易主，将金条从被害人家里位移到行为人家里，"只有可移动的物才可能被行为人取走。这里的可移动的物并不等同于民法中的动产，而是需要自然地判断相应的物是否事实上能够被移动。"[2]不占有独立空间不可能有移位，物理管理说、事务管理说的标准将财物附属于管理设施，既没有移动能力，也缺乏独立空间，不符合事实移动标准。通过空间变更完成归属变更，空间权、位置

---

[1] B将自己的摩托车停靠在路边的电线杆旁后离开，A基于盗窃的故意，用一把铁链锁将摩托车锁在电线杆上，请问：A的行为能否成立盗窃罪？参见车浩：《占有概念的二重性：事实与规范》，载刘艳红主编：《财产犯研究》，东南大学出版社2017年版，第182页。

[2] 王钢：《德国判例刑法（分则）》，北京大学出版社2016年版，第155页。

权的变更,是所有权变更的事实表现和前提。通过易位实现易主、易权,易位是前提、是标准;易主、易权是归宿、是目标,这就是财物易位、易主之间的关系,德国刑法理论同样如此看待,"盗窃罪所保护的法益至少包括所有权,对此并无争议。有争议的是,在所有权之外,占有是否也是盗窃罪所保护的独立的法益。德国司法判例和学界多数见解对此予以肯定。"[1]价值移位是非物体归属的移位和改变,可以不以事实易位、易主为前提,比如虚拟财产的转移,比如金钱数额在存款账户之间穿梭往来,以肉眼不可视但却真实存在的形态出现。

"移财"开始,"移体"结束。财物即财产,物体移动是财产归属转移,也是体内封闭的具体表现,其必然排斥不能移动的财物、不能价值移动的财产。大谷实教授认为"不动产不是盗窃罪、抢劫罪的对象。这些犯罪的本质是'侵害之后拿走',其犯罪对象在性质上必须是可以移动的。"[2]山口厚教授认为"'窃取'了他人的财物的,成立盗窃罪。这里的窃取,是指违反占有人的意思,将他人所占有的财物,转移至自己或者第三人的占有之下的行为。盗窃罪是转移罪,以转移占有为必要(占有人丧失占有——转移占有——设定新的占有)。不过,使得财物脱离占有人的占有的(例如,放走他人饲养在鸟笼中的小鸟),由于没有取得对财物的占有,不属于窃取行为,不成立盗窃罪。"[3]因此,美国刑法将财产犯罪的对象表述为"动产"、德国表述为"移动的物品"也是此意。

价值移动作为事实移动的补充由立法规定后,可以成立,但是两者标准、补充的关系首先要明确。一般而言,"拿走"是美国刑法界对事实移动的表述,根据储槐植教授的介绍,"拿走,不一定用手,把马骑走,把牛赶走,把车开走,都是拿走。所谓拿走,不一定要求很大距离,往往就是'移动'的意思。""随着第三产业的发达,非法无偿地占有'服务'的行为日益增多,服务是不能'拿走'的,但它确实是有价值的。因此,现在有些州刑法里,'拿走'已经不是偷盗罪的要件了,而只要求对被盗财物的'控制'。纽约州采取另一办法来解决这一问题,创立一个新罪名'盗窃服务',内容包括吃

---

[1] 王钢:《德国判例刑法(分则)》,北京大学出版社2016年版,第153页。
[2] [日]大谷实:《刑法讲义各论》,黎宏译,中国人民大学出版社2008年版,第169页。
[3] [日]山口厚:《刑法各论》,王昭武译,中国人民大学出版社2011年版,第225页。

饭、住宿、交通、公用设施等方面的盗窃行为。例如，故意地逃付或拒付或采用其他办法不付饭钱、旅宿费、各类交通费、水费、电费、电话费、煤气费，等等。"〔1〕《美国模范刑法典》第 223.2 条规定的是"行为人以剥夺他人的动产为目的，将他人的动产非法拿走或者非法控制的，构成盗窃。"〔2〕

第二，物体完整性。完整性与物体的结合就是经济价值利益的物体体现，经济价值也会随着物体完整性的破坏而消灭。物体完整性是财物归属关系、归属数额的基本载体，毁坏物体完整性能够减损财产经济价值，物体完整性成为毁坏型犯罪绕不过去的物体功能。《德国刑法典》第 303 条第 2 款规定："无权、严重且非暂时性地更改他人物品的外观的等同处罚"，〔3〕以"物品的外观"来表达物体完整性。

效用毁坏，从被害人角度出发不注重通过物体毁坏实现对法益的毁坏，而是直接切入对所有权使用效果、经济价值的减损，比如我国的纽扣案，纽扣本身完好无损，但行为人使用纽扣的经济价值受到很大影响和减损，是价值毁坏，事实毁坏标准是导致事实毁坏、价值毁坏对立的导火索。

物体对于事实标准的意义有两点，一是物体为物体特征提供了事实平台。有了物体平台，物体特征才有了母体，从中能够衍生出不同的事实标准。物体不同于论及的物体特征，分离物体、物体特征成为关键。物体是所有物体具有的共性特征，物体特征是指物体具有的个别特征，比如移动性、完整性，物体特征之间往往存在于同一物体，但可以相对分离，比如财物既具有移动性，也具有完整性，它们都能够承载法益，但法益并非物体特征的全部；基于不同平台的特征具有不同性质，物体为物体特征提供了一个平台、载体，平台中可以产生具体的物体特征，物体特征须以物体为"舞台"，物体这一载体是物体特征的"根"。物质化是事实剧目的天然"道具"、平台，现代犯罪理论中的物质化攻城略地，物质化、非物质化（精神化）之争遍地开花，比如法益领域的物质化法益、精神化法益之争就是实例，占有权、所有权之争，以财物取代财产，占有取代所有，物理暴力取代效果暴力，事实行为是否以

---

〔1〕储槐植：《美国刑法》，北京大学出版社 1996 年版，第 231 页。
〔2〕美国法学会编：《美国模范刑法典及其评注》，刘仁文等译，法律出版社 2005 年版，第 160 页。
〔3〕参见王钢：《德国判例刑法（分则）》，北京大学出版社 2016 年版，第 296 页。

身体为基础等，区别在于，不同犯罪问题物化载体的类型不同，比如人身犯罪是以人体为载体，而财产犯罪则以物体为载体。财产犯罪不同的地方在于，财产犯罪内部基于物体平台，有取得型、毁坏型的不同类型，不同类型共同从物体平台中演化出来。二是物体与物体特征相互成就，两者的结合，保证了物体特征的事实性质。物体虽然不是物体的具体特征，但有了物体平台才能延伸出物体特征和事实性质，有无物体平台，差异很大。移动性与物体结合，才是事实移动，移动性与非物体结合，是价值移动；完整性与物体结合，才是事实完整，完整性与非物体结合，是价值完整，就是法益的效果。

三、被害人事实占有财物，实现了财物的要素封闭

现有理论对于被害人事实占有财物的意义，在认识上不到位。

第一，保护性激活财物封闭性。徒物不足以自闭。财物存在的封闭、开放两种属性，究竟谁会成为现实属性，需要其他因素的激活，尤其对于财物封闭属性而言，由于其是以物体特征为标准，如果不主动激活，人们往往会以财物开放性作为标准判断。

物是死的，人是活的，人、物结合即被害人事实占有财物是激活封闭功能的其他因素，非事实财物、未被被害人保护的财物，均不属于事实财物罪的行为对象；由于被害人属于对象范畴，被害人事实占有并激活财物的封闭性质后，仍然属于行为对象。理论界对此是有认识的，"首先，窃取行为系破坏他人对物的持有支配关系；其次，再建立一个新的持有支配关系。"[1]"'为他人所占有'这一要件，使本罪区别于相邻的其他财产犯的构成要件。也就是，根据该要件，可以将作为转移罪的盗窃罪与作为非转移罪的侵占罪区别开来。"[2]

第二，提高了侵犯财物的标准。激活也是限制，被害人事实占有财物的强制标准，就是财物事实封闭特征得到被害人充分挖掘、保护的状态，行为人只有打破被害人事实占有财物的封闭特征，才能有效建立自己的事实占有财物，行为人是被动方。在传统的观念中，都认为是行为方法主动、积极地侵犯财物，行为人是主动方，但辩证地看，保护状态预设了侵犯状态，任何

---

[1] 林山田：《刑法各罪论》（上册），北京大学出版社2012年版，第212页注释5。德国刑法理论也有相应要求，参见王钢：《德国判例刑法（分则）》，北京大学出版社2016年版，第156页。

[2] [日]山口厚：《刑法各论》，王昭武译，中国人民大学出版社2011年版，第205页。

一个行为人都不会傻到被害人没有事实占有财物，"无事却有事地"暴露自己的事实侵犯形态。被害人事实占有财物的要求，导致诸如包括存款占有等被害人价值占有财物现象被排斥于财物封闭性范围，如果要打击侵犯这类财产的现象，只能依赖立法补充。

被害人事实占有财物作为行为人事实占有财物的前提，成为财物封闭不可或缺的一个环节，转移罪、非转移罪的分类便水到渠成。被害人没有事实占有财物，包括被害人交付、侵占遗忘财物，成立侵占罪，山口厚教授认为，"要想成立盗窃罪，取得的对象即财物必须是处于他人的占有之下。否则，即使取得财物，也仅仅能够成立侵占罪（遗失物等侵占罪、委托物侵占罪、业务上侵占罪）而已。"[1]判断被害人是否事实占有财物成为区分盗窃罪与侵占罪的区别点，在构成要件要素判断失灵的情况下，遵循事实时空递补标准，从事实时空出发，日本出现了3个典型案例判断是否仍由被害人占有：（1）大约19.58米，约经过5分钟；（2）大约15、16米，约经过1.2分钟；（3）若用电梯大约要用2分20秒的距离，经过10多分钟。[2]前2个被认定被害人仍然事实占有，第3个被认定为被害人没有事实占有。认定为被害人仍然事实占有的，行为侵犯了财物封闭性，成立盗窃罪；没有被认定为被害人事实占有的，尽管财物物体及其特征的封闭也被侵犯，但成立犯罪的依据已经不是这些封闭特征了，因而，成立的罪名是侵占罪。

如果侵占罪不以被害人交付财物为前提，便使其变成真正、彻底的法益标准。这样的犯罪会成为所有事实财物罪以方法相互区别罪名的兜底罪名，比如现在的德国刑法对于侵占罪的改造就是此一思路。[3]十分类似于中国刑

---

〔1〕［日］山口厚：《从新判例看刑法》，付立庆、刘隽译，中国人民大学出版社2009年版，第126页。

〔2〕参见［日］山口厚：《从新判例看刑法》，付立庆、刘隽译，中国人民大学出版社2009年版，第133页。

〔3〕按照王钢教授的介绍，1998年《德国刑法典》修订时，立法者删除了成立侵占罪必须先占有相应财物的规定。这就导致任何违法地将他人可移动的有体物转为自己或者第三人所有的行为，不论其是通过窃取还是抢劫或者其他方式实施的，都可以（同时）构成侵占罪，从而使得侵占罪成为侵犯所有权之罪行的兜底条款。修改后的《德国刑法典》第246条为"使自己或第三人非法所有他人移动的物的，若该行为没有在别的条文中被规定更重的处罚，则处3年以下有期徒刑或者罚金。若第1款中的物品是被委托给行为人的，处5年以下有期徒刑或者罚金"。参见王钢：《德国判例刑法（分则）》，北京大学出版社2016年版，第150~152页。

法"数额较大"盗窃罪与其他方法成立的盗窃罪之间的关系。

第三节 要件激活封闭

单一因素能够成立价值评价现象,但不能成立事实现象。组合就是结合,是不同要件、不同要素之间的结合。一个巴掌拍不响,结合出事实。行为要件同样如此,缺少当事双方中的任何一方比如有方法无对象(持枪埋伏等候被害人)、有对象无方法(跟踪被害人),都只是预备状态没有形成事实状态。要件的划分,以代表行为方、被害方为基本使命,其中,行为代表双方(方法主要代表行为方、对象代表被害方)、心理主要代表行为方。行为、心理的要件结合,意义在于行为方、被害方两方元素基于事实原因的结合。必须从事实意义的角度看待、解释这种主客观相统一,才能深刻认识要件为什么非主观、客观不可。

财物封闭亦如此。由被害人事实占有激活的财物仍然是自在的、可能的最多算被保护的封闭,属于"摆拍"式、自足式封闭,不是被侵犯的封闭。没有被侵犯的封闭不是犯罪封闭。欲达到侵犯式封闭,必须由行为方法激活,完成从财物可能封闭到行为现实封闭。事实占有方法一旦成功侵犯财物的物体特征,即取得罪移动了财物,毁坏罪毁坏了财物,才是导致财物物理改变的时刻,这一时刻,由行为方法完成。可见,是物体特征,而不是财物,预设了事实占有、价值占有之间,物理毁坏、效果毁坏之间的理论对立。要件封闭是财物的他封闭、行为闭环,是封闭的第二步。财物封闭由行为方法与财物要素共同界定,不仅在对象主导的罪名比如生产销售伪劣产品类罪中如此,对象不同是成立不同生产销售伪劣产品罪的基础;而且在方法主导的罪名中也是如此,比如取得型财产犯罪中,不同取得方法的激活成立不同财产犯罪。以往习惯性地满足于只从要素封闭方面讨论财物封闭,是不充足、不全面、不准确的。

要件、要素之间,尤其是行为要件内行为方法对财物封闭的要件激活,会导致财物封闭由于适应不同方法的某种改变,而催生不同的财物封闭类型。财物的要件激活包括要件内、要件外两部分,要件内是重点。

一、要件内激活封闭

方法激活对象，即事实占有方法侵犯性激活财物，导致了财物的封闭性。在德日理论中分类出的夺取罪、交付罪，激活的是不同类型的财物封闭，展示的也是不同财物封闭性被侵犯后的状态。

（一）激活典型财物封闭

典型财物封闭由财物物体特征即物体性、移动性、完整性分别组合而成，并且，由被害人事实占有财物。行为事实方法如盗窃罪的窃取方法、抢劫罪的强取方法、抢夺罪的夺取方法，都是在违背被害人保护财物意愿的前提下，具有强制夺取财物的特征，均属于夺取罪。夺取方法既激活了财物封闭，也定义了财物封闭类型，因而典型财物封闭是由夺取方法、财物封闭共同界定的，德国、日本、我国刑法中的盗窃罪、抢劫罪对于对象的规定为或者是财物、或者是动产，就是由行为方法、财物两个要素共同定义的财物封闭性。

夺取罪对于财物封闭性的激活分两个阶段，第一个阶段，是解除被害人事实占有财物。被害人事实占有财物从而保护性激活财物封闭性后，成为行为人侵犯性激活财物封闭性第一道需要解除的障碍。在违背被害人意愿的前提下，解除被害人事实占有财物只有和平的窃取方法、非和平的强制方法，抢夺方法是介于两者的过渡方法，不同方法代表激活财物封闭性的方式差异、事实危害差异，也是它们能够基于方法的落差，不仅设置不同罪名，而且设置不同量刑幅度的根据。第二个阶段，是行为事实占有财物，实现针对财物的封闭侵犯，这是所有占有方法共同追求的目标，也是财物封闭得以实现的体现。如果行为的事实方法最终没有事实占有财物，比如强制方法使被害人免除了行为人的债务，则事实占有方法没有激活并侵犯财物封闭性，也不属于财物封闭的范畴，《日本刑法典》第 236 条将其专门设立了一个抢劫获利（利益）罪等即属于此类现象。

夺取方法激活典型财物封闭的意义在于，只要行为夺取方法一经实施，犯罪即告成立。同时，不同夺取方法的性质、方式、程度的差异，成为划分不同罪名、不同量刑的依据；更细化分辨，在不同性质夺取方法内部，也可以依据方法差异表述为针对财物封闭性侵犯的不同非法移动形态，比如我国盗窃罪的秘密窃取方法内部，就有多次盗窃、入户盗窃、携带凶器盗窃、扒窃等分化，它们对财物移动性侵犯的表现出五花八门的丰富形态，使每一个案件都有机会成为独一无二的形态。

（二）激活不典型财物封闭

交付罪由侵占罪、诈骗罪、敲诈勒索罪组成。交付罪激活的是不典型财物封闭，不典型财物封闭的特点，一是其由物体性、移动性组合，在犯罪成立的情况下侵犯的仍然是财物封闭；二是被害人交付导致被害人没有事实占有，财物封闭被突破重要环节，成立犯罪的重点不再是事实标准，而是价值标准即开放构成要件要素。

交付罪中被害人不再事实占有财物后，财物封闭还能不能发挥界定财产犯罪的标准作用有赖于立法的态度，立法上也是有迹可循的。如果仍旧由财物作为对象，财物封闭仍然有效，但收获的是不典型财物封闭，即由财物有体、移动性组成的财物，比如王钢教授书中的《德国刑法典》第263条规定的侵占罪对象是"他人可移动的物"。如果不再由财物而是财产作为对象，财物封闭不再是该财产犯罪的标准，比如《德国刑法典》第249条规定的诈骗罪的对象是"他人财产的"、第253条规定的敲诈勒索罪的对象是"他人的财产造成损失的"。日本刑法在这个问题上分得很明白，第252条规定的侵占罪只规定了财物作为对象，这就是不典型财物封闭；第246条规定的诈骗罪、第249条规定的敲诈勒索罪，财物、财产上的不法利益分别规定，都作为处罚对象，不典型财物封闭也能发挥界定犯罪的标准作用。

被害人交付基于自愿、主动，使被害人事实占有财物的一环缺失，导致法益的事实侵犯不再成为判断标准，财物封闭被行为方法绕过了，其所具有的物体性、移动性真正成了"摆设"。至于行为最终是否侵犯了法益，只能寄希望于是否存在价值侵犯。以侵占罪为例，其中，被害人是否让渡法益即归属关系成了犯罪标准，侵占方法激活了财物的开放接口，关闭了封闭接口。价值方法关注的是经济利益即归属关系、归属数量的转移，而不是事实特征的改变。对于侵占罪，我国刑法是以"拒不退还""拒不交出"作为成立犯罪的标准，退还、交出的含义不再以是否移离财物的内部特征来说明，只要大致赔偿了（如10 000元的赔了9000元）就不至于认定侵占罪；诈骗罪同样如此，欺骗方法征得了被害人的表面同意转移财物，被害人在其中的作用是否形成法益归属关系的改变，就需要深究，而财物转移的事实特征本身并不是最重要的，犯罪判断焦点由财物是否被转移，转换为被害人对于转移是否具有让渡法益的意图。所以，侵占罪、诈骗罪（包括敲诈勒索罪）都绕过被害人事实占有财物获得财物的价值利益（归属及其数量），重在利益转移而不是事实转移，被害人事实占有财物并没有发挥出应有的控制侵犯方法的作用。日本刑法将诈骗罪、敲诈勒索罪归入盗窃罪、抢劫罪的转移罪，而侵占罪成立非转移罪，就是因为诈骗罪、敲诈勒索罪激活并侵犯的是财物封闭性，而侵占罪没有激活并侵犯财物封闭性。[1]由此可见，财物封闭性是划分转移罪、非转移罪的标准，财物封闭性对于财产犯罪的定性，有其自身的特殊地位和作用。

二、要件间激活封闭

心理激活对象，即主观心理侵犯性激活财物，导致了财物的封闭性。主观心理如同行为方法一样也参与了财物的封闭界定，属于他封闭。主观心理具有推动侵犯财物封闭的作用，由事实心理完成。主观的价值心理与财物完成的是财物开放，不是财物封闭。事实心理、价值心理的分类、区分，意义在于此。

主观心理是发动者，相对应的客观行为是被动者。主观心理对行为的发动，同时也是对行为对象的选择、限制，原理同行为方法对行为对象的激活原理一致。比如，主观心理作为积极、主动的激活因素，不能由被动心理形成，取得罪基本上由故意心理构成，而不能由过失心理构成；在故意中，只能由事实故意构成，排斥价值故意（诸如客观故意、放任意志）的故意类型。

三、要件激活封闭的理论影响

（一）行为方法的定罪功能

行为方法之所以具有设置不同罪名的作用，就在于行为对象——财物封闭一定的前提下，行为方法的激活决定着财产犯罪的事实危害及其性质。行为方法能够限制财物范围，比如那些不属于事实占有方法，而属于价值占有

---

[1] 参见[日]山口厚：《从新判例看刑法》，付立庆、刘隽译，中国人民大学出版社2009年版，第197~198页。

方法的，原则上被排除于犯罪范围；那些现实中已经发生了的、但至今也没有被刑法规定为盗窃方法所侵犯的财物，比如盗窃他人财物的同时，象征性地放了一些现金（对价）、其他财物（调包）作为补偿，尽管其可能真是事实财物，也不能成立盗窃罪。[1]又如，偶尔偷吃水果蔬菜，也不应构成盗窃罪。

（二）确立了先方法、后对象的行为结构

事实标准不仅是组合的，而且，组合的构成要件要素及其顺序还是固定的。固定顺序对于传统盗窃罪、抢劫罪产生了进一步分化的影响，盗窃罪、抢劫罪内部分化出符合该顺序的事实类型，不符合该顺序的属于价值类型，就顺理成章了。

组成要件激活封闭要素意味着，先方法、后对象，先主观心理、后财物对象的先后顺序具有事实意义，不是该顺序则不是事实占有方法，激活的也不是财物的物体特征，而是财物的其余价值功能。现代日本刑法理论明确将盗窃罪、抢劫罪、诈骗罪、敲诈勒索罪分别称为窃取、强取、骗取、索取、先窃后取、先强后盗、先骗后取，先索后取的顺序意义不容颠倒。其中，对于抢劫罪，是先强、后取，还是先取、后强，做了不同罪名的设置，以示严格区分两种抢劫罪的立法意图，先强后取是强取，成立强盗罪；先取后强，我国称为准抢劫或者转化抢劫的，日本刑法不认为是强取，尽管其对象仍表述为"财物"，成立事后强盗罪。两种抢劫罪，实质是事实抢劫罪、价值抢劫罪。

相反，我国历史上对于先强后盗、先盗后强，从侵犯人身、财产两种法益出发，历来都视为强盗罪，相沿至今从未改变。今天中国刑法依旧因袭传统，只是根据现代各国刑法的一般做法作了部分改动，将事后抢劫单独立法，以抢劫论罪处罚（《德国刑法典》第252条规定等同于抢劫犯处罚）；立法改动的部分，可以视为对于事后抢劫不同于抢劫的立法提示，如果没有该改动后的立法，一旦现实中发生了事后抢劫的相关案件，不能以抢劫定罪处罚，使立法者区别对待两者的立法态度昭然若揭。但我国刑法仍然以抢劫论罪处罚的做法，又回到了传统观念中，大大降低了改动部分本来具有的变革意义，

---

[1] 这多少让人联想到了"强买强卖""多拿少补"。

反映出我国对于事实抢劫罪无论在立法准备上、还是理论认识上，都存在明显的不足，对于传统观念的肃清不够彻底。

第四节 犯罪补充封闭

犯罪最终都是价值现象，财物的封闭性都具有中性、无色、客观的特征，如何使财物的物体、移动性、物体完整性具备价值特征，是必须考虑的问题。而所有有待补充的价值特征，都是财物封闭特征无法解决的，否则，它们也不可能成就财物封闭性，因而，需要在财物封闭以外寻找价值依据，因而属于财物的价值开放性。价值开放既是事实封闭的目标，也是通过对财物推定、单设、添加、附加价值因素等补救方法让财物具备的负价值内容，与封闭性"水火不容"的开放性因而成为封闭性不可或缺的组成部分，没有开放性相伴的封闭性不可能"独存"，开放要素封闭化后，成为封闭性的有机组成部分。价值构成要件要素对财物的补充，使财物成了规范构成要件要素，事实、价值共存的构成要件要素现象成为常态。简单地将财物概念视为是纯粹的封闭，将复杂现象简单化，无法解释使用"他人的"限制财物、要求财物具有基本数额等现象的原因。

每一次的开放性补充，都同样缩小了财物封闭性的范围，达到重塑、共同定义财物封闭性的作用。封闭性与违法性、罪责性、危害性之间的关系，才是封闭性应有的关系内容。其中，法益是财物封闭必须具备的价值特征，主体危险、社会危害则具有随机性。

具体的补充内容一定是财物封闭性所缺乏的，即补充关系而不是竞争关系。纵观各国刑法，笔者认为，利益性质、归属关系都对财物具有补充关系，归属数量具有补充、竞争的双重关系。

首先谈谈归属数量，归属数量就是财产数额。

财产数额与财物封闭性的竞争关系，是在以财物物体、物体特征作为财物事实标准后，作为价值标准的财产数额与事实标准是竞争关系，而所有财物封闭特征都是可以换算成财产数额的，激活财物封闭性，需要同步关闭财物开放性即财产数额，因为启用财产数额意味着激活财物开放性，财物封闭性就不再是强制的判断标准，财物数额可在不满足财物封闭性的前提下成立，比如并非刑法规定的事实占有方法如"兑换""调包"等获得财物、财产性利益的数额较大，无论是否侵犯财物封闭特征，都因满足了财产数额较大的标准而成立犯罪。两者的补充关系是，确立财物的事实标准后，作为价值标准的财产数额与事实标准之间有反映者、被反映者的关系，作为目标的财产数额与财物封闭具有包容关系，两者是侵犯法益与侵犯法益的方法之间的关系，财产数额包容财物封闭，侵犯财物封闭性以外的侵犯财物、财产现象，可以由财产数额归纳、激活并成立犯罪，财物封闭、财产数额之间形成特殊、普遍的犯罪关系。我国《刑法》生产、销售伪劣产品罪中就使用了这样的补充关系规定罪名，第 140 条是数额兜底的普通生产、销售伪劣产品罪，而第 141 条至 148 条是特殊对象成立的特殊生产、销售伪劣产品罪，普通、特殊之间形成了补充关系。稍有差别的是，生产、销售伪劣产品罪是对象的特殊，而不是像财产犯罪中的数额是与方法之间形成的补充关系。在事实标准前提下，由于财产数额与财物封闭的竞争关系，财产数额不宜补充成为财物封闭的标准，除非将财产数额单独定罪，将两者调整为普遍、特殊的补充关系，才能接受。我国财产犯罪尤其是盗窃罪，将财产数额与行为方法共同作为同一财产犯罪的标准，值得商榷。

其次，谈谈与财物封闭具有补充关系的价值开放，以下展开详细论述。

一、财产利益

财产利益能够解决财物自身无法解决的两个问题，一是解决财产犯罪与非财产犯罪的区分，涉及财产的性质。财物能够表达财产法益，侵犯财物才是财产犯罪，有些财物在表达财产意义的同时还表达更为重要的法益，侵犯这类财物不是财产犯罪，比如走私等罪中的财物，盗窃架设好的电线电缆侵犯的是公共安全。一般而言，财物即财产，财物是可以换算为财产数额的，对财物的财产利益可以使用推定方法，不需要额外添加要素说明，转移财物就是转移财产，财物是否具有财产以外的其他法益性质，由立法做最后选择，我国事后抢劫的立法规定了"为窝藏财物、抗拒抓捕或者毁灭罪证的"3 个目的，说明财物可以充当的目的的广泛性。区分是否属于财产犯罪，是法益性质、归类问题，财物只能表达财物自身物体特征，左右不了财物背后承载的法益性质，立法基于时代、社会因素对法益性质的调整才能够决定财物的法益类别，比如石油在这个地球上早就有了，人类也早知道石油能够燃烧，但石油成为一种财产，则是石油时代、石油社会到来后的事情。

　　二是解决财产犯罪与财产违法的区分，涉及财产的数额大小。财物具有财产利益后，是违法财产还是犯罪财产，是进一步要明确的，这涉及了财物的开放程度。财物具有超出违法程度的一定经济数额是一个开放问题，有划分标准、计量单位两个问题。财物具有多少财产额度作为划分违法、犯罪的界限，是财物之外解决的问题，要考虑社会经济发展水平和计量单位的选择，比如，古代财产犯罪是以布匹数额计量财产数额，与今天以人民币等货币形式计量有着时代、方法的巨大差异，这些差异不是财物所能控制的。计量单位还要考虑物价涨跌的上下波动，"物是价非"现象层出不穷，比如我国盗窃罪"数额较大"的标准，在二十世纪八十年代全国统一为300元，现在由各省自行决定，略有差异，大致为2000元；单纯考虑同样财物的价格浮动更能看出物价对财物的影响，比如《现代汉语词典》在二十世纪八十年代卖5元，现在须95元。在财物的物体特征没有任何改变的情况下，同等财物的计量单位已经发生很大变化，从300元到2000元，从5元到95元，变化不由财物自身而由财物以外的物价变动使然。

　　德国刑法不将财产数额作为判断盗窃罪、侵占罪的入罪、档次的标准，但作为自诉权的依据，其第243条2款规定，"若行为所涉及的物品价值轻微，则在第1款第2句第1项至第6项的情形中不能构成情节特别严重"，情节特别严重包括7项，第7项涉及武器、爆炸物，前6项涉及盗窃方法、特殊对象等，可见，该规定表明除武器、爆炸物的特殊对象外，其余情形，均要求物品价值不能轻微。第248条a同时还规定，"盗窃和侵占价值轻微的物品的，告诉才处理，但刑事追诉机关基于刑事追诉上的特殊公共利益认为应当依职权主动介入的除外。"〔1〕第263条诈骗罪第4款、第266条背信罪第2款均规定，"第243条第2款以及第243条和第248a条的规定相应适用。"〔2〕此规定表明成立盗窃罪、侵占罪、诈骗罪、背信罪必须具有经济价值，否则成

---

〔1〕 王钢：《德国判例刑法（分则）》，北京大学出版社2016年版，第150页。
〔2〕 王钢：《德国判例刑法（分则）》，北京大学出版社2016年版，第150、192~193页。徐久生教授翻译的《德意志联邦共和国刑法典》（中国政法大学出版社1991年版）第257条包庇罪规定第248a条的适用，第259条窝赃罪规定第247条、第248a条的适用。

立自诉案件，即由被害人、刑事追诉机关决定是否追诉，实质是以被害人、刑事追诉机关衡量后的主观数额是否值得作为财产对待而做是否成立犯罪的决定。明显能够看出，德国方案将"物品价值轻微"只作为纯粹财产犯罪的入罪条件，而不是犯罪标准，可谓煞费苦心，大有深意，值得体味。

二、归属关系

归属关系即所有关系，财物归谁所有与财物的自然特征之间分离。财物不能决定财物自身归属于谁，利益归属是人类社会为了有效规范财产秩序人为设置的制度，属于价值判断，需要在财物物体特征以外寻找依据，涉及财物归属的制度有赠予、买卖、继承等。

财物归属即利益归属要解决两个问题，一是易主，财产主体是归属核心，自己偷自己的财物，不是盗窃，没有易主就没有归属改变；二是易权，利益权益改变要被社会认可。易主、易权，都不是物体自身能够解决的。财产归属有物体归属、利益归属两种类型，物体归属是事实标准、封闭功能注重的，利益归属则是价值标准、开放功能所注重的。无论事实移动还是价值移动，最终都必须落实在"他人财物"之上。第一种事实归属，移物即移财，物理、空间位移只是归属关系改变的事实形式，一般情况下也有效改变了价值归属，但在财物归自己所有的特殊情况下则无效。

在财物之前限制为"他人的"，解决的正是归属关系的开放问题，不少国家刑法明确规定了"他人财物"，比如《日本刑法典》在客观行为中要求必须是"他人之物"，包括第253条专门规定自己之物但在他人占有之下的物，也是相同的原理。"'他人的财物'中的'的'，它表示的是'所有'，而非意味着'占有'。"[1]我国《刑法》在盗窃罪、抢劫罪等取得罪的对象表述为"公私财物"，在第265条盗窃罪的对象表述为"他人通信线路、他人电信码号"，在侵占罪的对象更明白地表述为"他人财物"，第91条第2款"在国家机关、国有公司、企业、集体企业和人民团体管理、使用或者运输中的私人财产，以公共财产论"，尽管该规定的是"财产"，显然也适用于财物。我国司法解释对于盗窃、抢劫家人、所赢所输赌债原则上不成立盗窃罪、抢劫罪，

---

[1] [日]山口厚：《刑法各论》，王昭武译，中国人民大学出版社2011年版，第212页。

也是同样的道理。可见，我国立法和司法解释的意思和日本的表述基本是一致的。如果我国立法能将"公私财物"统一表述为"他人财物"，将更为理想。

上述法益以片段的方式补充财物封闭的不足，是"碎片化开放"。碎片化开放并不具备真正、全面开放的构成要件要素，比如"他人的"要素尚不足以支撑法益全部内容，还缺乏包括财产数额等的内容，"他人的"要素已经演变为发挥财物封闭的功能而存在，"他人的财物"已经是一个封闭整体性概念，恐怕这正是张明楷教授等否认开放构成要件要素的理由。规范构成要件要素、开放构成要件要素的出现并不偶然，甚至是必然的，但都不能因此否认记述构成要件要素、封闭构成要件要素的主导、标准地位，这才是问题的要害。事实标准的价值归宿，不等于事实标准转变为了价值标准，这么看，二十世纪初以来重新确立犯罪构成仍然是规范构成要件要素的结论，从而彻底扭转了事实标准的传统方向，并不正确。

第五节　立法效力封闭

财物封闭是现实封闭不是理论封闭，是效力封闭不是纸面封闭，是结果封闭不是原因封闭。权力对于财物封闭，确实没有带来内容的增量，但却为其带来了封闭的实施主体、程序、步骤，将财物封闭最终落地。财物封闭是一套有意识、系统运行的结果，"封闭什么"，说明了封闭的标准、内容；"如何封闭"，解决了封闭的实效、形式，涉及权力的衔接、运行。事实标准封闭、立法权力封闭，协同配合，罪刑法定才能实现。

形式即权力形式，权力封闭即财物的效力封闭，实质是研究公权力如何接力财物封闭，将理想变为现实。没有权力的保驾护航，财物封闭不会落地，补齐权力形式后，财物才能形成封闭闭环。表面看，所有案件无论事实性质还是价值性质，最后都实现了封闭性，但其中的权力组合却千差万别。

由于认识还处于初步阶段，以往人们对立法权、司法权的认识停留在广义立法权、广义司法权的层面，没有看到尽管都是立法权、司法权组合形成权力体系，但不同时期的立法权、司法权之间，存在明显差异，预示了内部的不同类型。自从舒国滢教授等人提出、论证广场司法、剧场司法的概念后，实质拉开了司法权内部类型进一步划分的大幕，立法权是否也有司法权一样的类型分类也一并成为焦点。公权力有制定权、执行权,财物无论封闭性或者开放性,都是制定权、执行权之间以某种形式组合实现的。立法、司法因为执行事实、价值不同标准而存在事实立法、价值立法,事实司法、价值司法的不同类型,[1]不同类型立法、司法按照目标选择性组合,才能将社会治理目标化、原则化。不同的立法权,两者之间不能混同,不能在立法权的同一概念下,混淆不同立法权类型的现实。如此一来,法律史学界热议的"古代有像今天一样的法律可依,依法办事是全社会的共识,所以,也是法治社会"的逻辑就是在偷换古代法律与今天法律之间的不同类型,结论自然也就不能成立了。财物封闭性需要事实立法、事实司法的权力结构,立法、司法的类型、组合过程中,稍有不慎,就会使财物封闭的理想化为泡影,因此,权力形式深度介入到了财物封闭之中。

在构成要件要素的各种分类中,恐怕只有封闭构成要件要素、开放构成要件要素对于立法是有特定要求的。其余分类,比如积极构成要件要素、消极构成要件要素,记述构成要件要素、规范构成要件要素等,虽然也要求构成要件要素必须是法定的,但法定仅仅起到宣示意义,没有额外的要求。

一、立法封闭制定权

对于财物封闭性,立法要实现垄断标准制定权,责任重大。立法以法律的形式及时将财物封闭标准固定下来,使财物封闭上升为法律意志,进入权力运行系统,实质是对财物封闭的权力激活。下面面向财产犯罪,以抢劫罪中的财物封闭性为主线索,对于应当如何一步步完成立法,做一例示:

第一,在夺取罪中将财物作为行为对象,完成从财产到财物的转变。这一步我国财产犯罪中的个罪均已做到,只需在其余条款保持同步即可。

在交付罪中,我国宜学习德日做法,考虑将对象扩大到财产或者财产性利益。

第二,根据财产犯罪是取得型、毁坏型,在有体性的基础上,分别将移动性、物体完整性的不同物体特征提示出来。王钢教授书中的《德国刑法典》第249条抢劫罪规定的是"可移动的物"、第303条物品毁坏罪规定了"更改

---

[1] 参见文海林:《论罪刑法定的事实明确》,中国政法大学出版社2016年版,第94~100页。

他人物品的外观",分别提示了取得罪的移动性、毁坏罪的外观性,以及两类罪共有的物体性。《日本刑法典》第235条之二规定了"侵夺不动产罪",补充表明其第235条规定的"财物"是动产,即移动的财物。我国刑法对于财物的事实特征几乎未做任何提示,导致财物的被侵犯部位究竟是开放还是封闭,并不明确,对此,我国立法应当更积极作为,在取得型财产罪中表述出"移动性",在毁坏型财产罪中表述出"物体完整性"。

第三,财物之前添加"他人的"。"他人的"用语,实际是双关的,一是表明财物是他人的归属关系,二是表明财物处于他(被害)人激活的事实占有之下。日本、德国的刑法均有"他人的"限制,比如德国刑法更全面的表述是"他人可移动的物"。

第四,行为方法按照事实方法界定后,以先方法、后对象的关系,表明事实方法对财物封闭特征的激活。日本刑法做得最好,强盗罪使用了"强取"一词,盗窃罪直接使用"窃取"概念,诈骗罪、敲诈勒索罪尽管没有使用骗取、索取的概念,但在规定了行为方法之后即规定财物,并且使用"使之交付"连接两者,骗取、索取的意思也就呼之欲出了。德国刑法对于抢劫罪、盗窃罪同样遵循着先方法、后对象的表述顺序,并且使用"取走"一词连接两者。德日刑法的做法,值得我国借鉴。

此外,标示财产应当具有财产属性的价值条件,放弃将其作为犯罪标准,应当借鉴德国刑法的相关规定。

本书之所以没有给出最后的抢劫罪立法建议,是因为完整的抢劫罪立法建议还包括行为方法、主观心理的内容,这已经超出了本书论题。而行为方法、主观心理,同样需要深入研究后,才能定义。

与此同时,需要防范有利于价值立法运行的下列模式。

第一,财产数额入罪。财产数额是财物的价值接口,数额定罪意味着价值标准的定罪,激活价值标准意味着事实标准的退位和财物开放性的激活。为了罪刑法定原则,为了实现财物封闭性,坚决不能再走1979年《刑法》以数额作为唯一定罪标准的老路,"计赃论罪"的传统到了彻底摒弃的时候了,1997年《刑法》尽管软化了数额的唯一定罪依据,但在同一罪名中将数额与方法共同作为定罪标准的做法不科学。至少要守住这样的底线,一方面,数额不能作为激活财物入罪的标准,"数额较大的财物"不能再作为财产犯罪标准,行为方法即多次盗窃、入户盗窃、扒窃、携带凶器盗窃等才是侵犯财物的入罪标准;另一方面,数额可以在方法入罪之余,作为价值补充入罪的标准,单独侵犯财物成立财产犯罪,即数额应当与方法成立不同的犯罪,唯有这样,才能显示两个标准的不同性质。归属数额以外的其余价值对象比如财产性利益,如果立法认为有保护必要,同样应该采用该模式单独定罪处罚。

第二,取消"其他"规定,抢劫等罪中还有大量这类规定。如果立法有具体补充考虑,可以在区分事实、价值不同现象的前提下,采用更为明确、具体的立法规定。

第三,取消"简单罪状"规定。我国盗窃罪、诈骗罪、敲诈勒索罪等基本采用的是简单罪状。简单罪状,没有实现行为要素化、要素封闭化的立法权宜之计,实质是将立法权移交司法权的立法模式,应该像抢劫罪那样设计出详细、严密的立法标准,这显然对立法界、理论界提出了很高的要求。

毫不夸张地说,完成了以上步骤,才能再现当代"唐律盛世"。

三、司法封闭执行权

立法垄断财物标准,司法忠实执行该标准后,就将立法封闭财物的意图落实到了每一个案件,立法、司法之间形成了封闭财物的权力运行接力。此时的司法权在犯罪标准权限上,实质是事实立法封闭性质的忠实执行者,体现、反映的正是财物封闭性,生效判决做出的那一刻,是财物封闭性落地、罪刑法定原则实现的时刻,这样的司法就是事实司法。事实司法不同于价值司法,具有收缩性、事后性、克制性的特征,事实司法没有制定权,只能忠实执行立法制定的犯罪封闭标准,不仅事实立法防范价值司法,事实司法也天然反对价值司法。此外,事实司法的组织架构(垂直领导)、诉讼权限(当事人主义)等方面不同于价值司法。

我国历史上长期应用价值司法,历史悠久、影响深远。开放性为类推预留了空间。废除类推制度,并不能最终废除类推现象,只有废除导致类推的判断标准,做到要件要素的封闭性,忠实于文字的事实场景,才能斩断"弯曲文字"的类似、类比、类推做法。价值司法在犯罪价值标准的有力支撑下,有其内在逻辑和强大生命力,但在今天犯罪事实标准、罪刑法定原则的全新时代，其优势恰恰成为需要防范的劣势。具体说，具有准立法权的价值司法有着扩张性、事前性、攻击性的本能，为此，还应配套建立起类推制度、"望闻问切"式审判模式，立法暗中移权，过于张扬的个性，对于实现财物封闭性和罪刑法定都具有极大的破坏力，需要系统、全面、全过程检讨。

第三章
抢劫罪的事实暴力

第一节 暴力困惑的语境解决

暴力是最常见、多发、典型的行为现象，如果连暴力都无法界定，刑法的行为界定就不可能。本章的研究，可适用于所有暴力犯罪、事实行为的认识。

语言所代表的社会现象，由于组成因素的增减、平移，使用中的形容、扩大和缩小，使评价具有了发散特征，导致了语言掌握的困难，比如语言贿赂等。刑法中的暴力现象成为理解困境，同样在于暴力在人类使用过程中被赋予了多面、混沌、朴素的含义，所指称的范围宽泛、功能强大，从日常的语言暴力、闺蜜之间调侃时所说的"你这是打劫！"，到政治领域的暴力革命、政治暴力，再到司法领域的暴力执法，以及犯罪中的虚假（比如刑法学中出现过的使用假枪、假炸弹）暴力、肢体暴力、工具暴力、暴力挑衅、家庭暴力等，[1]暴力把握的困境，是语境不确定带来的，甚至在有时，会使用不同概念表述不同语境的暴力现象。在刑法中，许多罪名涉及暴力现象，比如妨害公务罪、强奸罪、抢劫罪、敲诈勒索罪等，其中的抢劫罪暴力，是范围十分窄小的一部分。抢劫罪的暴力，同样存在多面、发散的特征，既有毫无争议的使用刀枪杀伤被害人的事实现象，也有携带凶器抢夺、使用假枪、酒精、

---

[1] 从司法解释的角度，2019年出台的《最高人民法院、最高人民检察院、公安部、司法部关于办理实施"软暴力"的刑事案件若干问题的意见》、2022年出台的《最高人民法院关于办理人身安全保护令案件适用法律若干问题的规定》两个相关司法解释，对"软暴力""家庭暴力"进行了界定。

对物暴力等需要评价后才能决定的价值现象。

暴力现象像脱缰野马的发散性，使其具有很强的适应能力、概括能力，同时也丧失了明确性、固定性。暴力困境的解决，需要像维特根斯坦语言的语境化解决那样，从发散性、多样性回到特定使用语境中。语境化的实质是选择标准，是由目标圈定范围，功能锁定领域，会选择，懂取舍，使发散变得固定，多变、多点变得单一、单向进而稳定，简化问题，厘清思路，问题的研究因此可能。语言语境化，就是概念语境化，现象语境化，其思路同样适用于暴力现象。暴力语境化，会导致暴力的性质、范围重塑，包括暴力概念的进一步裂变。

刑法中暴力概念的语境，至少有两个层次，一是事实、价值层面，存在事实暴力、价值暴力之别；二是不同犯罪之间的暴力，也存在差异，此暴力非彼暴力。

刑法研究暴力现象已经不自觉地在语境化了，只是做得还不够彻底。刑法暴力的语境化体现在两个方面，一是将暴力集中于刑法、犯罪领域，已经极大缩小了暴力现象的领域。日本刑法理论将抢劫罪的暴力称为暴行，暴行罪提及的暴行有四类：（1）最广义的暴行；（2）广义的暴行；（3）狭义的暴行；（4）最狭义的暴行。抢劫罪的暴行属于最狭义的暴行。[1]我国《关于办理实施"软暴力"的刑事案件若干问题的意见》对软暴力定义为"行为人为谋取不法利益或形成非法影响，对他人或者在有关场所进行滋扰、纠缠、哄闹、聚众造势等，足以使他人产生恐惧、恐慌进而形成心理强制，或者足以影响、限制人身自由、危及人身财产安全，影响正常生活、工作、生产、经营的违法犯罪手段。"二是在使用暴力的伤害罪、强制罪等常见、多发罪名中，不自觉地使用事实标准对传统的价值标准进行挑战，比如运用行为人攻击性身体举动、作用于被害人、压制反抗、暴力强度标准等，从而试图建立起事实暴力的标准，这显然是事实语境对暴力现象的限制性思考，但事实对价值的限制还不够自觉、明显，埋下了争论不休的种子。

德日刑法理论围绕抢劫暴力的研究若隐若现展示出的事实语境，显然并非毫无意义。日本刑法始终强调暴力的物理、有形，看到了事实暴力的

---

[1] 参见［日］山口厚：《刑法各论》，王昭武译，中国人民大学出版社2011年版，第46页。

第三章　抢劫罪的事实暴力

"形",没有洞察事实暴力的"神";德国刑法理论认为抢劫暴力就是强制罪中的暴力,在物理化暴力、精神化暴力之间反复摇摆。[1]如果持古典的物理暴力概念,是从行为人角度(过程)看待暴力的标准,主张行为人要行使显著的攻击性身体力量,包括使用真实且危险的工具如刀枪棍棒等,从而将暴力范围限制在可预见的狭小范围,会强调对被害人身体的影响;如果持后期精神化的暴力,是从被害人角度(效果)看待暴力的标准,强调对被害人的强制效果和心理影响,范围会无法预见地放大,诸如投放麻醉剂、鸣枪示警、近距离竞逐驾驶、静坐导致电车无法通行、使用药物酒精等现象,都能够被认定为暴力。物理暴力、精神暴力的提法,已经具有事实暴力、价值暴力的神韵。表现利益的暴力与表现手段的暴力,相互之间为了完成自身的功能,从存在方式、概念使用、判断角度到范围大小都存在重大差异。

如果任由暴力的发散、多点,不可能有效组织起对暴力现象的研究。要有效组织起对抢劫罪暴力问题的研究,必须回归犯罪功能的本真。现代刑法以罪刑法定为基本原则,以事实标准作为实现基础,事实、价值的功能区分首先必须反映在暴力界定上,如此一来,暴力必须从发散、多面状态回到事实、价值的基本原点,多面演变成两面。

研究抢劫罪的暴力要解决的,也是犯罪标准需要解决的,即以事实标准、价值标准区分事实暴力、价值暴力。事实、价值的不同功能具有实现不同社会功能的意义,有其时代的必然性甚至宿命性。[2]事实具有立法明确性,适合法治管理模式;价值具有概括能力,适合人治管理模式。暴力应该选择什么功能的标准来界定,早早地就被社会治理模式预定了,合标准地选用、界定抢劫罪的暴力,多样性就简化为了两面性。

事实暴力,是以行为手段为载体,以达到事实效果为目标,从行为人角度出发,与行为手段侵犯的利益(即人身权法益)相匹配,由行为手段本身能够实现。事实以事实行为作为主要表现方式,事实暴力就是行为暴力、手段暴力。价值暴力在事实体系中仍然有补充入罪的次要地位。

价值暴力,以达到价值效果为目标,从被害人角度出发,与侵犯的利益(即人身权法益)相匹配,由评价实现。价值有利益、主体危险、社会评价

---

[1]　参见王钢:《德国判例刑法(分则)》,北京大学出版社2016年版,第100~102页。
[2]　参见文海林:《论罪刑法定的事实明确》,中国政法大学出版社2016年版,第9~14页。

等，但主要以利益（价值利益）作为主要表现方式，兼顾主体危险比如古代强盗罪规定的响马强盗、江洋大盗、老瓜贼、捕役为盗、汛兵分赃通贼等，价值暴力就是利益暴力、感受（被害人）暴力。

第二节 价值暴力

古代称抢劫罪为强盗罪，典型代表是《永徽律疏》第281条强盗："诸强盗，谓以威若力而取其财。先强后盗，先盗后强，等。若与人药酒及食使狂乱，取财亦是。即得阑遗之物，殴击财主而不还，及盗窃发觉，弃财逃走，财主追捕，因相拒捍：如此之类，事有因缘者，非强盗。"

强盗罪侵犯人身的范围远大于今天，表现在两点，一是价值标准，主要表达人身利益，次要表达主体危险，由此产生价值暴力，价值暴力包括但不限于事实暴力。一是使用更具概括能力的强力概念而不是暴力概念，暴力改以强力的面目出现，通常使用的概念有"强""以强论""强者""强法"等，从来没有使用过暴力、胁迫的字眼，立法如《永徽律疏》第441条主司强持田园瓜果："诸于官私田园，辄食瓜果之类，坐赃论；弃毁者，亦如之；即持去者，准盗论。主司给予者，加一千。强持去者，以盗论。主司即言者，不坐。非应食官酒食而食者，亦准此。"[1]判例如唐代《加药窃资判》认为"以药迷人"按强盗定罪的理由是："语窃虽似非强，加药自当强法"[2]，提及的都是"强"字。正因为是"强力"而不是"暴力"，古代才是"强盗罪"，而不是今天的"抢劫罪"。

强盗罪范围大于抢劫罪，主要原因在于第一点，深入研究暴力侵犯的人身利益便是重中之重。

一、作为利益的暴力

抢劫罪的利益，恐怕是最复杂的，但恰恰在利益（德日理论称为法益）的认识上，人类还处于平面、静态的利益观，没能建立起立体、动态利益观。

---

[1] 钱大群撰：《唐律疏义新注》，南京师范大学出版社2007年版，第905~906页。
[2] 陈重业辑注：《古代判词三百篇》，上海古籍出版社2009年版，第7页。

(一) 暴力的跨人身利益特征

按照民法理论，人身利益是一类利益的总称，有的犯罪侵犯人身利益中某个具体利益，比如杀人罪侵犯的生命权、诽谤罪侵犯的名誉权、人格权；但抢劫罪侵犯的是跨几个人身利益的具体权利，单独侵犯生命权、健康权、自由权，都足以借此侵犯财产权，进而成立抢劫罪。对于跨人身具体利益而言，使用侵犯人身利益的表达，范围大了，并不妥当，因为侵犯名誉权、人格权不能成立抢劫罪；刑法理论需要研究出能够抽象、提炼抢劫罪所跨人身利益的新概念。这不是一个孤立问题，而是与下一个问题即如何抽象、提炼的方法密切相关。

跨人身利益的标准把握两点，一是以所跨具体利益中的最低利益为标准，比如，能够确定抢劫罪跨了生命权、健康权、自由权，就以侵犯自由权为标准，举轻明重，侵犯生命权、健康权高于侵犯自由权，当然符合抢劫罪侵犯人身权的标准；二是以具有侵犯人身的结果预期为条件。

古代强盗罪侵犯的人身利益，是被害人意思自由、具有侵犯人身的结果预期。被害人意思自由是最低人身利益，属于自由权，处于自由权中很低的层次，决定了强力范围很大；如果不要求侵犯人身的结果预期，盗窃罪也侵犯被害人意思自由，也就能够归入强盗罪的范畴了。张斐在《注晋律表》对与强盗相关概念的解释是"不和谓之强，攻恶谓之略""盗伤缚守似强盗，呵人取财似受赇，囚辞所连似告劾，诸勿听理似故纵，持质似恐猲""律有事状相似而罪名相涉者，若加威势下手取财为强盗，不自知亡为缚守，将中有恶言为恐猲，不以罪名呵为呵人，以罪名呵为受赇，劫召其财为持质。此六者，以威势得财而名殊者也。"[1]高绍先教授对上述解释的翻译是"违背其行为客体意愿的叫做'强迫'，采取攻击手段强行夺取者称为'强掠'""行窃时伤害了尚未觉察的物主或暂时失去知觉的看守又类似于强盗，以权势索贿有时与枉法索贿也容易混淆，囚徒在供词中供出其他罪犯又类似检举揭发，不受理诉讼或查办不力则类似故意放纵犯罪，劫持人或物为质以索人钱财又与持人阴私索钱财有些相似""法律中有不同罪名而涉及相似的行为事状者，如凭借威势且用强暴手段取人财物的叫作'强盗'，在物主尚未察

---

[1] 高绍先主编：《中国历代法学名篇注译》，中国人民公安大学出版社1993年版，第374~375页。

觉或暂时失去知觉时行窃取财的叫'缚守',捏着别人的隐私相要挟而索取财物的叫'恐猲',官吏不以枉法为条件索取贿赂的叫'呵人',而以枉法为交换条件索人财物的叫'受赇',劫持人或物为质索人钱财的叫'持质'。这六种行为,都是凭借威势索人钱财而罪名不同者。"[1]古代对于强盗中使用的强力现象持十分宽泛的认识,据孙向阳博士介绍,"《晋书·刑法志》:'加威势下手取财为强盗。'加威势既有持械与不持械之分,又有聚众与不聚众之别。劫,从力从去,以力止人去为劫,以力胁止人而取其物即为劫。因此,持械或者聚众加威势的就是劫。《晋书·刑法志》:'攻恶为略。'古籍中略、掠通用。略就是掠人。《永徽律疏·名例》:'略人者,不和为略;年十岁以下,虽和亦同略法。'所以,无论是劫,还是略,都是强盗的形式。"[2]

以具有文学色彩的"威势"作为基础的强盗暴力,包括但不限于事实暴力。威势一词,《现代汉语词典》中有两层意义"①威力和气势。②威力和权势。"[3]略也是强盗的一种形式,但略以不和为标准,年龄在十岁以下的,虽和也视为略,即强盗。威势是一种外观、客观现象,其范围远大于物理力。不和、攻恶、威势,都是"强""强力"。

(二)暴力的服务性、功能性

抢劫罪的暴力不是为暴力而暴力,暴力服务于取财目的,为取财而暴力是抢劫暴力的实质,无目的的抢劫暴力从没有出现过,《永徽律疏》所说"即得阑遗之物,财主来认,因即殴击,不肯还物;及窃盗取人财,财主知觉,遂弃财逃走,财主逐之,因相拒捍;如此之类,是事有因缘,并非'强盗'"。[4]就是为取财而暴力排除于强盗罪之外的典型。如同所有复合行为中的手段方法与目的方法的关系那样,比如强奸罪的暴力方法服务于奸淫目的,暴力侵犯的利益是工具利益,取财侵犯的利益是目的利益。工具利益始终致力于为目的利益服务,服从于目的利益的功能实现,暴力利益依赖于取财利益的界定,跟随取财利益的功能改变而改变侵犯人身利益的角度、姿态、性质,并因此

---

[1] 高绍先主编:《中国历代法学名篇注译》,中国人民公安大学出版社1993年版,第380页。
[2] 孙向阳:《中国古代盗罪研究》,中国政法大学出版社2013年版,第34~35页。
[3] 中国社会科学院语言研究所词典编辑室编:《现代汉语词典》,商务印书馆2012年版,第1349页。
[4] 参见钱大群撰:《唐律疏义新注》,南京师范大学出版社2007年版,第616页。

确定暴力范围。

结合犯罪存在事实、价值两个标准，法益区分为事实法益、价值法益，德国刑法理论将法益区分为物质化法益、精神化法益显然是有先见之明的，古代强盗罪侵犯的是价值人身利益，包括但不限于不同于今天的事实人身利益。

犯罪标准即事实、价值之间的差异，会全方位得到体现，在几乎所有要件要素都有相应表达，即无论事实标准还是价值标准，都会出现心理、行为、利益、主体等因素；但不同因素在表达事实或者价值时具有不同优劣，心理、行为有表达事实的比较优势，利益、主体有表达价值的比较优势，事实、价值标准会分别选择最能表达自己的现象作为标准，事实主要选择行为为标准，价值主要选择利益为标准。

确定抢劫暴力侵犯的人身利益，受到犯罪标准、取财利益的双重调整。今天的财产犯罪已经显现出不同于古代的两个特点，一是对象是财物而不是古代的财产，二是对财物的侵犯是取走而不是古代的侵犯。取得财产的标准都事实化的"取走"了，为取财服务的手段（包括保护财产的手段）没有理由不事实暴力化；同样地，古代财产都价值化了，手段必须同步价值暴力（强力）化。

（三）价值暴力的基本逻辑

第一，被害人角度判断。与行为标准从行为人角度出发不同，利益标准从被害人角度出发，因为，被害人是自己利益的最佳守护者，以维护被害人利益为宗旨，以被害人感受为核心，有行为人角度无法替代的优势；维护被害人利益也是社会的责任，需要从社会一般人的平均尺度、客观尺度形成客观价值暴力。于是，有两种情形都可能被认定为侵犯了被害人意思自由利益，一是被害人感受到了侵犯，但社会一般人并不认同；二是被害人虽然没有感受到人身被侵犯，但社会一般人认同了侵犯。

第二，价值标准判断。以利益标准为例，价值标准注重利益是否被侵犯，而不限定具体侵犯形式。具体而言，价值暴力的利益标准与事实暴力的行为方法标准之间的差异是，价值暴力的功能包括侵犯人身利益、维持侵犯利益两种，而事实暴力只包括侵犯功能，排斥维持功能；侵犯利益的具体方式有事实方式、价值方式两种，价值暴力包括这两种方式，而事实暴力只包括事实方式，排斥价值方式；价值暴力侵犯人身利益的途径，包括了事实力、心理力，而事实暴力只包括事实力，排斥心理力。价值暴力包括但不止于事实暴力的现实，总之，价值暴力的范围大于事实暴力。

以侵犯利益的途径为例，外力途径是物理制服被害人，内力途径是违背被害人意愿。心理力摆脱了物理力的外力强制，使单纯考察结果成为可能，打开心理途径，就是敞开了利益标准的大门。如果坚守物理——身体的途径，确定事实侵犯的意图昭然若揭，必然要求"身体安全"；如果允许价值——心理的途径，便不会要求身体安全。所以，是否以被害人身体、行为人身体为前提，强制力侵犯的法益便具有了区别意义，西田典之教授评论接触（身体）不要说时认为，"不仅对已经'危害'身体安全的行为，而且对'可能危害'的行为也要予以处罚，可以说这是主张处罚现行法上不可罚的暴行未遂。如果把这种情形也纳入暴行罪中，那么，本罪就并非对身体安全之罪，实际上身体安全感就变成了本罪的保护法益。由此而论，接触必要说是妥当的。"[1]通过侵犯心理自由侵犯人身自由，是侵犯心理的内容、被害人因素双方共同作用的结果，从中如何有效分离出哪些是侵犯心理自由的行为人应该承担的责任，哪些是被害人自己应该承担的责任，进而判断行为人应否承担刑事责任，需要价值衡量。当然，侵犯途径仅仅是侵犯利益其中一种表现方式，仍然不是侵犯利益的全部情形，有些对人身利益的侵犯借助了身体途径，但仍然不是事实意义，在后面讨论事实标准时会对此有所论及。身体安全不能取代人身利益。

后文会以实现利益标准与行为标准的三方面差异入手，具体讨论价值暴力大于事实暴力的逻辑。

二、利益归罪包括暴力侵犯功能、暴力维持功能

抢劫罪的暴力可用于侵犯，也可用于维持侵犯，暴力因而具有了侵犯功能、维持功能。侵犯型是事实暴力，维持型是价值暴力。暴力的侵犯功能以主客观相统一的面目实现，暴力的维持功能以客观归罪的面目实现。古代有客观归罪、主观归罪，今天有主客观统一的归罪；主客观相统一既可以归入

---

[1] [日]西田典之：《日本刑法各论》，刘明祥、王昭武译，中国人民大学出版社2007年版，第37页。

客观归罪，也可以归入主观归罪。

不同归罪标准意味着角度的彻底改变，主客观相统一从行为人角度出发，排斥客观归罪的被害人角度；客观归罪从被害人角度出发，可以接受主客观相统一从行为人角度对被害人的侵犯。

主客观相统一和客观归罪是不同归罪，主客观相统一中行为人的主观心理具有特定功能，没能被行为人主观认识、运用的客观，属于客观归罪，但不属于主客观相统一。主客观相统一尽管与客观归罪一样要求侵犯法益，但侵犯法益是主客观相统一的间接目标，直接标准是主客观相统一，客观归罪则直接将侵犯法益作为了标准，当先前利用了与强盗暴力相当甚至大于强盗暴力的其他犯罪暴力对被害人形成的控制状态，比如先行使用了放火罪、杀人罪、伤害罪、强奸罪等以侵犯生命、健康为基础的暴力产生的控制力，取得了被害人财产，客观上肯定对被害人产生了人身强制力，但为了保持逻辑的一贯性、稳定性，在事实侵犯的行为人主观心理中，其利用暴力的行为是维持暴力，并不同于起意侵犯人身的暴力，因而不被视为抢劫的暴力；在接受价值维持的客观标准中，无论是否被行为人主观心理认识，都必然在客观上侵犯并满足了侵犯人身利益，都可以认定为强盗的强力。

以人身利益为标准的客观归罪，既包括行为人角度也包括被害人角度，既包括行为人主观认知的也包括未被行为人认知的，其范围自然就比主客观相统一的归罪要大。古代文献至少向我们展示了两种不符合主客观相统一，属于客观归罪的强盗暴力。

第一，以公共安全为威势的暴力，如《永徽律疏》第284条规定："故烧人舍屋及积聚之物而盗者，计所烧减价，并赃以强盗论。"[1]公共安全可能但不必然危及人身，从侵犯人身利益的角度讲，放火形成的暴力肯定对被害人产生了强制效果，如果不在意行为人的主观对行为的定型作用，将放火作为强盗之强，是对强盗之强从人身之强到公共之强的滥用。而且，放火之强与抢劫之强、随后的盗取之间究竟有多大的联系，情况可能十分多样，在强调主观心理联系的事实标准看来，没有心理支撑是不可能成立抢劫暴力的；看重利益结果的唐律则无视此种差异，一概视为强、盗关系，唐律才因此规定

---

[1] 钱大群撰：《唐律疏义新注》，南京师范大学出版社2007年版，第621页。

"以强盗论"。到了元律，该现象被修改为"若有故烧官司廨宇大小财物多寡，比同强盗……其无人居止坐房并损坏财物及田场积聚之物，比同窃盗。"[1] 按孙向阳博士观点，官司廨宇是有人看守，无人居止坐房属无人看守，所以，前者是强盗，后者是窃盗。但这仍然是与公共安全并不必然侵犯人身的原理冲突，所以，明清律取消了唐律这一专条……仍然可以依据强盗条的规定对此以强盗论。[2] "故烧人舍屋及积聚之物而盗"法条从唐朝、经元朝、到明清的立法变迁，反映出古人对此价值评价的心态变迁和不同定性，恰是价值评价的特点所在。

第二，因盗而奸的暴力。盗窃中出现强奸，是否因成立强盗暴力而成立强盗罪，古代中国不同时期的评价不同，唐律并未将其认定为强盗，其暴力自然没被评价为强盗的暴力，但明清后则规定因盗而奸成立抢劫罪："若窃盗临时有拒捕，及杀伤人者，皆斩。因盗而奸者，罪亦如之。"强奸暴力被评价为了抢劫暴力。《大清律辑注》："曰因盗而奸者，本谋为盗，因盗而又行奸也。此本强盗之事，而窃或有之，如事主家止有妇女，盗者欺而奸之也。""奸犹损伤于人，故亦如杀伤人之罪，强盗不言拒捕杀伤人及奸者，统在'强'字之内，不待言也。"锁《读律琐言》："因窃盗而奸者，近人之身而不畏之执己，其心与事皆强矣，罪亦如临时拒捕者，皆斩，不论其成奸与否也。凡此皆窃盗之事，而附于强盗条者，以其皆近于强也。"一旦评价为抢劫暴力，就不再纠缠盗、奸的先后了，所以，先盗后奸、先奸后盗都一样成立抢劫罪。但如果是预谋先奸后盗，则是典型的强盗罪。明清看到了强奸使用的暴力对被害人人身的客观强制效果，通用了人身权（包括性权利）的价值暴力标准。但在注重行为人主观心理的侵犯功能后，这样平滑过来的暴力是不能确立为抢劫罪的暴力的。

三、利益归罪包括价值暴力方法、事实暴力方法

不同利益对应的侵犯方法不同。古代强盗罪的价值暴力方法，既包括事实暴力方法，也包括价值暴力方法；今天的事实暴力，并不包括甚至排斥价值方法，是古代暴力范围大于今天的根本原因。以人们十分认同的物理力为

---

[1] 孙向阳：《中国古代盗罪研究》，中国政法大学出版社2013年版，第231页。
[2] 参见孙向阳：《中国古代盗罪研究》，中国政法大学出版社2013年版，第232页。

例，能够更好地说明暴力的事实、价值分类和范围大小。

（一）事实物理暴力

强盗强力的主要和基本表现方式仍然是事实，事实暴力是方法本身在一般人看来具有压制被害人的强盗事实能力。典型的抢劫事实方法不仅具有杀伤力，而且，往往与被害人存在攻防互动，在互动中制服被害人，使其丧失保护财产的能力，比如使用刀枪、棍棒、较大的腕力等具有人身利益侵害能力的物理力，与被害人对攻并最终制服被害人，对攻的过程，就是抢劫暴力展现、实施的过程，通过单纯分析行为人使用的物理暴力就能基本回放、还原被害人如何一步步被实施强制的原貌；不够典型但仍然属于事实物理暴力的，是那些被害人未来得及反抗但有反抗预期却已经被制服的，比如被害人在熟睡中被行为人五花大绑。

由于没有事实暴力、价值暴力区分的必要性和紧迫性，古代对于事实物理暴力的讨论和分析不如今天精细，比如对于"以威若力"的解释，孙向阳博士认为，"所谓'以力'，就是'不作威胁'的'直用凶力'。这种情况是指行为人对被害人直接施加暴力，使之不敢反抗或者使之受到伤害致使不能反抗，主要表现为对被害人进行身体强制，或对身体进行伤害，或予直接杀害等。""所谓'以威'，就是'不加凶力'的'以威胁人'。这种威胁，必然是以进行人身暴力伤害为内容的威胁。而非其他的威胁。"[1]

古代事实暴力必然携带那个时代的特征，当时的立法注重工具使用和人数多寡（是否群盗），《大清律例》中规定："人少而无凶器者，抢夺也；人多而有凶器者，强劫也。"[2]一是持杖的规定，持杖本身和持杖造成死伤的，处罚均十分严厉，北周时已有记载，唐律已经很完备，宋元时期达到鼎盛，到了明清反无持杖规定。[3]二是特别注重对行为人数的规定，诸如百人强盗的规定。

（二）价值物理暴力

物理力是事实力的基础，但物理力并不是事实力。有些物理力并不具备独自表达抢劫事实的能力。在不区分事实、价值的古代，物理力与事实力的

---

[1] 孙向阳：《中国古代盗罪研究》，中国政法大学出版社2013年版，第223~224页。
[2] 孙向阳：《中国古代盗罪研究》，中国政法大学出版社2013年版，第222页。
[3] 参见孙向阳：《中国古代盗罪研究》，中国政法大学出版社2013年版，第275~282页。

区分被模糊了，但从今天区分的角度看，仍然能够将不属于事实力的物理力，即价值物理暴力展示出来：

第一，叠加的物理暴力。事实暴力的前提是物理暴力。有些暴力虽然满足主客观相统一的条件，也是物理暴力，却无法满足事实暴力要求的行为本身一次性制服被害人的能力，因此仍然不是事实暴力；但从结果看，让被害人感受到了人身被侵犯，需要评估是否属于强盗罪的暴力，因此是价值暴力。

物理暴力存在多层次、多种类的复杂现象，具有满足不同犯罪如抢夺罪、杀人罪、伤害罪、强奸罪、妨害公务罪等不同犯罪要求的基础。现实中可能出现单独达不到抢劫暴力的程度，但附加额外其他因素后可能达到抢劫暴力的情形，如同市场上卖菜，菜本来的重量不够，如果加上一些其他的菜就够了的"添油现象"，比如携带凶器抢夺，抢夺的暴力不是、也达不到抢劫的暴力，但如果借助另外的强制因素，比如古代刑法规定了先殴后夺、先殴后窃的情形，《永徽律疏》第286条规定："诸本以他故殴击人，因而夺其财物者，计赃以强盗论，至死者加役流；因而窃取者，以窃盗论加一等。若有杀伤者，各从故、斗法。""谓本无规财之心，及为另事殴打，因见财物，遂即夺之。事类'先强后盗'，故计赃以强盗论。"〔1〕殴、夺都达不到强盗暴力的价值标准，但两者叠加的先殴后夺则不同，成立强盗罪；先殴后窃中殴、窃的叠加仍然达不到强盗暴力的标准，因为，窃无助于侵犯人身利益的强力，只成立盗窃罪。在先殴均无取得财物的心理支配下，后夺因与先殴具有强制的延续性而被认为利用了先殴形成的条件，与先殴建立起侵犯人身利益的联系；如果不能建立此种利益关联，单凭后夺，并不成立强与盗的关联，说明单独的"夺"尚不能达到强盗之强的程度，唐律的以强盗论曰"先殴+后夺"才"事类'先强后盗'"，都能够证明此点。后窃正因为与先殴毫无关联，以窃盗论加一等，所加的一等，就是对先殴的评价，这样的评价表明，先殴、先殴后窃还达不到利益之强的程度。

第二，结果的物理暴力。古今都出现了使用药物、酒精的抢劫。药物、酒精属于物理力，也是一次性使用且具有制服被害人的效果，但由于被害人几乎没有事实意义的反抗，当事双方缺乏攻防预期，不属于事实性质（德国

---

〔1〕 钱大群撰：《唐律疏义新注》，南京师范大学出版社2007年版，第625页。

古典暴力概念称其为攻击性身体举动），用药行为并不足以侵犯人身，很难满足对事实行为攻击性的标准，但如果以利益为目标，属于价值之强，应以强盗论，也是唐、元、明、清沿袭不改的立法规定。《读律琐言》认为，"其术虽秘，其心实际强矣。"[1]唐代《加药窃资判》认为，"语窃虽非似强，加药自当强法。"[2]

四、利益归罪包括身体力、心理力

根据人身利益效果和不限制侵犯途径的标准，不仅侵犯身体安全的身体力，而且侵犯意思自由的心理力，都因最终侵犯了被害人人身利益而成立强盗罪暴力（此时称为强力），从而扩大了暴力范围。张斐在《注晋律表》对与强盗相关概念的解释是"不和谓之强，攻恶谓之略"[3]可以说是"攻心"的路径，所以是心理力量。心理力打开了强力类型的"潘多拉魔盒"，但凡能够影响被害人心理的形形色色因素会蜂拥而至，类型繁多、花样百出，比如被害人的自身心理素质高低、被害人抵抗能力都能够决定心理抗压能力大小，行为人是否是警察（比如冒充军警人员、公务人员）等具备社会公信力的身份、威望，甚至被害人自身的误解、误判、误用等，其中，有些是被害人要承担的责任，有些是行为人承担的，于是，行为人应当承担多大的刑事责任就需要价值评估，最终认定行为人需要承担刑事责任，也是价值评价的，属于价值方法。古代除了身体力，通过心理力形成的强力现象有如下几种。

第一，身份之强。古今都出现了行为人身份影响被害人心理的现象。行为人身份本来不像物理力那样具备强制制服被害人的能力，但接受心理力后，身份尤其是公权力身份对于普通民众天然具有的威严，就能够侵犯其人身利益。据王琛考证，"南朝梁在《梁律》中规定：军人如果有恐吓或者侵犯民宅抢夺的行为，以强盗论处。"[4]《史记》载"以官为威，以法为机，求利逆暴，譬无异于操白刃劫人者也。"[5]"清代条例中还有一些关于强盗罪的特殊

---

[1] 孙向阳：《中国古代盗罪研究》，中国政法大学出版社2013年版，第226页。
[2] 陈重业辑注：《古代判词三百篇》，上海古籍出版社2009年版，第7页。
[3] 高绍先主编：《中国历代法学名篇注译》，中国人民公安大学出版社1993年版，第374页。
[4] 法制晚报社《古法回眸》编委会编著：《古法回眸》，法律出版社2008年版，第70页。
[5] 《史记·日者列传》转引自孙向阳：《中国古代盗罪研究》，中国政法大学出版社2013年版，第219页。

形态",比如捕役为盗、汛兵分赃通贼,因为行为人具备税后还贷身份而成立强盗罪。[1]

被害人身份仍然是行为人身份的延伸。据蔡枢衡教授考证,"所谓'白昼大都之中,剽吏而夺之金'(《汉书·贾谊传》),则是一种强盗……白昼打劫官吏自属强盗典型。如果还不算是强盗,那便很少足以构成强盗的罪行了。"[2]第293条略奴婢:"诸略奴婢者,以强盗论;和诱者,以窃盗论。"[3]唐律的"略奴婢"由于奴隶制度的变化,在明清时代被取消了;与奴隶相关,如果是其他人也一样定性为强盗罪,第292条略人、略卖人而杀伤:"谓因略人拒斗,或杀若伤,同强盗法。"[4]

第二,将官威评价为强力。在官场长期习得并形成的权谋之术,在人治核心是官人之治的朝代无疑放大了官威的效果,官威能够借助被害人心理转换为强力,如"《史记》载:'以官为威,以法为机,求利逆暴,譬无异于操白刃劫人者也'。"[5]但这种说法具有夸张色彩,偏离了基本的刑法边界,后来基本没有再作为强盗罪的暴力。

第三,特定强势转化的强力。《永徽律疏》第303条疏文:"若因斗髡发,遂将入己者,依贼盗律。"[6]即强盗定罪,参照的是《永徽律疏》第286条的规定。因争斗剃人头发,由于头发这一特殊对象,使剃发的暴力方式、程度,一般达不到事实暴力的程度,但对被害人心理是有影响的,具有价值评价的暴力性质。既然是价值暴力,出现时代之间的不同评价便在所难免,据孙向阳博士的考证,"明清律没有对此规定的律文和律注。"[7]

第四,被害人幻想被强迫的强力。清朝《刑部比照加减成案》中记载了这么一个案例,"贼犯张三听从在逃之徐大,行窃事主苗允儿屋内衣服,因苗允儿之父苗大畏惧。向其央恳,开门掷给京钱两吊。徐大复向索添,苗大指

---

[1] 参见孙向阳:《中国古代盗罪研究》,中国政法大学出版社2013年版,第239~240页。
[2] 蔡枢衡:《中国刑法史》,中国法制出版社2005年版,第134页。
[3] 钱大群撰:《唐律疏义新注》,南京师范大学出版社2007年版,第637页。
[4] 钱大群撰:《唐律疏义新注》,南京师范大学出版社2007年版,第637页。
[5] 《史记·日者列传》转引自孙向阳:《中国古代盗罪研究》,中国政法大学出版社2013年版,第219页。
[6] 钱大群撰:《唐律疏义新注》,南京师范大学出版社2007年版,第661页。
[7] 孙向阳:《中国古代盗罪研究》,中国政法大学出版社2013年版,第237页。

称钱在柜下，听伊自取，徐大辄令该犯张三入室，持火照亮，取钱跑走。讯明该犯实系听从徐大入室取钱，并无入室搜赃情事，惟该犯入室仅将事主指称柜下之钱取出，并未搜劫财物，尚属情有可原。若律以临时行强，概拟骈首，未免与伙众行强、入室搜赃者无所区别，将张三照'共谋为盗、临时行强不分首从斩罪'上，量减一等，满流。"[1]该案徐大、张三均未采取任何暴力、威胁方法，只是被害人自己害怕被行强，主动抛钱，在徐大继续要钱的情况下还示意钱在柜下，张三在徐大指令后入室、持火照亮、取钱跑走，整个过程无行为人行强。

第三节 事实自由说

罪刑法定要求抢劫罪由价值向事实转型，强力转向暴力，价值暴力转向事实暴力。例如，我国《刑法》第263条规定："以暴力、胁迫或者其他方法抢劫公私财物的"；《德国刑法典》第249条第1款规定："以使自己或第三人非法所有为目的，对人使用暴力或者以对身体或生命的现时危险相胁迫取走他人可移动的物的"[2]；《日本刑法典》第236条规定："以暴行或者胁迫方法强取他人的财物的，是强盗罪"[3]。环境换了，标准改了，目标变了，事实来了。事实暴力是作为抢劫罪的行为方法而存在的，暴力的全新含义不期而至。

法益尽管不作为事实标准，但其作为行为反映的目标，仍然具有决定事实行为性质、范围、程度的重要意义；而且，不同犯罪的暴力差异，首先体现在作为目标的法益中，才能进而影响到行为，比如，妨害公务罪的暴力，

---

[1] （清）许槤、熊莪：《刑部比照加减成案》，何勤华、沈天水点校，法律出版社2009年版，第64页，转引自孙向阳：《中国古代盗罪研究》，中国政法大学出版社2013年版，第225页。

[2] 王钢：《德国判例刑法（分则）》，北京大学出版社2016年版，第267页。需要说明的是，我国还有一个《德国刑法典》的译本，其对《德国刑法典》该条抢劫罪的译文是"意图不法占有他人财物，以暴力或危害身体或生命相胁迫抢劫他人动产的"，参见《德意志联邦共和国刑法典》，徐久生译，中国政法大学出版社1991年版，第149页。两相对照，会发现两个版本还是存在重大差异的。而我国台湾学者林山田教授则介绍"德国、奥地利及瑞士等国刑法，对于强盗罪的强制行为均明确定义为'对人实施强暴'及'以对生命或身体的现时危险而加胁迫'。"林山田：《刑法各罪论》（上册），北京大学出版社2012年版，第269页。林教授的翻译与王钢教授的翻译基本相同，所以本书采用王钢教授的版本。

[3] 参见《日本刑法典》，张明楷译，法律出版社1998年版，第76页。

与抢劫罪、强奸罪、故意伤害罪的暴力，所侵犯的法益的下限也许并无差异，但是，法益的上限明显是有差异的，这恰恰是人们对两类犯罪感受和处罚差异巨大的根本原因。与古代被害人意思自由利益相比，今天抢劫暴力侵犯的法益，环境变了，功能变了，法益的性质、范围自然随之变化。笔者认为，研究抢劫暴力侵犯的法益有两道槛要过。

一、法益的事实性质

研究抢劫暴力侵犯的法益，有一个必须注意的情况。在德日刑法理论中，人们是借助对伤害方法、暴行方法的理解来理解抢劫暴力的，认为暴力就是暴行，伤害方法、暴行方法的理解直接决定了抢劫暴力的理解。

(一) 事实方向

在追求犯罪事实标准的前提下，伤害方法、暴行方法的理解围绕事实、价值存在严重分歧。大家一般将伤害罪、暴行罪的法益解说为身体安全，对身体安全的理解有身体完整说、生理机能健全说，物理方法对应身体完整说、非物理方法对应生理机能健全说，身体完整说从身体外观完整性把握，属于事实标准；非物理方法天然接受心理路径的伤害、暴行，属于价值标准。

身体作为事实的着力点，身体说已经将人身利益大幅压缩到身体范围，法益范围的自我缩小表现出的理论自觉，饱含了理论工作者实现罪刑法定的良苦用心和孜孜以求。研究伤害罪、暴行罪法益时能够提出身体说本身，就是事实方向的努力，也是本书的主张。

相反，质疑强调人身安全说的观点进而提出轻微暴力、胁迫也属于暴力，但经"轻微"一词调整后，范围就再度不受约束地泛化，人身安全说事实追求的精髓反而一并被抛弃了，得不偿失。泛化法益是泛化范围的第一步，是由事实到价值的必由之路。但生理机能健全说留出身体以外的途径说明，人们对两罪法益是否选择事实方向还存在分歧，事实法益没能成为共识，由此出现争论、摇摆甚至倒退，都属正常范畴。

(二) 事实底限

前已说明，抢劫暴力侵犯的利益是跨具体类型的现象，应当以底限为标准举轻明重。因此，不要试图以创新概念来概括所跨的全部具体人身利益。

但这恰恰是主张身体安全说的错误。这在相当程度上是立法造成的,《俄罗斯联邦刑法典》第 162 规定:"强盗,即以夺取他人财产为目的,使用危及生命或健康的暴力,或以使用此种暴力和威胁而进行的侵袭行为的。"[1]《德国刑法典》第 249 规定:"意图不法占有他人财物,以暴力或危害身体或生命相胁迫抢劫他人动产的。"[2]《美国模范刑法典》第 222.1 条抢劫规定为"对他人施加严重身体伤害的行为。"立法对生命、健康的规定得到了理论界的呼应,日本一些学者提及"暴行罪的保护法益是身体之安全。"对"身体之安全"没有进一步的解释。从日本刑法及其理论使用身体安全的罪名分析,身体安全是有严格限定的。翻阅日本刑法的教科书,在侵犯个人法益的犯罪中,分列了生命、身体、自由(也有进一步分为性自由、秘密、安宁)、人格、信用等法益,很明显,其中的身体安全就是我国所说的健康权。大谷实教授对于侵犯身体的伤害罪、暴行罪的保护法益都提及了"身体安全",[3]如果这样的理解是对的,那么,暴行罪保护身体安全说,是指以健康权为底限的标准,对生命权的侵权当然会侵犯健康权。

这明显是借助伤害罪法益对抢劫暴力法益理解的误导,是为暴力而暴力的例证。抢劫罪的暴力并非以力度体现暴力,而是以方法对破坏被害人与财物之间的保护度为标准的,只要能够有效排除被害人对财物的事实保护,就足以成为抢劫罪的暴力。

以身体健康为底限的暴力标准让人怀疑,因为,将被害人五花大绑的暴力显然是成立抢劫罪的当然现象,但其并不危及健康权,其侵犯的首先只是自由权,身体安全的底限有进一步下探的必要,即以身体为基础地下探,比如下面的案例(下称"反锁案"):餐馆打烊无人的时候,行为人以就餐为由,将唯一的服务员反锁在厨房里面,服务员只能透过递餐的小孔看着行为人将钱柜中的钱取走而无能为力,行为人的行为是否属于抢劫罪的暴力?对此,学界争论很大,肯定、否定的意见都有,但都很难说服对方。所以,能否在延续人身安全说事实方向的同时,接纳侵犯自由中的一些情形,可以成

---

[1]《俄罗斯联邦刑法典》,黄道秀等译,中国法制出版社 1996 年版,第 81 页。
[2]《德意志联邦共和国刑法典》,徐久生译,中国政法大学出版社 1991 年版,第 149 页。
[3] 参见 [日] 大谷实:《刑法讲义各论》,黎宏译,中国人民大学出版社 2008 年版,第 22 页、35 页。

为努力点，同时，必须对人身安全说内在的事实追求的理论进行更彻底、完整的解读，才能有效巩固抢劫罪法益的事实标准。

要说明的是，身体、身体安全不是一回事，身体包括但不限于身体安全。即使通过身体途径，比如反锁案、使用药物、麻醉手段，仍然有不符合抢劫罪的情形，这样的限制告诉我们，沿用古代抢劫罪的全体、笼统人身利益标准解释今天受到大幅压缩后的抢劫罪法益，是不合适的。

二、提倡事实自由说

事实自由说有三层意思。

首先，是身体自由。自由意味着抢劫暴力以自由权为底限，身体自由区别于古代强盗罪的被害人意思自由，排除了通过心理途径对自由的侵犯。身体自由实质是行为自由，被害人要保护自己的财物，拥有行为自由的底限，被害人保护财物依凭的行为自由正是暴力方法要解除的；正如现代刑罚为了应对事实犯罪，使得以限制、剥夺行为自由为核心的刑罚体系应运而生，自由刑的中心地位不是由人们对自由多么渴望的梦想支撑，而是由对付犯罪行为的需求支撑。

财物需要暴力方法侵犯，财物同时也界定了暴力的事实性质。暴力服务于对财物的侵犯。对财物的被害人保护、行为人侵犯来说，都需要以身体的行为自由为前提。以侵犯身体自由作为暴力的保护法益，表明抢劫罪的暴力违背被害人意愿，是从被害人手中夺走的，符合夺取罪的精神。尽管敲诈勒索罪的暴力本质上也违背了被害人的意愿，但这种违背仍然有回旋空间，被害人仍然有选择的余地；但抢劫罪则不同，其暴力手段对被害人意愿的违背，是没有回旋余地的。身体自由之上的其他权益如生命权、健康权，也能同时满足身体自由的要求，当然也同时侵犯了身体自由。

其次，是现实身体自由。身体自由有诸多种类，非法拘禁是典型的、纯粹的侵犯身体自由，其现实的自由说、可能的自由说之争正是事实、价值之争的反映，可能的自由说如在被害人睡觉时反锁大门，显然不属于侵犯保护财物安全的身体自由。从非法拘禁罪保护人身权的角度看，现实的自由说已经足以满足单纯保护自由的要求。

但这样的观点肯定还有进一步研讨的必要。在德国刑法理论中，对抢劫暴力侵犯的自由权，多数的观点似乎认同可能的自由说，只是，其更强调行为人主观目的的联接作用，"抢劫罪中的暴力必须以压制所实施的或者预想中的反抗为目的。因此，只有在行为人出于这种目的针对睡眠、昏迷或醉酒状态中的被害人实施身体有形力时，才构成抢劫罪意义上的暴力。例如，行为人为了防止他人干预或者阻止被害人呼救而将昏迷中的被害人搬运到偏僻或阴暗的地点等。相反，如果行为人不具备这种意图，就不能构成抢劫罪中的暴力行为。""认定这种目的性关联只需要行为人主观上具有相应的意图即可，不需要强制手段与取财行为之间存在事实上的因果关系，也即不需要客观上确实是由于使用了强制手段才导致行为人可以取得财物。例如，行为人为了确保成功地从被害人家中取走财物，将酣睡的被害人反锁在卧室内。此时尽管被害人自始至终都对行为人的取财行为毫无知觉，行为人也同样成立抢劫罪。"矛盾的是，德国刑法理论又主张这种情形必须在事实的时间、空间中完成，"但是，认定这种目的性关联要求强制手段和取财行为之间存在紧密的时间和空间联系。强制手段和取财行为相互分离的，原则上不能成立抢劫罪。例如，行为人先使用暴力或胁迫迫使被害人交出商店保险柜的钥匙（其对保险柜钥匙本身没有非法所有目的），然后驱车去保险柜所在的商店去打开保险柜并取走其中的财物的，不能成立抢劫罪，只构成强制罪与盗窃罪（数罪并罚）。例外在于，如果此时行为人的强制行为仍在继续，则依然应当认定目的性关联的存在，行为人可以成立抢劫罪。例如，数名共同正犯捆绑被害人逼问其藏匿财物的地点，并且由其中一部分行为人根据逼问所得的信息驱车前去取财，另一部分行为人则留在原地看管被害人，所有行为人均成立抢劫罪。"[1]时空联系无非是事实联系，但却不要求手段的事实性质，从而实现事实手段与取财的事实联系，这样的逻辑让人匪夷所思。

笔者认为，抢劫暴力的侵犯法益，不能是随意的结论，必须平衡两个因素，第一，对侵犯自由的性质，究竟是现实的自由说还是可能的自由说，非法拘禁罪与抢劫暴力之间应当尽可能保持一致；第二，抢劫暴力侵犯自由的性质，应当从犯罪标准中获得统一的理论根据，不能无视犯罪标准的制约。从这两点出发，笔者认为应当以现实的自由说为标准。而德国刑法理论多数

---

[1] 参见王钢：《德国判例刑法（分则）》，北京大学出版社2016年版，第271~273页。

认同可能的自由说，恐怕与其在强、取之间的关系上采取主观的目的性关联有关，但在日本刑法理论中，更强调客观的事实因果关系，倾向主观要件，很容易忽略客观的事实定型。

最后，是事实自由。抢劫罪不同于非法拘禁罪的地方在于，其保护的被害人自由本身，也承担着保护财物的任务，纯粹地保护自由不足以同时有效保护财物，现实的自由说尽管是对自由的事实侵犯，诸如使用药物、酒精、携带凶器抢夺等暴力，满足了侵犯身体、现实自由的条件，但仍不足以满足侵犯财物的事实条件。抢劫罪的被害人事实占有财物，必须是暴力事实地占有财物，才能激活财物的封闭性。

抢劫罪的事实暴力，必须具备公开性、压制性，这是日本刑法规定独立的昏醉抢劫罪的根本原因。

公开性从古代就已经被认为是抢劫罪，公开抢劫是古老的说法。

抢劫罪的事实暴力是从行为人角度出发的暴力，承担着压制被害人反抗的任务，才能排除被害人自由保护财物的目的，因为，既然被害人事实暴力地控制财物，行为不能事实压制被害人，"以暴制暴"，就不可能从容、有效地取得财物；这正是抢劫罪与非法拘禁罪所侵犯的自由存在的性质差异，非法拘禁罪只要是妨碍了被害人自由就足够了。压制自由与妨碍自由的差别，比如前述"反锁案"，行为人趁机拿走现金的行为，有其现实侵犯自由的功能，但对于抢劫罪保护财物安全的身体自由而言，仍然不够。反锁服务员拿走财物类似于抢夺的出其不意、攻其不备、夺了就跑，也十分接近公开窃取，其确实妨碍了被害人身体自由，但没有压制自由的特征。有压制一定有反抗，是表明当事人双方处于对抗状态的用语，具有双方性、对抗性，尤其是其中的对抗性正是事实性质的集中体现；妨碍具有双方性，但不具有对抗性。

法益仅是抢劫罪事实暴力侵犯的目标，还不是标准，暴力是作为方法存在的，明确暴力标准，需要考察作为行为的暴力，由于暴力仅仅是行为的方法，需要具体考察的是作为行为方法的暴力。

第四节　作为方法的暴力[1]

界定意味着排斥，界定暴力，是为了区分暴力。如果以利益为标准是为了界定不同利益决定下的暴力，那么以方法界定也是为了界定不同方法下的暴力，这意味着存在不同方法，而且不同方法还具有决定暴力的现实功能，由此存在着不同方法下的暴力。

今天抢劫罪的暴力作为方法的功能有两个，一是作为行为方法的暴力区别于作为利益的强力，承担起区分事实与价值的区分功能。从法益到方法，是暴力"化体"的第一步，也是暴力取代强力的开始。从法益到方法，意味着暴力的认定在判断角度、标准、逻辑等方面的革命性改变。暴力的事实面目恰恰是排除被害人事实占有、实现行为人事实占有的必要条件，现代财物罪要求行为人有事实占有行为，暴力则作为事实方法出现。抢劫罪的事实暴力方法，是抢劫事实的发动者和主导方，也是起点，其要求方法本身足以压制反抗，从而区别于假手其余方法共同压制反抗的价值方法，也区别于从人身权利是否受到侵犯出发的利益认定。二是作为抢劫方法的暴力，区别于其他事实财物犯罪的方法。其中，有其他暴力的财产犯罪如抢夺、敲诈勒索等，这显然要复杂一些；也有其他非暴力的财产犯罪如盗窃、侵占等罪。现代取得型财产犯罪，正是依据方法相互区分的，区分即是瓜分事实场景，不使用事实标准就不可能有效定位运用抢劫暴力的事实场景。盗窃事实、抢劫事实、强奸事实、杀人事实等事实性质的犯罪，需要相关身体器官做出相应的举动才能完成，对此，需要对行为人的身体举动进行事实意义的限制。抢劫罪的事实暴力方法承担着繁重的判断任务，这正是人们在使用暴力要素时倍感压力的原因。

不以方法尤其是事实方法界定抢劫暴力，必然导致其价值的性质、范围的泛化，比如我国台湾刑事相关规定："意图为自己或第三人不法之所有，以

---

[1]《日本刑法典》第236条第1款规定："使用暴力或胁迫手段强取他人财物的，是强盗罪"，以立法的方式确立了暴力的性质；刑法理论中，明确将暴力定位为手段的如西田典之在抢劫罪中表述为"1. 作为手段的暴力、胁迫"，类似的表述和定位在日本刑法理论中被普遍认可。参见［日］西田典之：《日本刑法各论》，刘明祥、王昭武译，中国人民大学出版社2007年版，第132页。

强暴、胁迫、药剂、催眠术或他法，致使不能抗拒，而取他人之物，或使其交付者，构成普通强盗罪"。林山田教授在认同暴力方法和其他方法的同时，也反思道，"本罪行为的强暴、胁迫等强制行为的范围相当广泛，行为人的强暴行为或胁迫行为，不论系对人，亦或对物，均在所不问，只要能使被害人不能抗拒，即为已足。因此，为了确定是否该当本罪的行为，除行为人的行为外，尚须如前所述，也要同时考虑被害人的主观状态……同样的行为，但因被害人的年龄、性别、性格、体能、对于他人强暴或胁迫行为的反应方式等的不同，有时可以该当本罪的行为，有时则否，这将造成刑法实务上判断的困难，故以致使不能抗拒的规定，似非良善的规定。同时，所谓不能抗拒在判例中往往系从宽解释，认为行为人的行为在客观上，虽尚足以抗拒，例如以假枪冒充真枪，或以手放入衣袋装作手枪威胁事主等，但大多认定为不能抗拒。换言之，被害人的不加抗拒，也可能成为不能抗拒，而更扩张强盗罪的适用范围。"[1]所以，林教授主张借鉴德国抢劫暴力的界定限制中国台湾方案。不加抗拒是不能抗拒概念的一种现象，从利益标准看并无问题，但在事实行为标准中，则充分暴露出从被害人角度出发认定行为人角度责任的弊端。不能抗拒并不是一个最终概念，其变数依然很大，有事实（行为人角度）的不能抗拒，也有价值（被害人角度）的不能抗拒，而且，两个不能抗拒的性质和范围并不总是一致的。从行为人角度转换为被害人角度表明，该观点逻辑不够一贯，观念不够彻底，体现出一种既想坚守行为人角度，又要照顾被害人角度的尴尬，很难自圆其说。事实、价值二选一，才是真正的理论；事实标准、价值补充，事实、价值可兼得，是兼顾两者的混合方案；否则，事实、价值标准难兼得，此事古难全。

事实暴力方法由行为人身体举动和事实工具的组合承载具体判断。

一、行为人身体动作

身体是事实标准的"本钱"，方法要成为事实性质，身体的物理属性是天然道具，缺乏身体道具就不可能有"事实演出"。不能说身体一定意味着事实，但事实必须以身体为前提。从现代财产犯罪行为的事实占有强调对财物

---

[1] 林山田：《刑法各罪论》（上册），北京大学出版社2012年版，第268~269页。

的身体控制，围绕身体的攻防成为抢劫罪事实暴力的核心因素，两方面共同实现了排除被害人对财物的事实占有、建立行为人事实占有财物两个环节。身体对通过心理途径侵犯的排除，决定了事实方向，身体的事实属性自然转移到了暴力的界定中。[1]

使用行为人身体是方法不同于法益的首要一环。其功能有二，首先，侵犯法益完全可以不通过行为人身体的途径，但使用行为人身体的条件意味着排除心理途径的人身侵犯，排除法益标准的同时确立了事实标准、事实方法，排斥价值方法。其次，行为人角度不是一句空话，要实现"行为人→主观心理→客观行为"的事实演化，只有依托行为人身体这一载体才能实现。身体连接着行为人及其心理、被害人及其人身利益，是两者的转换站，行为人身体具有事实化载体、实现的功能，实施事实侵犯，必然依托身体的事实功能，同时，人的身体本身也具有攻击能力，具有事实侵犯的基本条件，身体作为行为人角度的事实作用具有不可替代性。暴力的身体前提，意味着不仅抢劫行为，而是所有的事实行为都是以身体为前提的，具有人身化特征。相反，价值现象不一定从行为人身体出发展开。[2]身体决定工具，即决定是否使用工具、如何使用工具，是方法的核心因素。使用行为人身体的连锁反应是不可逆地将暴力定位于行为人角度、事实标准，巩固了事实标准。

不同暴力犯罪都有各自的身体暴力，等于告诉我们，身体也有事实、价值之分，身体具有相对性，即有些身体暴力对于抢夺是事实暴力，但对于抢劫则尚未达到事实暴力的程度，只能是价值暴力。行为方法以身体为基础的意义有二。

(一) 身体提供物理基础

暴力作为抢劫罪的方法，是抢劫行为的组成要素，而抢劫行为是现代犯罪实行行为的一个具体行为类型，暴力行为作为犯罪行为的一部分，不能脱离犯罪行为的基本标准和逻辑。犯罪行为是实行行为，实行行为以身体为前

---

[1] 参见文海林：《论罪刑法定的事实明确》，中国政法大学出版社2016年版，第77~81、233~238页。

[2] 价值行为比如持有行为正是如此，所以，在事实行为的作为、不作为两种类型中寻找不以身体为标准的持有行为的位置始终不如人意的原因，正在于此。刑法中的行为，第一层次的分类应当是事实行为、价值行为，事实行为是以身体为标准的行为类型即传统行为类型，内部又区分为作为、不作为，价值行为不以身体为标准比如持有行为、预备行为、帮助行为等。

提，在此基础上还区分出作为、不作为，作为是身体的动作，不作为是身体的静止。但传统理论从来没有对身体对于行为的功能、意义提供明确说法，身体的事实功能就始终没能落地。

暴力以行为人身体为基础，尤其是强调攻击性身体举动，其实就是行为中的作为。身体提供的物理世界，排斥了非物理的所有现象，表明现代犯罪是在物理世界中认定的，这就是德日刑法理论为什么始终将暴力理解为物理力的根源。非物理现象原则上不能认定为犯罪，尽管仍然有侵犯法益的可能；如果要成为犯罪，必须立法例外地补充。

事实化地把握后，就会排除使用药物、酒精的行为作为事实暴力行为，反之，则能够接受使用药物、酒精的行为作为暴力行为。方法层面事实、价值交锋的首战，就聚焦在使用药物、酒精是否是事实暴力行为的判断上。德国刑法的研究表明，从行为人攻击性的身体举动，到被害人身体受到强制性影响，再到被害人受到的心理影响，暴力的界定走过了从事实到价值的两步理论道路。暴力在古典概念时期，是以行为人攻击性身体举动为前提的，从德国刑法理论对暴力的两个认识阶段看，无非是从行为人身体力量到被害人身体感受的转换，古典暴力概念"是指为了压制所实施的或者预想中的反抗行使身体力量作用于他人身体。在古典的暴力概念中，决定性的因素是行为人攻击性的身体举动。至于被害人身体受到的强制性效果，并不是考察的重点。"基于此，"行为人往被害人的饮料中投放麻醉剂，致使被害人饮用后失去知觉无法反抗的，并不能被认定为对被害人实施了暴力行为。"显然，日本刑法价值补充的昏醉抢劫罪，正是古典暴力概念的产物。改变的第一步，也就聚集在了行为人使用身体，"但是随后，帝国法院逐渐放宽了对暴力概念的限制，开始在对暴力的判断中强调被害人身体所受到的强制性效果。""相反，行为人行使显著的身体力量这一点，则不再被认为是暴力概念的必要组成部分。"[1]接受这一改变的立法，都无一例外地规定了使用药物、酒精成为抢劫暴力方法的列举规定。

（二）身体提供侵犯力量

事实破坏力必须是一种力量才能做到。力量是物理、有形的灵魂，物理、

---

[1] 王钢：《德国判例刑法（分则）》，北京大学出版社2016年版，第100~101页。

有形是力量的载体，使破坏成为可能，才能实现抢劫罪侵犯人身权的法益属性，正如反对精神化暴力的德国法院所说的那样，"暴力在一般用语中总是意指施展一定程度的力量。"〔1〕力量的实质是事实破坏力量，德国理论所说的"行为人攻击性的身体举动"，为什么在强调身体举动的同时，还要求身体的"攻击性"？

（三）身体力量是事实力量

有些身体动作并不属于抢劫暴力要求的身体动作，抢劫暴力的身体动作是攻击性质的。"攻击性"实质是事实破坏性，攻击性是主动性的意思，事实侵犯不同于价值侵犯的地方是，事实侵犯具备独自完成侵犯的属性，在没有其他因素介入的"外援"的前提下，事实因素不主动攻击，是不可能实现独自完成侵犯的，主动性、攻击性是独自性的必然要求；没有"攻击性"的身体举动，往往是多多少少介入了被害人、他人、自然、先行为的因素才能实现利益的侵犯，就不属于事实破坏力。

身体侵犯不同法益可以使用不同动作，不同事实财物犯罪的事实方法互有区分。事实暴力承担了如下两方面区分任务。

首先，与价值暴力区分。从逻辑上来看，似乎这并无问题，但到实际操作时人们往往会犯错。由于缺乏事实、价值的区分传统，人们在判断抢劫暴力时一般将抢劫与其他财产犯罪进行区分，并没有注意到在抢劫罪内部同步存在事实暴力、价值暴力的区分需求，于是，往往将不属于事实暴力的直接作为了其他犯罪的暴力方法；一旦认为该做法不妥，又会反过来怀疑原来对事实暴力的界定正确性，进而试图降低标准、扩大范围，比如，如果立法没有在第 269 条对事后抢劫的性质作出规定，由于事后使用暴力不能够影响事前盗窃、抢夺、诈骗性质的思维，事后抢劫的定性必然在盗窃罪、抢夺罪、诈骗罪、杀人罪、伤害罪之间产生争议，很难让人联想到抢劫罪。因为事实意义的抢劫罪被排除后，人们会在抢劫之外另找罪名，思维上几乎不可能产生价值抢劫罪的思考，因为，本来就没有这样的理论支撑。

为了防止将不是事实暴力的价值暴力一概认定为其他财产犯罪的暴力，从而混淆价值抢劫与其他财产犯罪的区分，就要注意价值暴力与其他财产犯

---

〔1〕 王钢：《德国判例刑法（分则）》，北京大学出版社 2016 年版，第 102 页。

罪暴力的区别。两者区别的核心在于被害人的人身法益是否受到了压制，如果是，就依然属于抢劫价值暴力。

区分价值暴力与事实暴力，不是暴力作为方法使用后就天然具备事实功能，从而区别于作为利益的暴力、价值暴力，事实暴力对方法是有特殊要求的。抢劫罪的价值暴力与事实暴力之间的区别，在于让人不敢（能）反抗的是暴力方法本身，还是利用、借助了其他人的暴力方法才能让人不敢（能）反抗，被利用的暴力方法有他人、自然、被害人、先行为四种，前面讨论的通过心理力作用于被害人的，就是利用被害人力量的范例。其余还有强、盗顺序颠倒的事后抢劫，是利用先行为的范例；利用自己、他人先行其他暴力犯罪比如强奸罪、伤害罪等已经强制被害人的效果，取得被害人财物的，能否成立抢劫罪，是利用先行为、他人的范例；利用自然暴力的也可能发生，只是新闻报道、案例展示中罕见而已，但其他罪已经出现了，比如司法考试出现的行为人劝他人到雨后树下呼吸新鲜空气，但真实想法是希望被害人被雷劈死，结果被害人真被雷劈死，就是利用了自然暴力的价值暴力杀人方法。正因为有了被利用的暴力，行为暴力与利用暴力之间的责任大小才需要重新评估，评估即价值判断，所以是价值暴力；而没有借助任何暴力，凭行为暴力本身足以让人不敢反抗的，才是事实暴力方法。

一般而言，人们都会保全行为自由、健康、生命，放弃财物，保人弃物，暴力一旦针对被害人的行为自由（导致不能）、健康、生命（或者导致不敢），暴力方法本身已经足以制服被害人，因而属于事实暴力。

尽管德日刑法理论围绕抢劫暴力在行为中开发出众多的争论点，比如运用行为人身体、作用于事实对象等，但这些争点，对于暴力方法的事实、价值性质判断仅仅起到辅助作用，毕竟，暴力的理论位置就是行为方法。围绕暴力的争点，主要也集中于利用类暴力是否暴力，利用类暴力切中的正是方法性质。德日理论十分在意的物理暴力、效果暴力，是利用类中主要以利用被害人的类型作为考虑因素，并没有照顾到全部利用类型的更为复杂情形，一旦利用了他人、先行为的暴力，物理暴力、效果暴力之争几无用处；即使是全部利用类暴力，也只是价值暴力的"部分"而非"全部"，非利用类的价值暴力比如我国《刑法》规定的聚众打砸抢砸坏财物的以抢劫定罪，属于价值评价为抢劫罪。所以，重新回归事实、价值的标准上来区分暴力，才具备与事实对应的概括能力、周延性，才是王道。

其次，与其他犯罪事实暴力相区分，比如与敲诈勒索罪的事实暴力相互区分。但这两方面的区分任务，关键都集中于将抢劫事实暴力界定清晰。尤其是第二个区分任务，是抢劫罪事实暴力最难以完成的。这里面，如果将抢劫暴力界定为身体动作要具有明显事实意义的攻击性、破坏性，就会将使用药物、酒精的暴力排除，如果要成立抢劫罪必然像应对价值暴力那样由立法例外规定才行；反之，则会将使用药物、酒精的暴力纳入抢劫事实暴力中，不需要例外立法即可。

在财产犯罪中，存在夺取罪、交付罪之分，夺取罪是事实财物罪、交付罪是价值财产罪。夺取罪有盗窃罪、抢夺罪、抢劫罪，西方国家基本上没有抢夺罪，是将抢夺罪放入抢劫盗窃罪中的。因此，夺取罪只有盗窃罪、抢劫罪两种，盗窃罪被界定为和平窃取、抢劫罪就是强制劫取。在我国，三个罪分割的事实场景是：

盗窃罪是秘密窃取，使用身体的动作秘密取走财物，就是针对占有财物的身体动作。公开窃取只能价值补充入罪。

抢夺罪是出其不意地猝然夺取，使用身体在极短时间完成财物的取走是其占有财物的身体动作。

抢劫罪是强制夺取。典型的抢劫事实是这样的，行为人手持工具猛击被害人，被害人或赤手空拳或随机捡拾砖头、木棍、铁棒等工具仓促应战，最终仍然被行为人打伤、制服，行为人将被害人身上装现金的手提包拿走。其中，"行为人手持工具猛击被害人，被害人或赤手空拳或随机捡拾砖头、木棍、铁棒等工具仓促应战，最终仍然被行为人打伤、制服"是侵犯被害人人身权的事实，"行为人将被害人身上装现金的手提包拿走"是侵犯被害人财产权的事实。山口厚教授非常形象而经典地抽象、烘托过上述典型抢劫事实，"'使用暴行或胁迫手段强取他人财物的'，成立刑法第236条第1款的抢劫罪。从结论上看，要求存在一系列的因果关系，即，使用了暴行或胁迫的手段，由此抑制了被害人（为了确保自己对财物的占有）的反抗，再基于这种抑制夺取了财物。"[1]

---

[1] [日]山口厚：《刑法各论》，王昭武译，中国人民大学出版社2011年版，第252页。

德日古典暴力概念强调暴力的物理、有形，抓住了暴力的"形"但没抓住"魂"即事实破坏力量，其理论后果让人不得不接受那些具备物理、有形外壳的现象，比如对物暴力等。德国在静坐是否暴力案例的判断中，囿于物理之形，失于事实之魂，得出了一些让人倍感奇怪的看法，"就静坐封锁这类案件而言，当行为人静坐在道路中央导致过往车辆只能停下时，其对于停在第一排的司机并不构成使用暴力。因为对处在第一排的司机而言，行为人仅仅通过自身的存在对其造成了心理上的影响。但是，对处在第二排和第二排以后的司机，行为人的行为构成暴力。"[1]静坐首先阻挡的第一排司机由于是心理影响不属于暴力，但第二排的司机由于被第一排车辆的物理阻挡反而属于暴力，这种只见物理不见事实的看法，不可能抓住身体攻击性的事实要害。从事实角度看，这种理论显然在判断时悄悄转换了角度：从被害人——司机的角度看待物理力，然而，物理力是行为方的物理力，从行为方看，无论第一排、还是第二排司机，都始终只使用了静坐同样的方法，只应当就静坐是否是物理力，司机们是否受到静坐的影响展开讨论。比如，使用药物、酒精的行为，具备身体性、物理的属性，但不具备攻击性，不适合作为事实工具，属于价值工具。

很明显，事实意义的抢劫暴力，相对于盗窃罪具有公开的特征，相对于抢夺罪具有事实力量攻防的特征，不同犯罪的身体动作，都是对应法益而言的。具体说，盗窃罪的占有是对财物在没有被害人暴力保护前提下的身体动作，如果像抢劫那样使用身体强制力制服被害人人身的身体动作，对于盗窃罪而言是过度使用身体动作。否则，盗窃与抢劫的区分将成为难题。比如，以是否使用行为人身体为标准，并不能区分盗窃罪、抢夺罪与抢劫罪之间的差异，因为这些犯罪都需要使用身体，它们之间能够相互区分的关键在于使用身体的事实场景不同。

根据暴力在不同犯罪中侵犯法益的情形，抢劫事实给出的暴力界定就成为亟需明确的问题。抢劫暴力在中外刑法立法、理论中，有的没有下限，有的规定了下限；规定下限的，有的规定为使他人不能抗拒或者不敢抗拒，有些规定为对身体或生命有危害，有的规定为轻微暴力。[2]对身体或生命有危

---

[1] 王钢：《德国判例刑法（分则）》，北京大学出版社2016年版，第103页。

[2] 参见郑孟状：《论抢劫罪中的几个问题》，载甘雨沛等主编：《犯罪与刑罚新论》，北京大学出版社1991年版，第632~633页。

害作为抢劫暴力不存在争议，问题是侵犯自由如五花大绑就不是暴力？所以，下限的焦点其实是另外两个标准。使他人不能反抗问题，理论中以压制反抗的问题进行研究，后面会对此专门讨论，在此不论。

轻微暴力的观点可贵地注意到了在侵犯生命、健康之下，也有成立抢劫暴力的空间，问题在于没人就如何界定"轻微"进行具体研究。笔者认为，以力量强度界定抢劫尽管有一定道理，但并不能成为唯一的思路，抢劫暴力的界定最关键还在于形成抢劫事实，只要足以形成抢劫事实的暴力，都能够成为抢劫罪的事实暴力。抢劫的事实暴力，就是排除被害人事实暴力保护夺取财物的现象。

从形成侵犯事实自由权利的要求看，暴力的程度有一定影响，但并非唯一因素。有影响表现在，如果连侵犯自由的暴力程度都没有，肯定不是抢劫的事实暴力；不是唯一因素体现在，形成侵犯自由的事实状态，同样是十分重要的。比如通过醉酒方法抢劫财物，其既是身体的举动，也是身体的物理举动。但是否是有攻击性的身体物理举动则不一定。醉酒情形也很复杂，有强行灌醉的，有被频频劝醉的，有肢体接触的灌醉，是将酒当做工具，而且肢体冲突与使用危及生命、健康的事实暴力并无差异；但劝醉的，则行为人劝酒的行为本是社会中立行为，被害人被表象迷惑也有被害人自身原因，被害人在其中究竟有无应当负担的责任，需要价值评估后决定，即使认定为抢劫暴力，也已经是价值暴力了。

从前面得出的侵犯事实自由的法益出发，笔者认为应当以侵犯事实自由的暴力为限。

二、事实工具化

工具没有自己独立的功能，是依附于身体的，一切看身体的使用而定。

事实工具的类型有二，一是身体（内部）工具化。工具包括身体本身作为工具使用，比如用自身的拳头作为打击工具，造成被害人伤害、死亡的情况。二是外部工具化。使用身体之外的特定工具，比如使用刀枪等。

三、压制反抗

围绕使他人不能抗拒或者不敢抗拒的压制反抗标准，存在模糊的问题，有学者因此提出抢夺罪的"使被害人来不及抗拒","在当时、当地对被害人来说,又何尝不是不能抗拒!"[1]模糊体现在性质(事实、价值)、功能(明确性、概括力)、角度(有行为人角度、被害人角度)等方面的差异。在没能确定标准的前提下,压制反抗的判断会成为一场智力游戏。

抢劫罪压制反抗的事实判断标准有二,一是强度。无强度无压制亦无强制事实。强度主要是一种物理强制、物理力。研究强度,目的是完成两个区分任务,第一,区分非和平(非强制)财物犯罪与和平财物犯罪,没有强制力度只能属于平和取财犯罪,从这个角度讲,说抢劫暴力要有轻微暴力还是有道理的;第二,区分强制犯罪内部不同层次的情形,从而更好地做到罚当其罪,比如抢劫罪的基本犯与加重犯区分,主要是靠区分强制程度完成的。又如,区别于存在交付意愿的敲诈勒索罪的暴力。但将抢劫暴力定位于轻微暴力,显然不足以完成与其他强制财产犯罪之间划清界限的任务。

二是事实形态。抢劫的压制反抗是以不同形态完成的,因而存在事实形态、价值形态之别。事实地完成抢劫是指抢劫的成立依赖外观、外力的一步步完成来实现,具有强烈的感官刺激和外观、物理属性,而价值地完成抢劫,则依赖价值评价完成抢劫判断,并不强调事实外观的不可或缺,事实形态、非事实形态,只要能够被价值评价,就足以成立抢劫罪,可见,两者之间存在外观形态的重大差异,事实抢劫要求事实地(只能是物理、外观途径)压制事实反抗,价值抢劫要求价值地(包括心理途径)压制价值反抗。相应地,外观形态对于不同抢劫,也因要求的差异而具有管束功能。透过形态把握抢劫,就成为绕不过去的因素。

强度依靠形态完成,形态借力强度实现;没有形态的强度是毫无章法的,形态对于强度有约束、助推作用;没有强度的形态不是抢劫形态,强度对于形态有实现作用。形态、强度之间相互成就,没有形态的强度和没有强度的形态,都是不存在的。强度并非压制反抗的唯一指标,有些强度很大的暴力,由于缺乏抢劫事实场景并不能认定为抢劫罪,比如将女孩耳环一把拽下,导致女孩耳朵撕裂伤,其对物暴力展现出其不意、攻其不备、猝不及防的事实特征,尽管暴力的强度不小,损害了被害人健康,但其展现出的不是抢劫、

---

[1] 郑孟状:《论抢劫罪中的几个问题》,载甘雨沛等主编:《犯罪与刑罚新论》,北京大学出版社1991年版,第634页。

而是抢夺的事实形态。

财产犯罪的强制形态，对于被害人来说都是暴力，因而都是被压制了反抗，但压制反抗的事实形态并不一致，抢劫罪是不能反抗，抢夺罪是来不及反抗，敲诈勒索罪是不愿反抗。抢劫罪与其他强制财产犯罪的区别，并不在于暴力的强度，而在于所形成的事实形态是抢劫事实还是其他强制财产犯罪事实。由于论题所限，本书不拟对抢劫罪与抢夺罪、敲诈勒索罪之间的事实形态差异作进一步研讨。

由于缺乏事实、价值标准的观念，事实标准只选用事实方法，即作用于被害人身体的事实方法才属于事实暴力，但由来已久的看法是利益标准，而利益不会区分方法，"举凡一切足以使他人丧失抗拒能力的方法，均可该当本罪的强制行为，故若行为人所使用的强制手段，尚未达到使人不能抗拒的程度者，则因尚未属本罪的强制行为，故不构成本罪。"所以，其并不局限于身体强制，能够接纳通过心理途径的强制后，范围就相当宽泛了，"其暴力纵未与被害人身体接触，仍不能不谓有强暴或胁迫行为，例如携带假手枪，威胁事主，或用手放入衣袋，装作手枪，判例亦均认为该当本罪的强制行为。"[1]暴力、隐私、权力、名誉、亲情甚至气场等非暴力因素都可能成为威胁的内容，其显然破坏了当今以事实方法界定抢劫罪的理论意图。通过事实标准缩小了的暴力范围，自然会被价值标准放大。

第五节 作用于事实对象的暴力

人们公认，今天的事实财物罪必须排除被害人事实占有、建立行为人事实占有，无论被害人还是行为人的事实占有，都不是为事实占有而事实占有，没有相应事实占有的对象，事实占有本身是不可能成立的。事实行为如果只有方法是无法落地的，必须有对象承接方法，可见，德日刑法理论将对象称为行为对象，放在行为中，是有其依据的。刑法中的行为必须有组成要素，否则就被"空心化"了，行为方法+行为对象=事实行为。[2]方法、对象，缺

---

[1] 林山田：《刑法各罪论》（上册），北京大学出版社2012年版，第262页。
[2] 参见文海林：《论罪刑法定的事实明确》，中国政法大学出版社2016年版，第227~250页。

少任何一个，都不是事实行为，对此，包括抢劫罪在内的所有财产犯罪行为表现得更为明显，这才能成就现代财产犯罪以行为方法相互区分的格局；无方法的对象（跟踪），无对象的方法（蹲守），都是预备行为，没有进入实施犯罪事实的实行阶段，不是实行行为；进入了实行阶段，但要件要素之间相隔很远的，包括隔时、隔地两种情况，就是所谓的隔离犯问题，对于隔离犯的着手判断，仍然要依据要件（主客观）要素（方法和对象）的结合，才能认定其是否是实行行为。作为事实占有方法的暴力，表面看与对象毫不沾边，但作为对立面的对象通过规定进而限定暴力运行的路径、关系等塑造事实暴力，因而，事实暴力必须从被害对象中获得说明。

抢劫罪的事实暴力作用于事实对象，意味着事实暴力具有特定的作用点和关系，如果没有作用于特定的点、形成特殊的关系，暴力仍然是价值而不是事实的。

事实对象的含义有两个层次。

一、对象的事实化

对于排除被害人事实保护财物的暴力来说，必须排除被害人事实保护的基础——身体、财物，既是最有效的，也是标准，是暴力的基础作用对象。对于实现事实功能，方法、对象相互成就，相得益彰，缺一不可。

事实对象的物化，实质是事实化的要求。事实对象的实质，是物理层面的对象；物理层面是完成事实现象的平台层面。若没有对象处于保护财产的物理、事实状态，则方法不需要、不可能进行事实侵害。作用于被害人身体、财物，是对象对方法的事实引力，能够具体演化出事实场景。

对象的事实化，是对暴力的判断脱离利益标准，进入事实标准的根本动力，也是事实对象能够成为组成事实标准内部要素的根本原因。以德日理论为代表的现代刑法理论始终走不出是否选择占有概念、是否选择事实占有同时放弃价值（规范）占有、是否要求使用行为人身体、作用于被害人身体等问题，根本原因在于对自身事实方向的模糊不清。

（一）作用于被害人身体

被害人对财物的事实保护，如同行为人的事实行为侵犯财物一样，是以身体为前提的，排除被害人身体保护必须作用于被害人身体。行为人的事实暴力侵犯是在解除被害人事实暴力保护的"以暴制暴"中实现的。

1. 对人暴力是对人的身体实施暴力

对于暴力方法而言，作用于被害人身体的意义在于作用路径的身体特定性，从而排斥了作用于其他地方的可能，"暴力必须直接或间接地作用于被害人的身体。纯粹的心理上的影响或者单纯的对物暴力，不能构成抢劫罪。"[1]尽管，作用于被害人身体以外的情形是可能发生的，比如在被害人面前射杀动物等对物事实暴力的情形，就使暴力作用于被害人心理，使被害人心生畏惧，放弃反抗。对于被害人以身体事实占有财物而言，仅仅作用于被害人心理，虽然也有一定概率导致被害人放弃反抗，但并不必然导致被害人放弃反抗，惟有作用于被害人身体，使被害人不能反抗，才能有效制服被害人，取得财物。

被害人身体规定了事实暴力侵害法益的路径，意味着同时排斥了心理路径、网络中将被害人制服的路径。其中，在现实生活中对被害人保护财物的事实自由权的侵害，有心理内因、身体外因的两种途径，但造成被害人丧失事实自由权的法益效果是一致的。德国刑法理论发生过的从被害人身体到被害人心理、暴力效果出发判断暴力的转变，是从事实暴力到价值暴力的转变，"进入20世纪60年代之后，联邦最高法院在其判决中甚至更进一步缓和了对被害人身体受到强制性影响的要求，转而愈发重视被害人受到的心理上的影响。在这一时期，暴力的概念越来越'精神化'，仅对被害人造成心理上的强制效果的行为也时常被联邦最高法院认定为暴力行为。"[2]原因在于心理途径不可避免地介入了被害人心理承受力的因素，暴力、心理承受力对于法益侵害的地位、作用在不同案件中并不始终相同，个案评估后才能决定事实暴力是否需要承担刑事责任，属于价值暴力范畴，是从法益（效果）出发的标准产物。

对象因而具有了界定暴力的功能。有什么样的对象，就需要什么样的方法；暴力的性质，相当程度上蕴含了对象的脾气和秉性，不清楚暴力作用的对象就不可能清楚暴力的性质。

对于价值对象，也能使用事实暴力方法实现侵犯人身权利，但物化被害

---

[1] 王钢：《德国判例刑法（分则）》，北京大学出版社2016年版，第270页。
[2] 王钢：《德国判例刑法（分则）》，北京大学出版社2016年版，第101页。

人人身权利——身体，恰恰是抢劫罪侵犯的另一法益——人身权的物化对象，也是抛弃人身法益、选择被害人身体作为暴力标准的原因和可能依据。

不能从事实标准出发，很难将暴力作用于被害人身体，并排除作用于被害人心理的暴力现象，从而只能坦然接受大幅压缩后的暴力范围。这恐怕正是德日刑法理论提及了暴力作用于被害人身体问题，但始终没能更进一步展开研究的尴尬所在。

作用于被害人心理途径，往往是胁迫方法，与暴力方法相比，在侵犯人身权的方面看是一致的，但侵犯途径并不一致，而且，侵犯途径的不同导致了事实侵犯与价值侵犯的差异。因为，允许通过被害人心理途径侵犯人身权后，变量的增加使行为方法的类型相应增加，比如，暴力以外凡能够使被害人心理惧怕的所有因素，均足以侵犯被害人人身权，这就使以行为方法、行为本身便足以定罪的事实逻辑发生了根本动摇。

与一般和平（如盗窃罪）的事实占有行为不同，抢劫罪要排除被害人的事实占有，必须以控制住被害人对排除行为的反抗为前提，将强制力作用于被害人身体，才能既侵犯被害人人身权，又排除被害人对财物的事实占有，否则，被害人不可能自愿放弃事实占有。暴力作用于被害人身体，就成为事实暴力实现事实占有必须的条件。从这个侧面能够清晰看到，古今关于盗窃罪、抢劫罪之间的和平、非和平取得财产的标准、范围，并不完全重合，如果不经过精细对比，差异是不会被轻易发现的。

如果不要求作用于被害人身体，有两个方面明显区别于事实标准，一是暴力方法可以不是事实暴力比如价值暴力也能够做到，价值暴力冒充事实暴力的危险将始终存在；二是强调被害人事实占有的前提毫无意义，抢劫行为排除的，就不是被害人事实自由地保护财物的行为。

通过侵犯被害人身体实现对被害人人身的侵犯，还说明事实暴力侵犯的是被害人的事实人身权，因而，笼统地说侵犯被害人人身权是不够精确的，至少不是专业的表述。对此，日本刑法理论是以另外的方式表达的，山口厚教授认为，"为了不使暴行与胁迫之间的区别失于暧昧，也应该理解为，以物理力及于人的身体为必要。若认为物理力可以不接触人的身体，只要其效果及于人的身体即可，那么，就会将人的心理自由、行动自由也纳入暴行罪的保护法益，从而过度宽松地理解暴行概念，这并不妥当。"[1]

2. 胁迫是对身体的事实暴力的价值补充

既然认为胁迫是通过心理途径侵犯人身权的，并且要排除心理途径，那么，现代各国刑法对抢劫罪中胁迫方法规定的性质、地位、意义，就必须有一个能够自圆其说的认识。

从各国对胁迫的规定情况看，这已经是所有国家的明文规定，说明胁迫方法成立抢劫罪。但在是否对胁迫进行某种限制时，立法规定之间则有不同。日本刑法没有任何限制，我国《刑法》第263条规定的是"胁迫"但第269条规定的是"以暴力相威胁"。所以，学术界基本认同第263条规定的"胁迫"应当是"以暴力相威胁"，明确对胁迫有限制的是《德国刑法典》第249条第1款规定的"以对身体或生命的现时危险相胁迫。"德国立法的规定不仅符合我国的"以暴力相威胁"，而且，还要求暴力胁迫必须是现时的，这就对暴力胁迫的当场性即事实性有了更清晰的要求。

在今天的事实标准决定下，威胁也是能够成为事实方法的，但有一个条件，其必须是暴力胁迫。

作用于被害人心理的价值方法，有两种现象，一种行为方法是价值性质的，通过作用于被害人心理限制了被害人的自由，如对着被害人扮了一个鬼脸、但胆子超小的被害人已经吓得魂飞魄散；一种行为方法是事实性质的，但也通过作用于被害人心理限制了被害人的自由，如使用手枪在被害人面前连放两枪，此种现象是事实方法（行为人角度）、价值途径（被害人角度）的混合体，比如我国刑法对事后抢劫规定中使用的"以暴力相胁迫"即属该现象。胁迫方法本身也可能是事实、有形的。

面对纯粹而单一的作用于被害人心理的第一种暴力，原则上要将其排除于事实暴力。但事物往往并不那么完美，瑕疵才是常态。事实行为是事实方法+事实对象，一旦出现事实方法+价值对象（或途径），正如抢劫罪暴力中的第二种暴力，这时方法、对象出现了事实、价值混合的现象，是否作为事实暴力看待，需要价值斟酌。

笔者认为，这种可以视为事实暴力，因为，在事实方法+价值对象的组合

---

[1] [日]山口厚：《刑法各论》，王昭武译，中国人民大学出版社2011年版，第48页。

中，事实方法是居于更为主导的地位，事物的整体更倾近于事实性质，暴力也更倾近于事实暴力。这是必须看到的现实。[1]

当然仍然要认识到，其与典型的事实暴力是有差异的。所以，各国抢劫罪的方法中出现的胁迫方法，在没有明确胁迫的类型之前，能够且只能够接受此种组合。[2]我国刑法在事后抢劫的胁迫前加上"暴力"进行限制，是十分必要的。希望在抢劫罪的胁迫前也能同样规定，形成"暴力胁迫"的字眼，从而能够排除暴力之外的其他胁迫现象。

暴力胁迫实质是立法补充的预备暴力，其要点有四：一是暴力胁迫以限制了胁迫为目的。暴力胁迫尽管也是胁迫，但它只规定了以暴力为内容的胁迫，实质排除了暴力以外胁迫的运用。二是为了与事实暴力相当，德国立法对胁迫内容只规定了侵犯生命、健康部分，连侵犯自由的胁迫内容都不认为是抢劫的胁迫。尽管心理途径的门槛低，但胁迫内容的门槛高，相互综合后，已经与事实暴力的危害接近。这是胁迫能够作为与事实暴力并列的实质原因。三是暴力胁迫以实行事实暴力为目的，实质是事实暴力的预备犯。四是暴力内容限于生命、健康，这意味着排除以自由为内容的现象，"行为人至少应当以发生严重的身体伤害相威胁。如果行为人只是以一般的身体伤害（例如打一耳光）相要挟，不能构成抢劫罪。"[3]这显然排除了侵犯被害人自由权和轻微健康权成立胁迫的可能。

（二）作用于财物

1. 财物抑或财产

只有实物（物理）的东西才能被事实占有。按照作用于被害人身体的逻辑，暴力方法还应当作用于财物，而不能作用于财物之外的其他财产性利益。谁都知道，对象是利益的现实化，财产利益可以以财物的面目出现，也可以

---

〔1〕 这让人想到了共同正犯的复杂情形。共同正犯有共同作用的共同正犯、共同实行的共同正犯，共同作用的共同正犯属于价值补充的共同正犯，在此就不说了，即使是共同实行的共同正犯，也因为机缘、巧合等原因，会出现众多复杂组合，张明楷教授指出了三种情形的共同实行的共同正犯。三种共同实行的共同正犯之间，显然各有差异，多多少少缺失了事实因素，但不得不面对的是，整体上看，三种共同实行的共同正犯更为接近共同正犯，如果不以共同正犯，或者以共同作用的共同正犯看待，并不合适。参见张明楷：《刑法学》，法律出版社2016年版，第396~399页。

〔2〕 如果立法要接受更倾向于价值暴力的暴力现象，毫无疑问，更需要立法的例外、个别的价值补充。

〔3〕 王钢：《德国判例刑法（分则）》，北京大学出版社2016年版，第272页。

财产性利益的面目出现，将财产犯罪对象限定在财产的实物化——财物，就是财产的物化过程。物化财产，是表演事实犯罪的需要；若非事实犯罪，绝不可能将财产利益转换为对象，进而转换为财物的对象类型。事实方法与价值对象之间也可能发生结合，比如前些年对于使用暴力讨债以抢劫定罪（也许我们能说行为人是讨被害人所欠债务，并没有侵犯财产权，但即便超出所欠债务金额从而侵犯了财产利益，恐怕认定为抢劫罪仍然有难度）、在网络上使用强制手段制服被害人后拿走网络虚拟财产、不支付对价的强拿硬要、涉及短斤少两的强买强卖、强行要求被害人在特定时间提供劳务的、使用强制手段制服被害人后让被害人许下拖欠被告人一万元现金的承诺等，是不可能成立抢劫罪的。在刑法中我们也能够看到，立法者已经开始有意识地将一些现象独立成罪，并且，往往放在妨害社会管理秩序罪中，而不是在财产犯罪中按照抢劫罪认定，比如我国《刑法》第 293 条后增加 1 条，作为第 293 条之一："有下列情形之一，催收高利放贷等产生的非法债务，情节严重的，处三年以下有期徒刑、拘役或者管制，并处或者单处罚金：（一）使用暴力、胁迫方法的；（二）限制他人人身自由或者侵入他人住宅的；（三）恐吓、跟踪、骚扰他人的。"物化对象只能由物化方法侵犯，"'有体性'也为限定财物的范围提供了一个物理性的、有形的、确定的边界，从而能够保障罪刑法定原则的贯彻并限定刑法的处罚范围。""有体性说与事实上支配理论对于以罪刑法定原则为其基本原则的刑法而言具有重要意义，因为它提供了一个牢固的存在论、本体论的边界，能够有效地防止处罚范围扩张。""德日理论中关于占有的一般概念是以占有的对象是有体物这一前提展开的，有体物的物理性与占有概念的事实性相对应。""有体性的财物对应着物理性的现实支配，这是刑法上占有的通常含义。"[1]

理论界的困难在于，如果严格囿于财物，必然放纵财物之外的财产，这使许多人很难接受实物的财产形态，有意无意会人为将财物解释、扩大到财产性利益的范围。林山田教授认为，强取行为可以是强取"财产上的不法利益"[2] 这显然是思路局限于财物问题本身，而没能将其扩大到整个财产犯

---

[1] 徐凌波：《存款占有的解构与重建：以传统侵犯财产犯罪的解释为中心》，中国法制出版社 2018 年版，第 13、15、17、233 页。

[2] 林山田：《刑法各罪论》（上册），北京大学出版社 2012 年版，第 265~266 页。

罪、整个犯罪的标准进行审视的结果。日本刑法为了解决抢劫财产性利益的定罪问题，设置了抢劫利益罪，立法上承认了事实暴力针对价值对象的可能性，从而很好地处理了在事实标准的大背景中，事实对象、价值对象分立的必要性和可行性。

2. 财物能否成为暴力对象

为数不少的学者否认财物作为暴力的对象，认为"这一见解，很难令人信服"[1]德国刑法也规定了"对人暴力"，言下之意否定了"对物暴力"。否定说认识到抢劫暴力以侵犯人身权为目标，财物作为物化财产并不必然侵犯人身，作为暴力对象当然是不合适的。实际上，抢劫暴力一般也是以被害人身体作为对象，一般不会作用于财物。

对于财物是否如同被害人身体一样属于暴力的事实对象问题，其结论并没有回答是或者不是这么简单，其实质涉及对财物与暴力关系的认识。暴力以取得财物为目的，作用于被害人身体其实是为取得财物目的服务的，是手段；暴力与财物的结合是暴力取得财物的必然要求，也是作用于被害人身体的自然延伸，因此，财物属于暴力作用的事实对象，也是当然。这与价值抢劫罪是价值对象比如吃饭后不给饭钱的情形不同，对于饭钱，行为人只要使用事实暴力强迫饭店老板免单就可以了，由于不是财物，不需要作用于财物。可见，是否作用于财物，是事实暴力与价值暴力的区别点之一，只有上升到标准高度才能更深刻地认识到暴力作用对象性质的意义。

财物作为事实暴力的对象，意味着财物被暴力所获得，财物处于行为人事实暴力控制之下，这和盗窃罪对财物的和平控制性质、力度、状态根本不同，否定财物是事实暴力的对象，实质是没能认识到财物与暴力之间应当建立起来的事实暴力占有关系，也就是没能真正落实行为事实占有财物的要求。肯定财物作为暴力对象的理论意义至少有两点。

第一，对物的暴力控制。从而能够合理解释作为财产犯罪的抢劫罪，在排除被害人暴力控制财物后，行为人对财物是一种暴力的控制性质，这与其他财产犯罪比如盗窃罪对物的控制性质完全不同，从而体现出抢劫罪行为人与财物之间的关系状态。同时，抢劫罪暴力的对象是被害人身体、财物，也

---

[1] 郑孟状：《论抢劫罪中的几个问题》，载甘雨沛等主编：《犯罪与刑罚新论》，北京大学出版社1991年版，第6275页。

与强奸罪暴力的对象只有被害人人身、性的不同,具体地说明了不同罪的暴力内涵之间的差异。

对物的暴力控制主要包括三种情形。一是纯粹对物暴力,由于没有侵犯被害人人身权,不能成立抢劫罪,"例如,行为人为了能够从容地从被害人家中盗窃财物而破坏被害人的交通工具阻止其按时回家的,或者设置障碍防止他人干预自己的盗窃行为的,均不成立抢劫罪。"[1]如果成立抢劫罪,将从根本上破坏抢劫罪侵犯人身权的标准,优劣对比,得不偿失。

对物暴力,是为了夺取财物,不是毁坏财物,因而,需要甄别不同财物能够使用的暴力方法。对于金条等抗打击的财物使用暴力,比如使用棍棒将被害人手中金条打掉、同时打至同伙处,属于夺取罪的对物暴力;但如果对于容易破碎的财物比如陶瓷、玻璃制品之类财物使用暴力,就是毁坏财物的暴力方法。暴力毁坏财物的,属于故意毁坏财物罪。当然,这并不妨碍立法对于特定情形下的毁坏财物进行价值补充后成立夺取财物的犯罪,比如我国《刑法》第289条规定的聚众"打砸抢":"毁坏或者抢走公私财物的,除判令退赔外,对首要分子,依照本法第二百六十三条的规定定罪处罚。"

二是由物及人的暴力,能够成立抢劫罪。但对物暴力中也可能出现其他事实形态,比如抢夺罪的来不及反抗,展示出其不意、攻其不备、猝不及防的特性,比如将女孩耳环一把拽下,导致女孩耳朵撕裂伤。

针对财物之外的物使用暴力涉及被害人人身的,也属于此种情形,比如德日刑法理论经常提及的别车等情形。

由物及人的暴力存在不敢反抗、来不及反抗两种情形,需要在实际情形中仔细甄别。其中讨论热烈的有对飞车抢夺的定性。人们始终习惯于将某类现象"统一定性",而不习惯于按照抢劫罪的方法性质分别定性。无论对物暴力还是飞车抢夺,其中都有对被害人人身侵犯时达不到侵犯人身程度的,所以,既然以是否侵犯人身区分抢劫罪,分门别类定性而不是统一定性对物暴力、飞车抢夺,就是必然的思路。

抢夺罪在许多国家并无此罪名,但这种现象却客观存在。有的是按盗窃罪定性的,如德国,有的是按抢劫罪定性的,如古巴。德国刑法尽管没有抢

---

[1] 王钢:《德国判例刑法(分则)》,北京大学出版社2016年版,第270~271页。

夺罪，但对于抢夺现象与抢劫现象的区分，仍然是依据标准区别对待的思路。"如果行为人虽然实施了对人的暴力，但却不是为了压制反抗，而是为了避免他人反抗或者让被害人来不及反抗的，不成立抢劫罪。尤其是在行为人通过一定的欺骗或者（乘被害人受到惊吓等时机）迅速地取走财物时，不构成抢劫罪，只能成立盗窃罪。例如，行为人骑摩托车快速从被害人身边经过，一把扯过被害人夹在腋下的手提包扬长而去的，并非出于压制被害人反抗的目的行使暴力，只是利用了被害人来不及反抗的状态，故而仅成立盗窃罪。相反，如果被害人双手紧紧地拽着手提包，行为人必须行使显著的有形力，迫使被害人不得不放手或者甚至扯断手提包的皮带的，则成立抢劫罪。"〔1〕

古巴刑法将抢劫罪分为对人（第 327 条）、对物（第 327 条）两种，分别规定了 7 至 15 年自由刑、3 至 8 年自由刑，区别对待的意图明显。〔2〕

三是由物及人心的暴力。这已经是威胁，而非事实暴力。

第二，针对财物的事实暴力控制表明，一旦被害人、其他人试图拿回财物，必须通过"以暴制暴"的方式才有可能，但这必然以承认财物作为暴力对象为前提。盗窃罪的被害人如果要取回财物，主张对财物的所有权、占有权即可，但抢劫罪的被害人要取回财物，仅仅主张对财物的所有权、占有权是不够的，必须能够有事实暴力地取回财物的能力。

事实暴力都要作用于被害人身体、财物，但状态不同。作用于被害人身体，是物理作用；作用于财物，物理作用的前提是必须不能破坏财物，否则只能是效果作用，并且，可能成立毁坏财物的犯罪。

二、效果事实化，即强取

不仅要素事实化，要素之间的结合、结构也要事实化才是事实，说明要素事实结合的，就是强取。强取有两层含义：

（一）强取是针对财物的强制取得，从而与非强制取财的财产犯罪相区别

这不同于盗窃罪的窃取，也不同于敲诈勒索罪的强取。敲诈勒索的强取是被害人仍然具有决定自由前提下的强取。

强取以解决两个问题为突破口，两个问题均关系到强、取之间的要素结

---

〔1〕 王钢：《德国判例刑法（分则）》，北京大学出版社 2016 年版，第 271 页。
〔2〕 参见《古巴刑法典》，陈志军译，中国人民公安大学出版社 2010 年版，第 183~185 页。

合状态，一是抢劫罪是否成立，以主客观统一为标志，比如被害人放弃事实占有悄悄离开，如行为人早先扬言要抢劫被害人，被害人发现行为人果真带着人、拿着棍棒冲被害人家过来时，为了避开冲突悄悄离开了，行为人没有遇到任何抵抗就事实占有了财物，只能定盗窃罪；如果被害人放弃抵抗但留在现场，只要行为人没有侵犯被害人人身，只能成立公开盗窃。

二是抢劫罪是否既遂，以财物占有法益是否受到侵犯为标志，日本刑法理论界经常举例：被害人被追赶时不慎掉落的钱包被行为人捡拾，成立抢劫未遂。

(二) 强取是事实强取

为了说明抢劫罪的事实暴力，日本刑法最为精细地注意到了该问题，在第 236 条的事实抢劫罪中规定了"强取"一词，从而使其与第 239 条的昏醉抢劫罪中规定的"盗取"一词对应。应当说，"强取"一方面已经具有事实暴力的"意味深长"，大塚仁教授指出，"所谓'强取'，是指使用暴行·胁迫，抑压对方的反抗，不根据其意思，而将财物转移为自己或者第 3 者占有。""为了说存在强取，必须在行为人通过暴行·胁迫而抑压被害人的反抗与夺取财物之间存在因果关系。"[1]但意思表达仍欠精准，另一方面"强取"与"强力"十分贴近，与敲诈勒索的"强取"不能区分。我国像许多国家那样并未规定压制反抗、强取，但显然一样会要求压制反抗、强取。

强取的说法带有欺骗性，价值强取也是强取；准确说，应当是事实强取。事实强取不同于价值强取，这正是今天围绕强取展开的所有讨论中最核心的内容，也是强取理论存在的最大问题。比如，从日本刑法理论介绍的情况看，强取问题主要讨论的是"夺取财物之后的暴行或胁迫""暴行或者胁迫之后的取得意思"两部分，其中，第一个问题实质是事实暴力的功能是取得财物，因此，必然关注暴力方法对于取得财物的作用即因果关系，而不是维持取得的财物。这就涉及其他方法（比如盗窃方法等）取得财物后，属于对财物的维持占有阶段使用了暴力、胁迫，并非事实暴力。但在价值暴力中，无论夺取功能的暴力，还是维持功能的暴力，都属于价值暴力范畴，并不需要区分出来。第二个问题，是借用了其他事实犯罪的暴力，能否平滑为抢劫罪事实

---

[1] [日] 大塚仁：《刑法概说（各论）》，冯军译，中国人民大学出版社 2003 年版，第 215 页。

暴力的问题，属于事实犯罪内部不同暴力类别的区分，仍然是事实犯罪内部的区分。可见，抢劫罪的事实暴力衍生出的强取问题，实质是暴力到事实暴力后产生的新的边界的问题，本质上是个事实性质问题。

德日刑法理论论述强取只提及暴力与取财之间应当具有因果关系，但对于这种因果关系的性质和范围并无具体说明，这就意味着暴力的性质可能并不符合抢劫罪的暴力标准，自然会出现不要说、必要说的不同声音，这是由于没能注意到先行暴力的性质，导致缺乏针对抢劫罪要求事实标准的性质满足。

事实强取财物，意味着单独依赖事实暴力本身不需要依赖其他力量，就足以控制住被害人，同时，取得财物。如果先行的是事实暴力比如将被害人打昏强奸后，取走被害人财物的，成立抢劫罪；如果先行的是不同事实暴力的强制效果即价值暴力，比如使用麻醉品使被害人不能反抗强奸后，即便随后取得了财物，也不能成立抢劫罪。必须补充事实暴力比如被害人醒后殴打了被害人，才能满足抢劫罪须是事实暴力的条件成立抢劫罪，否则，只成立盗窃罪。山口厚教授已经指出该问题，"作为抢劫罪之要件的暴行、胁迫，是指向夺取财物的一系列因果进程（构成要件该当事实）的起点，并且，暴行、胁迫作为夺取财物的手段，属于构成要件要素，因此，必须基于夺取财物的意思而实施。在此意义上，属于通说的'必要说'更为妥当。""刑法规定，乘对方不能抗拒之际实施奸淫行为的，作为强奸罪处理，构成准强奸罪（刑法第 178 条第 2 款），但抢劫罪中并不存在类似规定，由此也可看出，显然不能采取'不要说'。"[1]重视行为当时的心理联络，尤其是对暴力方法的心理性质是事实夺取性质的关键，也是事实标准的当然逻辑，缺乏该逻辑难以成立事实抢劫罪。在注重利益侵害的价值标准看来，行为人的心理及其行为并非核心，夺取还是维持夺取，都侵犯着利益，自然能够无差别地成立抢劫罪了。

第六节　结　论

事实暴力方法+事实对象=事实暴力行为；事实暴力行为作为抢劫罪的事

---

[1]　[日]山口厚：《刑法各论》，王昭武译，中国人民大学出版社 2011 年版，第 259 页及注释②。

实行为标准，以侵犯事实自由以上的人身权为目标。

任何要素不符合上述要求的，都是价值暴力，比如虚假暴力、利用（利用对象有他人、自然、被害人、先行为）类暴力。我国《刑法》第263条规定的"暴力"，是事实暴力，排斥价值暴力；价值暴力如果要定抢劫罪，需要立法以例外、个别、具体地补充入罪才符合罪刑法定对形式的要求。

第四章
强、盗顺序论

犯罪的事实标准作为与价值标准的不同标准，具有独特运行制度理所当然，比如要件要素的封闭性、主客观相统一等问题，顺序问题也是全新制度之一。

第一节 顺序的类型

犯罪标准存在价值、事实两种功能，强盗罪相应存在事实强盗罪、价值强盗罪。事实、价值两股力量将强、盗联系起来、划定范围的同时，相应筛选出具有共同性质、共同取向的强、盗先后顺序，比如价值的强与价值的盗组成价值强盗罪，事实的强与事实的盗组成事实强盗罪，强、盗之间便形成了不同性质、标准的顺序类型。不符合标准的强、盗顺序被清除，才能最大限度发挥标准功能，这便是不同顺序形成不同性质抢劫罪的原因和基本逻辑。

犯罪标准形成关系顺序的实质，是前后现象之间具备标准需要的影响、作用、转化，标准不同，影响、作用、转化的性质、范围、形态也不同。顺序虽然不能像要件要素那样以实体的面目决定犯罪现象，但顺序预设现象之间的位次，通过位次调整现象之间的作用方式、关系程度，出实体入顺序，实现犯罪关系；表达不同关系的顺序，形成不同顺序类型。犯罪的顺序同样表达犯罪标准。

顺序作为"扁担"的标准性质，决定了其在不同犯罪标准中的地位差异很大。

一、依据性质，顺序分为事实顺序、价值顺序

（一）价值顺序

只要有被评价对象即可进行价值评价，不需要被评价对象必须形成过程，也就不需要存在前后两个事物的顺序现象。尽管被评价对象中可能存在过程现象，从而也会有顺序的存在空间，但顺序作为偶然现象并非价值评价的必然。

价值标准以法益危害、主体危险、社会危害为标准，顺序问题主要体现为法益危害，形成法益顺序，但在法益之外，也可能存在主体顺序、危害顺序等，比如先盗后强中，出于"逃跑""毁灭罪证"目的，就是为了逃避法律追究，属于主体危险、社会危害范畴。

考察法益顺序是"有没有"的结果问题，"如何有"的过程问题显得并不重要，因而，表达关系的顺序并不影响犯罪成立，也就不成为一个标准。法益具备、犯罪成立，法益之间的顺序不影响法益结果，因此，价值强盗罪中存在的先强后盗、先盗后强两种顺序都成立强盗罪，不会要求固定顺序类型。价值强盗有顺序现象，但不影响犯罪判断。

（二）事实顺序

不同于价值标准时期的尴尬，事实顺序是"怎么有"的过程问题，事实标准是将犯罪分立为独立要件要素再将其结合起来，要件要素之间的结合必然有过程的事实意义，顺序结合要件要素产生的作用、影响、功能决定了犯罪的性质、范围，顺序现象的事实地位相应抬升。

以往对于犯罪事实标准的研究，只见"要件（要素）"、不见"事实"，恐怕与缺乏对"扁担"的研究有关。要件性、组合性是其两大特征，要件要素是传统理论早已关注过的，组合性则关注很少。组合性注重过程，表现关系，表达着要件要素之间的联系过程、能量转换和作用发挥，以分立为前提，对于要件要素的探索始终缺乏顺序的联系功能。对于事实过程而言，要件要素固然是最重要的因素，但不是全部因素，这影响到了人们对于要件要素之间关系的认识。要件要素之间不会自动发生相互作用、相互影响、相互转化，必须有相应媒介在要件要素之间发挥激活、沟通、联系的承前启后作用，要件要素之间的关系才能顺利形成并最终实现。

今天的先方法、后对象的行为顺序，刻意表达出事实取得的特殊性，因为，事实方法、事实对象的事实取得，具有强烈的"事实演出"特征。事实现象在一来一往中，完成了从行为人到被害人的表演，在过程表达中，有相关顺序才有过程，顺序是严格的，严格遵循了"先来后到"的事实意义，也就成为事实进化出来的标准，比如先强后盗成立强盗罪，先盗后强不成立强盗罪，顺序在其中发挥了不能由要件要素替代的作用。

在现代的事实刑法中，具备自然事实顺序的现象有两个层次三种类型：第一，要件层次的顺序，先主观后客观。我们习惯了的主客观相统一，实质应该是先主观后客观的统一。第二，要素层次的顺序。有两个分支，一是主观要件，先意识后意志。二是客观要件，先方法后对象。本书以讨论抢劫罪的先方法后对象为论题，因此，前面两个先后顺序不在本书讨论范围，但对于行为方法、行为对象的功能讨论，也意味着主观、客观的要件之间，意识、意志的主观要素之间的顺序的同时存在，因此，同样适用于前两个先后顺序。上述两层次三类型的顺序，如果有一个被颠倒过来，都将不是事实犯罪，比如"先主观后客观"颠倒为"先客观后主观"。

二、在事实顺序、价值顺序内部依据具体标准又有各自具体分类

事物、价值都是具体的，事实顺序、价值顺序作为一种性质顺序的总称，不能取代同一性质顺序中的具体顺序类型。

在价值顺序中，有法益顺序、主体顺序、危害顺序的不同类型。根据我国刑法对抢劫罪、事后抢劫的规定，强、盗之间的关系有四种目的：第一，取得财物，出于强取财物的目的；第二，逃跑，出于逃避法律追究目的；第三，护赃，出于维持对财物的事实控制目的；第四，毁灭罪证，出于逃避法律追究目的。在现实生活中，可能还有除上述四种以外的其他顺序关系，但在刑法没有规定之前，都不能以强盗犯罪论处。

在事实顺序中，有要件顺序、要素顺序的不同类型，已如上述。

对于混合类型的，即在先强、后盗中，有一个是事实标准，一个是价值（比如法益）标准，两个不同标准的组合，是价值标准，成立价值顺序，其中有两种组合：第一，先强是价值之强、后盗是事实财物，比如使用假枪抢劫财物的；第二，先强是事实之强、后盗是价值财物，比如抢劫利益的。

三、性质类型、具体类型介入强盗顺序后，强、盗顺序呈现出多样、丰富的变化

先强、后盗顺序内部，区分出事实的先强后盗、价值的先强后盗两种类型。先强后盗是取得型强盗顺序，但由于强、盗在不同犯罪标准中具有不同的内涵、标准、外延、逻辑，先强、后盗顺序与要件要素、时空结合后，使取得性质、意义之间存在价值取得、事实取得的不同，顺序的功能也不同。古代的价值抢劫罪，先强是价值之强，有法益、主体、危害三大标准和类型，后盗亦复如此；由此形成的先强、后盗顺序现象也是法益、主体、危害之间的先强、后盗，其法益是价值取得。今天的事实抢劫罪，先强是事实之强，在要件、要素两个层面之间形成的顺序，有主观和客观之间先强、后盗，也有意识、意志的先强、后盗，还有方法、对象的先强、后盗，属于事实取得。古今先强、后盗之间，除了先后顺序相同，内涵、标准、外延、逻辑完全不同。

先盗、后强的顺序类型中，不再是取得型强盗顺序，而是其他类型强盗顺序，因此，都属于价值顺序类型。

第二节 顺序的运行原理

顺序是形，事实、价值是魂，顺序要实现事实或者价值的功能，必须在两个层面展开。

一、自然顺序

顺序是两个现象之间的天然位次，这就是自然顺序。自然顺序没有人为改造的痕迹，不会迎合某标准而刻意调整顺序，从而具有某种性质功能；但自然顺序由于天然形成的先后位次，由于预设了前后现象依从顺序具有的特定功能，从而表达出来特定的关系。自然顺序具有关系顺序的天然属性，一定意义上关系顺序由自然顺序界定。

强盗的自然顺序有先强后盗、先盗后强两种，两种顺序天然具有不同功能，能够表达不同的性质。

先强后盗具有取得财产的自然功能，其中又隐含了两种顺序，一种是直接顺序，是强代表行为方法、盗代表财物物体特征，属于方法、对象之间的过程顺序，属于事实顺序；一种是间接顺序，在过程直接顺序之外，强还代表人身法益、盗还代表财产法益，属于法益之间的结果顺序。先强后盗具有的上述两种顺序使其既可以作为事实顺序，也可以作为价值顺序。

先盗后强具有取得以外的其他功能，这也是先盗后强顺序自然形成的。我国事后抢劫的立法规定，"强"不是为"取"的目的，而是为了"逃跑、护赃、毁灭罪证"三大目的，说明用强不是为了取财，但之所以又能够按照强盗定罪，无非是先盗后强现象更似强盗罪而已。

二、人设顺序

（一）选择顺序形成人为顺序

先强后盗有事实、价值两种功能，先盗后强只有价值功能没有事实功能。以事实为标准的强盗罪，只能选择先强后盗，通过自然顺序的设置排除先盗后强的非事实现象，这就是自然顺序背后的事实深意，也是人为顺序的第一步。

（二）改造自然顺序形成人为顺序

先强后盗的自然顺序有事实、价值两种可能，也意味着先强后盗要最终成为事实顺序，还需要一定的改造才有可能，自然顺序不等于事实顺序。自然顺序完成了通过位次筛选顺序性质后，要实现人为顺序设计，必须依赖犯罪标准的再造，选择、激活不同的要件要素，形成人为设置的关系顺序，才能最终完成人为顺序。

1. 价值顺序

价值顺序有法益、主体、危害三类，不同自然顺序倾向的价值标准不同。

（1）先强后盗。先强后盗除了能够满足事实标准，也能够满足价值标准，在事实、价值两套标准体系中，都是能够存在的顺序类型。

在价值顺序中，先强后盗主要表现了法益，因而是法益顺序。从法益顺序考察法益是否齐备的角度看，事实、价值的先强后盗并无差异，同样因具备强、盗两种法益而成立强盗罪。所以，古代缺乏对先强后盗内部区分出事实、价值不同类型的动力。

第四章 强、盗顺序论

先强后盗的顺序不是强盗罪的专利,敲诈勒索等其他现象也属于先强后盗。价值顺序唯一要区分的,是将那些尽管表现出先强后盗的自然顺序,但强、盗两端满足不了标准的非强盗犯罪排除出强盗罪,比如后续讨论的一种情形,张斐提及的敲诈勒索罪,其"强"就没有达到强盗罪之"强"的性质、程度,这样的强、盗顺序,不能成立强盗罪,尤其是与其他罪名的强、盗顺序的区分,成为重点。从张斐在《注晋律表》对与强盗相关、相近现象的解说也能看出其中的不同表现,"不和谓之强,攻恶谓之略""盗伤缚守似强盗,呵人取财似受赇,因辞所连似告劾,诸勿听理似故纵,持质似恐猲""律有事状相似而罪名相涉者,若加威势下手取财为强盗,不自知亡为缚守,将中有恶言为恐猲,不以罪名呵为呵人,以罪名呵为受赇,劫召其财为持质。此六者,以威势得财而名殊者也。"高绍先教授对上述解释的翻译是"违背其行为客体意愿的叫作'强迫',采取攻击手段强行夺取者称为'强掠'""行窃时伤害了尚未觉察的物主或暂时失去知觉的看守又类似于强盗,以权势索贿有时与枉法索贿也容易混淆,囚徒在供词中供出其他罪犯又类似检举揭发,不受理诉讼或查办不力则类似故意放纵犯罪,劫持人或物为质以索人钱财又与持人阴私索钱财有些相似""法律中有不同罪名而涉及相似的行为事状者,如凭借威势且用强暴手段取人财物的叫作'强盗',在物主尚未察觉或暂时失去知觉时行窃取财的叫'缚守',捏着别人的隐私相要挟而索取财物的叫'恐猲',官吏不以枉法为条件索取贿赂的叫'呵人',而以枉法为交换条件索人财物的叫'受赇',劫持人或物为质索人钱财的叫'持质'。这六种行为,都是凭借威势索人钱财而罪名不同者。"[1]

(2)先盗后强。如何圈定先盗、后强中的各种价值现象,实质是区分先盗后强的不同类型,由立法者决定,立法认可了的先盗后强,均属价值顺序。立法认可的先盗后强顺序,涉及法益的如"护赃",不以"取得"为目的,而以"维持取得"为目的,也可以说是变相的"取得"即价值取得;涉及主体危险、社会危害的如"逃跑""毁灭罪证"。实际情形可能更为多样,究竟规定哪些先盗后强顺序类型,全凭立法筛选。

---

[1] 参见高绍先主编:《中国历代法学名篇注译》,中国人民公安大学出版社1993年版,第374~380页。

2. 事实顺序

强盗的事实顺序实现事实标准，以事实取得为目标，改造强盗自然顺序。先盗后强的价值性质先天失去了事实顺序的机会，这正是今天的强盗罪排斥事后强盗的根本原因；先强后盗有事实、价值两种顺序类型，还保有事实顺序的可能，但自然的先强后盗必须通过事实标准的再造才能符合事实顺序要求。对先强后盗的事实再造有下面二点。

（1）要件要素再造。先强后盗的自然顺序，表达了取得的顺序功能，但取得有事实取得、价值取得两种，确立事实取得，必须排除价值取得。

事实取得，须将法益顺序转变为行为顺序。行为顺序通过行为方法、行为对象两个要素实现对法益顺序的再造。行为方法、行为对象之间自然形成了强盗顺序，行为方法、行为对象均是顺序的当然组成因素，改造强盗自然顺序，通过改造行为方法、行为对象两端来实现，事实方法、事实对象之间形成的强盗顺序，才是事实取得顺序，其中任何一个要素属于价值性质，都将破坏该顺序的事实性质，变成价值的法益顺序，比如前面提及的价值先强、事实后盗，事实先强、价值后盗两种要素组合，均不符合事实顺序标准。

行为方法，必须坚守事实强制的方法，使先盗后强的顺序保持从事实方法发力的起始力量。事实方法由行为人发动事实强力，被害人的缴械投降是事实强力作用的结果，两者之间具有事实因果关系；而由被害人感受到的强力侵害则情况复杂、多变，可能是行为方的强力所致，但也可能是行为方的欺骗、被害人的幻觉或者行为力、其他力合力而为，需要价值评估后方能判断责任，不能当然认为由行为人承担全部责任，比如使用假枪打劫，具有的欺骗方法不同于真枪打劫的强盗逻辑，假枪打劫形成的先强后盗是价值顺序、法益顺序，被事实顺序所排斥。

行为对象，同样也必须坚守事实对象，事实对象是对象具有的物体特征，而不是对象具有的法益归属、经济利益等法益功能；由此，事实对象与事实方法之间形成的强盗顺序才是事实顺序，比如，日本刑法规定的强盗罪、强盗利益罪之间，表面看，均为强、盗顺序，但却形成了不同性质、范围的强、盗顺序，强盗罪是事实强盗、事实顺序，但强盗利益罪则是价值强盗、价值顺序，两罪分立罪名、分别处罚，正是性质差异的立法结局。

（2）时空再造。在价值时空比如时间、空间跨度过大中完成的先强后盗，不属于事实顺序,是价值顺序的先强后盗,这正是今天的强盗罪要求"两个当场"的精髓。因此,现场的图财害命如当场杀人、当场取得财物,与当场杀人、几个月后分得更多遗产的,都是先强、后盗的顺序和图财害命的性质,但古今的定性完全不同。在今天,前者成立强盗罪,后者成立故意杀人罪;在古代,两者均成立先强后盗的强盗罪,相隔很久的强、盗能够联系起来,因为其联系标准正是弹性很大的价值评价。

标准改造后的强盗顺序,表面看,古今都形成了"先强后盗、先盗后强"两类,但古今的先强后盗、先盗后强并非同一含义,此"先强后盗、先盗后强",非彼"先强后盗、先盗后强"。

第三节 价值的顺序

《永徽律疏》第281条"强盗"规定:"诸强盗,谓以威若力而取其财。先强后盗,先盗后强等。若与人药酒及食,使狂乱取财,亦是。即得阑遗之物,殴击财主而不还,及窃盗发觉,弃财逃走,财主追捕,因相拒捍;如此之类,事有因缘者,非强盗。"

价值有利益、主体危险、社会危害三个方面。价值顺序是以当时的犯罪价值标准、价值强盗罪为依托,以实现伦理、道德的人治社会管理模式为目标。价值顺序主要表现为利益,本部分以利益为例进行讨论。利益连接的重点在利益而不是顺序,只要具备强、盗而且能够被价值认同,即具备强盗的利益要素;利益连接的顺序功能相应弱化,先后位次即先强后盗、先盗后强,不会对联系的意义有任何影响,强、盗能够成为在利益层面被评价的现象,是因为它们对利益关系的影响并无差别。当然,在利益的种类上,先强后盗是利益的因果联系,先盗后强是利益的维持联系。

历史上出现的第一个强盗顺序,是以利益顺序代表的价值顺序。价值强盗罪的顺序,是连接价值强、价值盗的中介,包括价值因果、价值维持两种类型,即包括经过价值修正过的先强后盗、先盗后强两种客观类型。

一、利益顺序的价值因果

价值顺序,是顺序连接的强、盗两头具有价值(利益)属性,顺序则在价值两头起到价值联系即可，这样的顺序自然就是价值顺序。符合利益因果顺序的，就是先强后盗。

价值因果顺序的区分任务主要体现在与客观因果顺序的区分，从而界定是否为价值强盗罪。表面看，价值顺序似乎与客观顺序完全重叠，毫无特殊之处，因此也不具有研究的余地。实际上，价值顺序与客观顺序仍然存在重大的差异，两者的区分同样"波涛汹涌"，如果不能有效区分两者，将造成严重的后果。价值因果顺序与客观顺序的区分点，从唐律规定的情形看，下列先强后盗的客观顺序不成立强盗罪，是最能体现价值顺序与客观顺序之间的区分。

第一，图财害命并非简单地有强有盗就可以满足的，必须是"欲图其财，先谋其命，杀其命而得其财"，杀命、得财的强、盗之间，要具有价值关联性，缺乏此种关联性，依旧不是图财害命式的先强后盗式强盗，比如，古代对于非出于图财目的而谋害人命、"他事杀人，取财灭迹"两种情况，尽管有强有盗、而且是先强后盗，但仍然不能认定为强盗罪，而认定为谋杀罪。[1]后图财的行为，成立盗窃罪。

第二，《永徽律疏》第281条规定的一种表面属于"先强后盗"，但又不成立强盗罪的，是"即得阑遗之物，殴击财主而不还……如此之类，事有因缘为市者，非强盗"。[2]可见，古代认为这种先强后盗不是强、盗的价值顺序，而是客观顺序，所以不能成立强盗罪。

第三，《永徽律疏》第408条规定："诸应给传送，而限外剩取者，笞四十；计庸重者，坐赃论，罪止徒二年。若不应给而取者，加罪二等。强取者，各加一等。主司给与者，各与同罪。"[3]其中的"强取者"，由于使用了"强"字而表面上与先强后盗吻合。由于《永徽律疏》第408条维护的是公务传送中马匹供给制度，与强盗罪所侵犯的人身和财产制度并不一致，所以，此种虽表面吻合了先强后盗的客观顺序，但并没有在人身权、财产权之间建立起利益的因果关系，因此，属于强、盗的客观顺序，并不成立强盗罪，只成立坐赃罪。

第四，准盗论的现象超出财产犯罪范围，属于经济犯罪的领域，其固有

---

[1] 参见孙向阳：《中国古代盗罪研究》，中国政法大学出版社2013年版，第255~259页。
[2] 钱大群撰：《唐律疏义新注》，南京师范大学出版社2007年版，第616页。
[3] 钱大群撰：《唐律疏义新注》，南京师范大学出版社2007年版，第860页。

的侵犯其他类型利益的属性,使其从盗窃罪向强盗罪转换的过程中,依旧存在转换的困难,从而存在不能顺利转换的现象。比如,《永徽律疏》第421条规定:"诸卖买不和,而较固取者;及更出开闭,共限一价;若参市,而规自入者;杖八十。"[1]这种现象按照今天的说法就是强买强卖、扰乱市场秩序,古代因其涉及经济利益而准盗论,属于盗窃罪范畴。按照逻辑,盗窃罪中如果使用了强制手段,侵犯人身权利的,包括泛化后的大盗窃犯罪,都应该及时转换为强盗罪。很显然,此类犯罪虽然使用了强制方法,但价值评价后,当时的统治者仍然没有将此种表面符合先强后盗的现象认定为强盗罪,显然是认识到此类强、盗之间,与强盗罪中的强、盗之间,两者存在着本质性的价值差异,不能同一看待。自然地,其强、盗关系也只能是客观顺序,不是价值顺序。

第五,与前述现象类似的,还有《永徽律疏》第425条规定:"诸盗决堤防者,杖一百;若毁害人家及漂失财物,赃重者,坐赃论;以故杀伤人者,减斗杀伤罪一等。若通水入人家,致毁害者,亦如之。其故决堤防者,徒三年;漂失赃重者,准盗论;以故杀伤人者,以故杀伤论。"[2]先决堤防肯定会使用强力,而且,通水后也一定会对被害人人身造成威胁和侵害,所以才有"故杀伤人者"的规定,后又毁害、漂失财物,似乎也可以视为符合先强后盗的客观顺序,而且,第二种情形"故决堤防者,徒三年;漂失赃重者,准盗论"都已经成立盗窃罪了,唐律并没有沿着盗窃罪的思路当然地将先强因素加入后的盗成立强盗罪,可见,唐朝立法者将此种先强后盗视为客观顺序,而不是强、盗的价值顺序。

第六,《永徽律疏》第441条规定:"诸于官私田园,辄食瓜果之类,坐赃论;弃毁者,亦如之;即持去者,准盗论。主司给予者,加一等。彊持去者,以盗论。主司即言者,不坐。非应食官酒食而食者,亦准此。"条文中的"彊持去者,以盗论。"唐律解释为"'强持去者',谓以威若力,强持将去者,以盗论"[3]与前述第四种、第五种论述的强、盗现象类似但不同于强、盗的处理相同,因此,并不成立强盗罪,而是成立盗窃罪。

---

[1] 钱大群撰:《唐律疏义新注》,南京师范大学出版社2007年版,第878页。
[2] 钱大群撰:《唐律疏义新注》,南京师范大学出版社2007年版,第884~885页。
[3] 钱大群撰:《唐律疏义新注》,南京师范大学出版社2007年版,第905~906页。

但在对该条的解释中,《永徽律疏》说:"若主司私持去者,并同监主盗法;若非主司,不因食次而持去者,以盗论。强者,依强盗论。"〔1〕上述两种情况如果是强拿走的,又要价值地评价为强盗罪,即认可此时在强、盗之间建立起了强盗罪的强、盗价值顺序。

从唐律的规定能够看出,具有了强、盗两个因素后,是否能够成立价值顺序,从而成立强盗罪,关键是强、盗之间的联系能否被评价为价值联系。上述不成立强盗罪的,都不被评价、认可为价值顺序。

二、利益顺序的价值维持

既然价值维持是变相因果,那么,从价值评价的标准看,先盗后强作为价值顺序的一类,并无不妥。

价值维持顺序与客观顺序的区分点,是强盗顺序与客观顺序的区分重点。区分标准,就是是否具有强、盗的利益联系。古代刑法区分两者时使用了临时拒捕、罪人拒捕,古今对比,今天将这两种现象一并归入事后强盗,但古人认为不弃财的临时拒捕属于先盗后强型强盗罪,弃财的罪人拒捕属于独立犯罪现象,《大清律辑注》所言"其行窃时,被事主知觉,即弃财逃走,犹有畏心,并无强意,事主追逐,因而拒捕,乃不得已而为脱身之计,故止依罪人拒捕律科之。此是窃盗罪人拒捕本律,而附著于此,以见此条因而拒捕与前文临时拒捕者,有毫厘千里之别也。按:此条'因而'两字,正与前条'临时'两字对照,已弃财,已逃去,而追逐不已,然后拒之,故曰'因而'也;不弃财,不逃走,而见捕即拒,不俟再计,故曰'临时'也。律贵诛心,推临时拒捕之心,直欲杀伤事主,而得财以去也,故虽未杀伤人亦斩。若尚未得财,而有临时拒捕者,则拒捕之心,仅以求免耳,亦当照罪人拒捕科断。盖强盗已行不得财者,止是流罪,强盗已行,而事主捕之,有不拒者乎?律不言拒捕者,'强'字统之矣。若窃盗不得财而拒捕,即坐皆斩,是反重于强盗矣。彼此对勘,其义自明。"〔2〕

从古代区分临时拒捕与罪人拒捕的界限看,其标准主要是是否弃财,这

---

〔1〕 钱大群撰:《唐律疏义新注》,南京师范大学出版社2007年版,第906页。

〔2〕 (清) 沈之奇著,李俊、怀效锋点校:《大清律辑注》,法律出版社2000年版,第575~576页,转引自孙向阳:《中国古代盗罪研究》,中国政法大学出版社2013年版,第285页。

是强、盗之间具备价值联系的底线,如果这个底线没有了,强、盗价值关系的基础将被动摇,所以,一定要坚守。弃财拒捕表明其拒捕是为逃跑,"强"不为"财",属于罪人拒捕罪,弃财包括得财后弃财、未得财两种情形;而不弃财拒捕表明其拒捕是为财拒捕,"强"为"财"用,属于强盗罪。[1]孙向阳博士认为,这种情况的"犯罪意图从取得财物转化为掩护财物,暴力的实施是保护已经得手的赃物,以最终实现起初非法占有财物的意图,窃盗在先,强行在后,属于典型的'先盗后强'。"《大清律辑注》也认为,"行窃之时,已经得财,未离本处即为事主知觉,尚不弃财逃走,而护赃格斗,全不畏惧,与强何异。"[2]尽管这两种情形均是先盗后强,但定罪却有区别,弃财,强与财已经无关;不弃财,其实仍然是先强后盗。从我国事后强盗的规定看,强为三种目的,即护赃、逃跑、毁灭罪证,可见古人的思维十分精细,其顺序范围也比今天要小。

三、价值顺序的特点

以上古代中国强盗罪的价值顺序,有着自身特点,保证了顺序具有实现强、盗之间的价值性质,为价值强盗罪提供顺序基础。

（一）强概括、弱明确

在价值强盗罪中,因其保护人身、财产两种权益,"但论其强不强,不论其强之先与后,其立法似严"[3]。正如孙向阳博士所说,"对于强盗犯罪构成,强和盗的行为要素必须同时具备"[4]。当代英美刑法更直观将强盗罪称为"强行盗窃","强盗就是强行盗窃"[5]。凡是以强制手段侵害所有权以及经济利益的,均属之;而且,价值顺序连接的是人身权的强与财产权的盗,实现、服务的是法益价值,不特别在意两个法益的先后差异,于是,先强后盗、先盗后强两种客观类型便能够顺利转换并成为价值顺序。所以,古代的强盗罪是价值强盗罪。

---

[1] 参见孙向阳:《中国古代盗罪研究》,中国政法大学出版社2013年版,第288~289页。
[2] (清)沈之奇著,李俊、怀效锋点校:《大清律辑注》,法律出版社2000年版,第577页,转引自孙向阳:《中国古代盗罪研究》,中国政法大学出版社2013年版,第262页。
[3] (清)沈家本:《历代刑法考》(下册),商务印书馆2011年版,第837页。
[4] 孙向阳:《中国古代盗罪研究》,中国政法大学出版社2013年版,第259页。
[5] 储槐植:《美国刑法》,北京大学出版社1996年版,第239页。

权益由价值评价产生，强保护人身权益，其范围并不限于事实的方法之强，利益不同于侵犯利益的方法，侵犯利益的方法是要区分出事实、价值方法的，但利益标准则无论何种方法均能够容纳，所以，利益标准大于侵犯利益的方法（尤其是进一步将侵犯方法限制在事实方法）；同样，盗在古代是大盗窃，保护权益远不止今天的财产利益，包括了一切直接、间接可能与经济利益有关的利益，比如经济秩序、社会秩序。

由于组成顺序两头的强、盗界定的原因，与两点之间的顺序相比，其范围顺序都具有强概括、弱明确的特征，所以说价值顺序强概括、弱明确，是相对于事实顺序而言。

（二）宽范围

利益强、利益盗是中等范围，决定了强盗的利益顺序是中等范围的顺序，相对于事实顺序而言，属于宽顺序。

首先，价值顺序的范围远比事实范围要大。因利益并不限定侵犯利益的方法，利益的联系方式过于飘逸、空灵而导致利益关系包括但不限于事实顺序，其既可以是主客观结合的事实现象，也可以是主观、客观没有结合前的单一现象，或者结合得不完全的"半成品"（如预备等）。

其次，价值顺序小于客观顺序。界定客观联系与价值顺序之间的边界，将没有利益联系的强、盗客观顺序排除于强盗罪，是判断的重点，这种区分自然依赖于价值评价，评价必然具有的主观性、差异性甚至冲突性，但并非毫无逻辑和规律可循。

（三）大纵深

相比事实顺序，利益顺序的纵深明显，时空跨度巨大。下面以图财害命为例说明价值顺序的范围。图财害命，无非是使用害命的方式图财。从客观顺序的角度看，其完全符合先强后盗的标准，"'图财害命'以立法明确规定为强盗，始于元律，并为明律和清律所吸收。""明清律在'谋杀人'条后紧接规定'若因而得财者，同强盗。不分首从论，皆斩。'"[1]明代律学家王肯堂认为，"若因谋杀人，而得其人之财物，则与强盗何异，故同强盗不分首从论。不曰以强盗论，而曰同强盗论者，罪更浮于强盗，故同而论。"[2]从古代

---

[1] 参见孙向阳：《中国古代盗罪研究》，中国政法大学出版社2013年版，第241页。
[2] 参见闵冬芳：《清代的故意杀人罪》，北京大学出版社2015年版，第48页。

对于图财害命性质的认定看，包括两个层面：

第一，事实因果，当场的害命、图财，也是今天把握的图财害命。

第二，价值因果，当场害命、事后图财。

价值的图财害命包括了上述两种情形，还允许所图之财可以是财物以外的任何财产类型如通过继承等，从而极大地扩大了价值因果的范围。可见，价值的标准不仅对价值扩张有影响，即使对本是事实因果的图财害命，也发生了范围的影响，此刻的事实意义的图财害命与今天真正事实意义的图财害命，范围并不完全重合。

第四节 事实的顺序

工业社会后，为了实现罪刑法定，犯罪标准变了，事实强盗罪的时代来临。标准改变了逻辑，顺序从满足于连接强、盗，因而不在意强、盗的前后关联，到必须先强、后盗的前后关联，顺序的使命迎来革命性改变。

一、顺序的事实意义

相对于价值强盗罪以保护人身权、财产权的法益为宗旨，事实强盗罪虽然仍以保护人身权、财产权的法益为最终宗旨，但却附加了事实保护的标准。事实标准不仅导致侵犯法益的行为方法上升为强盗罪标准，摒弃了沿用至今的利益标准；更重要的是，使强盗罪的标准发生了革命性改造，一些价值标准时期没能显山露水的现象，随着对于事实标准的作用提升而显露地位，顺序就是其中的一位。

事实强盗罪的上述基本面貌，在当今主要国家的刑法中体现得淋漓尽致，其中，尤以德日两国刑法的规定最为突出。日本刑法规定了普通抢劫罪（第236条第1项）、抢劫利益罪（第236条第2项）、抢劫预备罪（第237条）、事后抢劫罪（第238条）、昏醉抢劫罪（第239条）、抢劫致死伤罪（第240条）、抢劫强奸（致死伤）罪（第241条）。将上述日本刑法的规定与古代中国唐律的规定对比，差异自然就显现了出来，主要表现为两点，一是在顺序的范围上，由事实性质决定，强、盗和时空范围明显小于古代的价值因果顺序。二是在顺序的位次上，事实性质排除了先盗后强的价值维持类型，先盗后强只是作为价值补充的抢劫类型存在。

事实顺序连接的正是事实范围的强与事实范围的盗，实现、服务的是事实标准。

事实标准要求取得型财产犯罪必须形成各不相同的事实场景。强盗罪须以强为取得财物的方法，才有与其他财产犯罪区分的事实场景，强在先、盗在后才是事实顺序。

事实行为理论是事实顺序的基础。事实顺序其实是事实行为顺序，即在行为内部由先方法、后对象组合产生事实行为。[1]先方法、后对象不仅包括了事实意义的方法、对象两个要素，从而说明了强、盗的独立意义，更重要的是，其先、后顺序安排保证了方法对于对象的侵害。因为，方法是主动加害侧面，对象则代表着利益即被害侧面，方法作用于对象的过程，恰是侵害事实的全过程。用还原事实发生、发展过程替代外部评价，表明了强盗罪标准的彻底改变。相反，如果对象先前已经被害了，那么肯定不是随后出场的方法所为，此时决定是否为强盗罪，方法、对象分别扮演的不同事实功能就被顺序的打乱而打乱了，无疑是评价而非事实。

事实顺序只有先强后盗一种类型，排除了先盗后强类型。原因在于，事实意义的强盗罪注重对于财物取得的强制性，即强之于盗必须具有因果性，但先盗后强属于维持性质，强对于盗不能发挥介入作用，从而盗的取得财物不是在强的作用下完成的，强只起到维持盗后的财物状态的作用，从而无法改变取得财物的事实性质。性质不同的强盗罪，实质是不同犯罪现象。今天刑法理论对于先盗后强的性质存在的加重盗窃说、介于盗窃强盗说、强盗说的不同观点，正是没能深刻认识到性质顺序，即缺乏价值强盗罪、事实强盗罪的不同标准的产物。

相对于客观顺序、价值顺序，事实顺序是范围最小的强盗顺序。与事实顺序直接接壤和需要区分的顺序，原则上是价值顺序（因有客观顺序的可能），区分事实顺序、价值顺序，是判断事实顺序最重要的任务。

二、先强后盗的事实因果顺序

事实因果顺序，特指强、盗之间具有引起与被引起的关系。事实因果通

---

[1] 参见文海林：《论罪刑法定的事实明确》，中国政法大学出版社2016年版，第227~250页。

过确定范围来保证因果顺序的事实性质。

强、盗都是强盗罪内的两个方法行为，但其中的盗的方法并没有一般盗窃罪那样获得取得财物的方法作用，仅仅表达拿走财物的功能，不能主导强盗罪财物取得的性质，因而更趋近于对象。很明显，此时的盗窃，与盗窃罪中的窃取手段还是存在重大差异，一是此盗是公开的，不是秘密的；二是此盗不是取得财物的方法，而是拿走财物的方法，接近于古代的大盗窃。

只有强才是真正起到了取得财物方法的功能，强的方法一方面说明了财物是取得而不是交付等价值取得，另一方面事实取得证明了强盗是事实的行为标准而不是不区分方法的法益标准。所以，强在其中扮演的是事实方法的角色。作为方法的强在财产犯罪中奠定了自己事实强制的事实场景地位，凭此场景，事实强盗罪不同于盗窃罪、抢夺罪、敲诈勒索罪等，因而具备独立成罪的能力。

连接先强、后盗的顺序，具有保障强、盗要件之间的事实功能的重要地位，缺乏顺序的安排，强、盗之间无论如何组合，都不可能自然形成事实顺序，这种顺序便是事实因果顺序。顺序的事实功能保障，是强、盗形成事实功能不可或缺的要件。

从区分的角度看，不同于价值因果顺序与客观顺序的区分，事实因果顺序必须与价值因果顺序而不是客观顺序相区分，才是保证其标准的当务之急，如何找出并区分强、盗结构中的价值因果就成为事实顺序最重要的任务。可见，先强后盗只是可能，但不必然是事实顺序，在满足事实要件要素条件后，先强后盗的顺序才是真正的事实顺序。在强、盗的行为内部筛选出具有事实意义的因果现象，就成为基本路径，这就要求必须首先区分出行为之间的事实因果、价值因果。

我国刑法理论界注意强、盗之间因果关系的研究比较少见，国外则很普遍。但国外也只停留在笼统强调强、盗之间具有因果关系的层面，并没能进一步在区分出强、盗之间的事实因果、价值因果基础上，选择事实因果关系，在日本刑法学家山口厚教授等人的教科书中能够很容易看出，[1] 德国刑法学

---

[1] 参见 [日] 山口厚：《刑法各论》，王昭武译，中国人民大学出版社 2011 年版，第 252~254 页。

的看法基本相同，王钢教授已经介绍过。[1]

仅仅停留在因果层面，而不是在事实因果、价值因果层面论述强、盗顺序，很难让人认识到先强后盗顺序中的因果强调，与强盗罪事实标准之间内在的关联性，进而认识到在事实性质上统一两者的重大理论意义。没有这种深刻认识，对顺序因果性的必要性和意义就会产生动摇。文献表明，不注重强、盗之间的顺序意义的后果已经产生了，在日本的司法实践中，并不一定很重视两者之间的因果关系。例如，日本法院有判例认为，行为人趁被抑制反抗的被害者不注意时拿走其财物的行为，构成抢劫罪；还有判例认为，由于被告人的暴力、胁迫，使被害人将所持财物放置现场而逃走，此后予以夺取的行为，也成立抢劫罪。不过，也有判例认为，行为人为了强取他人财物而对其进行胁迫，被害人因恐惧而逃走时掉下了财物，尔后取得这种财物的行为，不构成抢劫罪。据此，有学者认为，只要实施了暴力、胁迫行为，并趁机取得占有了财物，就可以认为是强取，并不一定要求两者之间有严格意义上的因果关系。但是，如果暴力、胁迫与取得财物之间没有直接的联系，也就应该否定两者之间有因果关系，强盗罪也就不能成立。[2]

三、先盗后强的价值维持顺序

在事实标准面前，利益换成对象，方法换成事实方法，方法与对象的顺序也不能不有所变化：方法在前、对象在后，方法才是侵犯对象的方法，否则，侵犯对象的另有其他方法。价值法益、事实方法的标准差异在于，法益标准并不刻意强调对法益侵犯的能否通过其他方法实现，但事实方法虽然最终也以侵犯法益为目标，但却同步对侵犯的事实场景和事实方法有特定要求，侵犯法益场景和方法的事实要求，顺带产生了对顺序的要求，否则，无法实现该侵犯法益的事实场景和事实方法的特定要求。这就是法益标准不强求强、盗顺序，但事实标准却要求强、盗顺序的根本原因。

具体到强盗罪，由于事实强盗罪以强制事实方法侵犯被害人事实占有的财物，方法在先、取财在后才能具有事实强盗的场景和功能，先强后盗的事

---

[1] 参见王钢：《德国判例刑法（分则）》，北京大学出版社2016年版，第272~273页。
[2] 参见刘明祥：《财产罪比较研究》，中国政法大学出版社2001年版，第124页。

实因果顺序才满足事实标准，从而成立事实强盗罪；而先盗后强的价值维持顺序则不满足事实标准，不能成立事实强盗罪，先盗后强的价值顺序，自然被排除于强盗罪中，如果要成立强盗罪，必须由立法专门进行价值补充才符合罪刑法定的要求。

尽管强盗罪的事实顺序只有先强后盗一种类型，但强、盗之间顺序的复杂性在于，现实的强、盗之间可能发生先盗、后强的顺序类型。此时，先盗属于取得财物的方法，恢复了盗窃方法的性质和作用，但是盗窃取得财物，不是强制方法取得财物，不符合强盗罪特有的强制方法取财的事实场景。

此时的后强，则失去了取得财物的前提条件，只能起到维护盗窃财物的作用。由于先盗、后强的顺序结构，显然不符合先强后盗的强、盗之间先方法后对象的顺序条件，不能成立事实强盗罪。按照强盗罪的事实标准、顺序，事后强盗现象就是四不像的事物，正因此，现代刑法理论才对事后强盗现象产生了是否是强盗罪的激烈争论。今天，各国的立法倒是以价值补充的面目规定了先盗后强的强盗顺序，但理论却没能很好地认识，下述分歧就出现了。山口厚教授认为事后强盗"是一种将强盗罪的周边行为与强盗罪作相同处理的扩张处罚规定。"[1]刘明祥教授认为，"由于这类行为与抢劫罪具有相同性质，但它又与典型的抢劫罪有差别，因而被称为'准抢劫罪'。"[2]主张法律拟制说的学者提出了事后强盗与典型强盗法律效果相同的说法，拟制说中有一种二分说，以护赃（既遂后）为目的的是注意规定，以逃跑、毁灭罪证为目的的是拟制规定。[3]此外，刑法学还形成了加重盗窃罪说、介于盗窃与强盗罪之间的一种特别财产罪说、强盗罪说三种观点。[4]

主张将事后强盗按照强盗罪论处的，着眼先于人身权、财产权的法益联系，用法益联系超越了事实障碍，着力于后强与后盗之间存在的强、盗顺序。因为，事实强盗罪虽不以法益为标准，但仍然以侵犯法益为目标，事后强盗在法益侵犯上与事实强盗罪接近，从法益评价角度仍然可以评价为事实强盗

---

[1] [日]山口厚：《刑法各论》，王昭武译，中国人民大学出版社2011年版，第266页。

[2] 刘明祥：《财产罪比较研究》，中国政法大学出版社2001年版，第136页。

[3] 参见周啸天：《事后抢劫罪法条性质二分说的提倡与应用》，载刘艳红主编：《财产犯研究》，东南大学出版社2017年版，第571页。

[4] 参见陈子平：《台湾"刑法"上的准强盗罪》，载冯军主编：《比较刑法研究》，中国人民大学出版社2007年版，第379页。

罪。将价值强盗罪评价为事实强盗罪，同步也将价值顺序评价为了事实顺序。

第五节 事实顺序必要要件要素说

强盗顺序问题的研究，最终回到顺序地位才有意义，顺序地位有两层含义，一层是顺序是要件还是要素，另一层是必要要件（要素）还是选择要件（要素）。顺序地位取决于其作用。

一、顺序具有联系功能，要件要素具有实体功能，两者缺一不可

任何事物，有实体、有关系才能有效运行。实体都是静止孤立存在的比如强、盗间，如何让静止、孤立的实体动起来，也就是相互发生关系，是顺序的任务。好比人由各器官组成，但器官之间一定需要毛细血管在其中穿针引线，器官之间的联系、转换继而才有可能维持生命运行。一颗颗珍珠必须由链条串连才是项链。孤立的实体，不是真正的实体。

价值标准以解决关系为主、实体为辅，事实标准以解决实体为主、关系为辅。在犯罪构成中，要件要素式研究犯罪标准已经成为通说，但要件要素解决了实体问题，没能解决关系问题。关系即联系。长期以来，犯罪构成缺乏对要件要素之间的关系研究，一旦面对要件要素不能单独解决的关系问题时，便理论无能。强盗罪的顺序，就是这样的问题。

顺序的联系功能，根据顺序所联系的事实、价值的不同，其联系功能也区分为事实联系功能、价值联系功能。在今天的事实犯罪标准中，事实联系功能普遍存在。从今天的财产犯罪的行为表述看，强取、夺取、窃取、骗取等均是先手段后取财的组合；侵占、敲诈勒索尽管没有相应合适的表述词语，但考察其内部行为要素，也莫不是此种组合。先后顺序的问题不仅在复合行为中广泛存在，而且在几乎所有犯罪中普遍存在。差异仅仅在于，理论界是以因果关系表述此种顺序的。

强奸罪，一定是先强制手段、后奸淫行为，我国《刑法》第 236 条规定的"以暴力、胁迫或者其他手段强奸妇女的"，实际也是暗含了此种顺序要件，绝对不可能出现先奸淫行为、后强制手段的类似于"奸强"的事实强奸。在被评价为强奸的价值强奸中，可能会存在这类情形。学术界明确论及强奸

罪的强、奸之间具有事实因果关系的比较少见，林山田教授对此有深刻的洞察，"行为人的为性交行为必须与其所实行的强制行为之间具有因果关系，亦即行为人与被害人的性交行为必须是在行为人实行强制行为之后始发生者，方能构成本罪；否则，虽可能成立其他妨害性自主、妨害风化或妨害婚姻或家庭的犯罪，但不构成本罪。"[1]与强奸罪立法类似的，还有强盗罪。

诈骗罪，山口厚教授就强调了诈骗罪各环节之间先后的因果关联的重要性，"要成立诈骗罪，必须经过由欺骗行为引起错误、基于错误实施交付行为、由交付行为转移物或利益这种一系列的因果过程，只要这之间不能认定存在因果关系，就不构成诈骗罪的既遂（例如，受骗者看破了其手段，但出于怜悯之心而交付了财物的，就不过是成立诈骗未遂。）"[2]

故意杀人罪的顺序不会出现被害人先被杀死了，后出现暴力、胁迫手段；放火罪中也不会先出现着火情形，后出现行为人点火情形。杀、人，放、火的文字组成结构，也暗含了先后顺序的意义。大塚仁教授也看到了其中的因果关系，指出"基于杀人行为而发生了被害人的死亡结果时，本罪就达于既遂。在杀人行为与死亡结果之间，必须存在因果关系。法律条文所言'杀了人'，就包含着这一意义。"[3]

日本刑法规定的强盗致杀（伤）人罪、强盗强奸罪，同样存在强盗罪在先，杀（伤）人罪、强奸罪在后的严格顺序要求，对此，已经翻译为中文的山口厚、大塚仁、大谷实、西田典之等人的教科书都明确论及前述两个结合犯的主体必须是"抢劫犯"，这就表明强盗罪必须在先，其中，山口厚对顺序的安排进一步研讨到，"判例指出，着手抢劫之后，再产生强奸的意思的，也无碍成立本罪（指抢劫强奸罪——笔者注）。但是，强奸之后，再产生抢劫的意思而实施抢劫的，则应属于强奸罪与抢劫罪的并合罪。（与此相反，有学者

---

[1] 林山田：《刑法各罪论》（上册），北京大学出版社2012年版，第151页。

[2] [日]山口厚：《刑法各论》，王昭武译，中国人民大学出版社2011年版，第292页。山口厚教授的说法有自相矛盾的地方，比如其先说该现象影响"成立诈骗罪"，后又具体论及的是对于既遂、未遂的影响，但有一点是说清楚了的，即诈骗现象的前因后果的顺序意义不容忽视。大塚仁教授只在既未遂的意义上论及，并不涉及诈骗罪的成立与否。

[3] [日]大塚仁：《刑法概说（各论）》，冯军译，中国人民大学出版社2003年版，第31页。林山田教授也有类似的论述，参见林山田：《刑法各罪论》（上册），北京大学出版社2012年版，第29页。

认为，也可以肯定成立抢劫强奸罪）"[1]显然保持强盗罪在先的顺序，对于其后的杀（伤）人罪、强奸罪便具有增大危害性的效果，这种危害增大导致的罪质提升，不是将强盗与杀（伤）人罪或者强奸罪分散定罪后能够充分反映的。

盗窃罪，虽然理论界几乎没有人提出其窃取行为、取财行为之间要有因果关系的观点，但从论述窃取行为的观点中，也能看出必须具有事实因果关系，林山田教授论述道，窃取系指行为人违背他人的意思，或者至少未获得他人同意，而以和平非暴力的手段，取走其持有物，破坏他人对其持有物的持有支配关系。进而发展出窃取行为包括两个行为过程，首先，破坏他人对于物的持有支配关系；其次，建立一个对于物的新的持有支配关系。故若唯有原来的持有支配关系的破坏，而尚未建立新的持有支配关系，则非属完整的行为。在这种情况下，有可能成立盗窃未遂，亦有可能根本不构成盗窃罪，例如打开鸟笼，而让他人饲养的金丝雀飞失。[2]

如果不是先手段后取财的行为组合，不以实现事实联系功能为己任，就是取强、取夺、取窃、取骗的先取财后手段的行为组合，此种行为组合从利益受损的角度看，与先手段后取财的行为组合没有差别，对利益的侵犯达到了殊途同归的效果，但从反映对利益侵犯的事实现象看则分道扬镳了。分道扬镳的后果是，在以利益受损为标准时，行为手段差异被利益的一致性抹平了，比如盗窃罪、侵占罪之间没有分立罪名的机会，都成立盗窃罪，此时的盗窃罪是"大盗窃"；在以事实行为为标准时，手段差异导致要么不成立犯罪，要么成立不同的财产罪，比如盗窃罪、侵占罪，财产罪内部分立罪名的时代来临。古代侵占罪被盗窃罪吸收，今天盗窃罪、侵占罪分立，才是逻辑清晰、思路严密的结果。

二、顺序的事实功能

事实顺序在事实犯罪中不可替代的地位，是其不可替代的功能决定的。

---

[1] [日] 山口厚：《刑法各论》，王昭武译，中国人民大学出版社2011年版，第283页。其他日本教科书均有类似主张。

[2] 参见林山田：《刑法各罪论》（上册），北京大学出版社2012年版，第214~217页。

(一) 中介功能

静止、孤立的强、盗之间无力自动联系，需要中介将它们连接起来，这就是顺序的中介功能。

顺序并不是任意连接强、盗，而是依据目标在选定的强、盗之间运用顺序来联系，即寻找事实因素的同时意味着排除价值因素，在高度相似的情况下，这一辨别工作十分困难，比如价值之强的欺骗方法（使用假枪）与事实之强（使用真枪），价值之盗（事后很久取财）与事实之盗（当场取财）。顺序的中介具有很强的目标性和选择性。

(二) 动力功能

因果问题是关系问题，不可能由实体现象来解决，只能由关系因素即顺序来解决。

联系功能除了说明连接的实体，还要说明联系的发动功能，才能展现联系的全部、全过程。动力功能说明了实体之间引起、被引起的关系，指明了发展方向和程度，是联系功能的核心，其中包括动力方向、动力性质、动力程度、动力环节等。

一般来说，强盗行为必须实现三个环节，一是强制行为，二是盗窃行为，三是获取财物行为。强制行为、盗窃行为、取财行为的行为链条，或者盗窃行为、取财行为的行为链条中，最核心的实际上是事实行为、价值行为，因为，强制行为、盗窃行为是事实行为，属于取得财物的事实行为范畴；价值行为是取财行为，是实现财物获得的行为，也是实现对法益侵犯的既遂行为；从强制行为、盗窃行为到取得行为，表达着从事实行为到价值行为的功能。

在当今财产犯罪的研究中，人们已经注意到事实标准要求至少完成两个环节，一是排除原来的财物占有，二是建立新的财物占有，张明楷教授指出"窃取行为要求占有的转移，即一方面是他人丧失占有，另一方面是设定新的占有。单纯使他人丧失占有的行为，不属于窃取。"[1]这实质是对财产犯罪动力环节的认识。在德日刑法关于实行行为的研究中，一直对于实行行为内部具备的从事实行为到价值行为的功能演化，缺乏清晰的认识，许多理论提及了着手行为、后续的实行行为，但往往话锋一转，又说着手行为、后续的实

---

[1] 张明楷：《外国刑法纲要》，清华大学出版社2007年版，第545页。

行行为实际都是实行行为,其实质是无法区分实行行为内部存在事实行为(着手行为)、价值行为(后续的实行行为)的差异。但区分两种不同性质的行为,对于认清实行行为内部存在的演化性、差异性、阶段性,有着决定意义。

事实行为内部从方法、到对象的动力方向是一贯和明确的,从而为强盗的事实顺序明确了类型。顺序将手段、对象连接起来是为事实连接的,不是为连接而连接。事实标准从事实出发、以价值为目标,以着手为起点、以既遂为终点;以行为为手段、以对象(结果)为目的。这样的过程不能依赖方法、对象的要素实体自动实现,必须以顺序为平台,遵循事实规律才能实现,其道理很明显,"从……到"有着明确的位次条件。在顺序位次中,居于首位的强制方法为整个强盗现象提供了基本能量和方向,确立了强盗性质,紧随其后的盗取财物只是顺应强制方法的附随行为,对于强制方法具有依附性、延伸性;盗是在强所提供的环境中活动的,后盗的意义完全依赖于先强。顺序为事实要件发挥作用提供平台,能起到促进事实效果的功能。先手段、后对象的因果顺序,具有事实联系功能。联系功能重在联系实体因素,打通任(强)督(盗)两脉,因此,其不同于手段、对象等重在说明实体性质的事实功能,联系功能不能被实体功能取代。

事实顺序在方法、对象之间的作用,是通过在方法、对象之间建立因果关系实现的,其余顺序如先对象后方法的先盗后强;或者其他方法、对象的缺失现象,方法、对象之间可能不会结合,比如有方法无对象的持枪守候被害人,有对象无方法的跟踪被害人等现象,则被排除事实顺序之外。事实顺序的这一排除功能,是方法、对象的行为要素所不具备的。

(三)要素顺序与要件顺序的接龙功能,最终成就事实联系的全部功能

事实与法益连接,所有的事实标准不止局限于事实内部,与此同时,事实标准包括行为、心理两个要件,行为、心理之间必须通过某种管道发生必要的接触,行为与法益、行为与心理相互作用、相互影响、相互转换才能顺利完成。顺序的功能也不能例外。所以,顺序的联系功能不局限于行为内部,还承担了与行为之外其他现象比如说结果之间的顺序对接功能,从而使行为顺序在更大范围参与了事实标准的建设,并最终完成事实顺序的建立。于是,从行为人的角度出发,以顺序为平台,连接心理、行为(方法、对象)、结

果，使用同一性质和范围，才最终保证了犯罪标准和性质的统一。

根据强、盗顺序前后的接龙，前与主观心理接龙，后与结果接龙。持续、不间断地接龙，才能通过顺序将本不是同一事物的心理、行为、结果紧密连接在一起，不仅展现出事实发生、发展的全貌，而且，展现出事实演化过程是不断接续意义转换的各个环节，为人类呈现一个完整的从事实到价值的全过程。只有把这一全过程认识清楚后，事实内部的要件要素、结构、关系才能获得准确说明，不必要的理论纷争才有可能迎刃而解。

接龙必须有一个前提，即属于同一性质，如同焊接的管道，如果大小不同，形状不同，是无法焊接的。接龙同性的原理告诉我们，与强、盗事实要素顺序接龙的，必须也是事实性质。即与行为顺序接龙的主观心理是事实性质的，形成主观、客观的接续状态；与行为顺序接龙的结果，性质是事实结果，形成事实行为引起事实结果的因果关系。顺序接龙的延伸意义就十分清晰了。

事实顺序的接龙，在打通前后环节后，人们会惊喜地发现对犯罪会产生重大、深远的影响。

第一，从要件组合回归整体判断。现在看来，要件仅仅是整体不能时的权宜之计，标准从来是整体的。要件在事实标准中说明了绝大多数现象，是以牺牲联系功能为代价，以忽略动态判断为前提的，但不可能说明全部现象。

事实标准仍然是整体判断的意义在于，说明事实标准并非以说明要件的实体意义为终点，而依旧是以说明关系为归宿。抢劫罪的犯罪构成把犯罪侵犯关系分割为主观、客观两个方面，即行为人在主观故意、非法所有目的过错支配下，运用一定的手段，对某一种社会关系进行侵犯，已经达到危害财产占有、所有的社会关系程度，就表明这个行为符合了抢劫罪的全部实体要件，同时也就表明，行为侵犯了抢劫罪所保护的被害人的财产不被其他人强行劫取的关系客体，侵犯了这个客体，也就意味着行为构成了事实抢劫罪，事实抢劫罪所保护的是被害人的财产不被他人强行劫取的所有关系，其中承担事实要件之间联系功能的具体现象，就值得高度重视，顺序的意义恐怕被人为严重地忽略了。

第二，事实顺序为事实标准搭建了平台。平台作用在顺序接龙后完全浮现了出来。事实顺序连接的两头——强、盗，正是事实运行的基本途径，使顺序最有条件承担强、盗之间的事实动力功能平台。该平台会出现两个明显的功能变化，一是引导事实的行为人、主观心理、客观行为、法益侵害的全流程、全过程。事实标准截取了其中的主观心理、客观行为，但如果回到事实的落脚点——法益，则明显有一个从事实到价值的流向；如果从原样看行为人、主观心理、客观行为、法益侵害全流程，则是从价值的行为人出发，回到价值的法益。二是打通要件、要素之间的隔阂，使事实因素在不同层次之间顺畅流动，使跨要件、要素成为可能，强、盗顺序即属于其中的要素顺序。

事实顺序是事实犯罪的必要要件要素，强、盗顺序是事实行为顺序。

第六节　结　语

本章对顺序问题的研究，对于犯罪因果关系会有重要影响：

第一，事实因果关系不归因、不归责，是归关系。事实犯罪的实质是关系而不是实体。重视实体固然没错，但以忽略关系为代价就不正确了。要件要素的实体最后必须形成事实关系的面目，才是最终形态，从这个角度看事实关系，其重要性恐怕不比要件要素的实体概念差，承担事实关系主要表达任务的犯罪因果关系应当作为必要要件看待。而以表达事实关系为目标的因果关系，将对犯罪因果关系理论产生颠覆性影响。

从因果关系的组成因素看，有归因、归责、归关系三种，承担着不同的使命。归因，是哲学因果关系引起、被引起的定义，注重原因。归责，是价值因果关系重在将结果归咎于谁的定义，注重结果。归关系，重在展示事实的来龙去脉，通过关系确定责任，重心在关系。归因、归责、归关系是认识犯罪因果关系的三步曲，我们已经完成了归因、归责两个阶段的认识，现在处于归关系的认识阶段。

第二，事实因果关系不仅应当成为主流，而且应当获得极大的发展。首先，正确区分事实因果关系、价值因果关系是前提，这需要事实标准的准确认识。现在理论界对两者的区分并不正确，比如将不作为、过失犯罪中的因果关系作为事实因果关系，混淆了两类因果关系，不利于事实因果关系的充分、深入认识。刑法理论补上事实标准一环，已经是当务之急。其次，事实因果关系的范围需要极大拓展。以往局限于行为、结果之间的因果关系范围已经不能适应事实因果关系的要求,需要在事实全过程、全范围、多层次内建立因果关系各种类型,在要件层面,主观引起客观;在要素层面,主观心理的意识引起意志,客观行为的方法引起对象反应,与行为、结果之间的因果关系共同组成完整的事实因果关系链条。应该说,本书已经在盗窃、抢劫的事实占有讨论中,显示出行为与对象的互动,实质就是因果关系的一环;当今德国刑法理论已经注意到心理因果关系问题,[1]但影响不大,也没有获得充分关注和认可,这显示出传统惯性对人类认识的约束。心理因果关系,包括主观引起事实行为内部方法与对象之间的因果关系,作为因果关系的新物种,不仅会出现判断标准的新需求,也会对因果关系问题的功能、性质等问题形成新的冲击,这些都有待人类勇敢直面并解决,而解决之道必须回到事实标准的大背景下才有可能。

---

[1] 参见徐凌波:《心理因果关系的归责原理》,载《苏州大学学报(法学版)》2018年第4期。

第五章
虚假立罪的刑法变革

第一节　虚假立罪：近代刑法的一个基本趋势

立罪因素，实质是犯罪标准的体现；不同因素，表明犯罪标准的不同。

虚假作为行为手段的一种，由其立罪，不同于农业社会的客体立罪、主体立罪、危害立罪等价值立罪，是工业社会罪刑法定建立法治国家大潮掀起的事实立罪巨浪中，产生的一朵小小浪花，[1]意味着事实立罪。虚假立罪尽管是犯罪标准的小小背面，反映的却是犯罪标准的大舞台，折射的是时代的大潮流。虚假立罪，趋势已成，浩浩荡荡，势不可挡。

虚假立罪范围的稳步扩大，实质是事实功能缓慢而稳步释放，逐渐取代价值立罪的过程。同时，也是人类认识逐步深化的历史。对于虚假立罪的深刻变革意义，不同学者基于不同角度和立场，看法不统一、有差异，都是正常的。秦新承博士从虚假现象出发，认识到虚假手段的犯罪范围是一个以事实中心逐步向价值荡漾开来的过程，他以票据诈骗犯罪为例说明，随着票据支付方式的产生，立法首先打击使用伪造票据造成实害的诈骗犯罪，随后前置至潜在危险阶段，打击伪造票据犯罪，之后，将持有、买卖伪造票据规定为犯罪，甚至将持有、交付伪造用器械、原材料的行为也独立规定为犯罪。[2]秦新承博士对虚假现象演化历史的总结，暗合了犯罪事实的基本逻辑。因为，使用票

---

[1]　参见文海林：《论罪刑法定的事实明确》，中国政法大学出版社2016年版，第122~131页。
[2]　参见秦新承：《支付方式的演进对诈骗犯罪的影响研究》，上海社会科学院出版社2012年版，第129页。

据的实害阶段，是票据犯罪的事实阶段；其余阶段都是价值阶段的票据犯罪。秦新承博士对票据犯罪演化阶段的总结表明，在选择事实标准规定为犯罪后，紧紧围绕事实范围适度而小心翼翼地价值扩张，从而在保证事实犯罪性质的同时，兼顾维护社会安全，形成了事实核心、价值补充的体系犯罪现象。

本书不就现象议现象，而是试图透过现象看标准，从虚假立罪在替代价值功能由沉到浮的历史过程，对该轨迹的阶段性变化进行重新解读和回放。

一、事实立罪

第一个历史阶段的功能，是虚假立罪反映着事实立罪。诈骗罪从盗窃罪中脱胎出来，是虚假立罪的胎动，属于虚假立罪的第一阶段，是虚假立罪的萌芽期，但却是事实标准形成中的石破天惊的一幕，直至今天，都还能够感受到它的影响。

虚假立罪最先突破的，只能是工业社会建立伊始就已经存在的罪名，且往往是传统罪名。新生的罪名，尚待未来的破茧而出。

能够有幸成为手段立罪这一破茧重生的历史性机遇的传统罪名，非诈骗罪莫属。因为，诈骗罪一方面关系人类生活的基础——财产，同时，又不像其他虚假手段罪名如伪造货币、公文、印章那样需要一定的技术基础，实施起来并不是特别困难。所以，诈骗罪不仅很早就产生了，而且在任何一个历史时期都是最为普遍的虚假手段犯罪，早就被立法者注意到了。中国古代刑法，"《魏律》之前，诈伪均规定于《贼律》中，而《魏律》首创《诈伪律》，将诈伪犯罪从《贼律》中分离出来，开创了将诈伪犯罪独立成篇的历史"，但直至1910年的《大清新刑律》才独立规定了诈骗罪"。[1]

由于《大清新刑律》是受列强影响的产物，可以这样说，中国刑法到了清末，自身仍然不具备产生独立诈骗罪的内生动力，即诈骗罪的手段特征，并不满足清末之前中国社会价值立罪的标准。诈伪作为一种行为手段在《魏律》之后能够独立成章（卷），只能解释为因诈伪手段过于普遍而被立法者注意到并集中一章（卷），从而迥异于其余各章（卷）主要以符合犯罪价值标准的利益、危害分章（卷）的一贯分类做法。

---

[1] 参见游涛：《普通诈骗罪研究》，中国人民公安大学出版社2012年版，第20~21页。

按照《永徽律疏》第25卷专门规定的《诈伪》，集中了大多数的诈伪犯罪，其中的第373条规定的诈欺官私财物准盗论，就是今天的诈骗罪。而且，诈骗手段本身不具有独立成罪的地位，诈伪律中不止诈骗罪是这样规定的，应当说，除了没有其他罪名作为依附的，不得不独立成罪之外，只要有可以依附的罪名，诈骗手段都没有独立成罪。比如，第385条规定的"诸诈陷人至死及伤者，以斗杀伤论。"唐朝以后的各朝代，诈骗罪的规定基本与此相同。

诈骗罪与盗窃罪都侵犯了财产归属，在客体侵害上并不能区分它们，区分它们的是手段，即行为。所以，诈骗罪、盗窃罪之间能不能够独立成罪，反映的是手段是不是具有确定罪名的标准作用。

诈骗罪必须以盗窃罪定罪量刑，意味着此时的立法并未认可诈骗手段方法对于定罪的标准意义，而是仍然从客体的利益出发，准盗论。"盗"是财产罪的类罪名，反映了财产罪侵犯他人财产所有权的共性和标准。一切取得他人财产为自己所有的行为，都是盗窃。以利益作为犯罪标准，财产犯罪有盗窃一罪就足够了，不再需要那些反映了手段之间差异的诈骗、侵占、敲诈勒索、抢劫、抢夺等罪名。

"盗"字之所以具有强大的概括能力，从事实、价值之间的不同能够看到，"盗"是关注结果而不关注手段的"取非其有"的标准，"取非其有"从利益的客体属性出发，涵盖了所有财产利益转换的情形，这便不是注重描述过程的手段能够比拟的。

法益面前，手段是平等的。手段的不同，掩盖不了利益的相同，即只要侵犯了财产所有权，手段是暴力的抢劫、和平的盗窃、欺骗的诈骗，都改变不了对所有关系的侵犯。手段描述事实过程，利益总结价值结果。以法益作为区分犯罪的标准，意味着具备表达侵犯法益的事实途径、过程、程度的手段，失去了独立成罪的可能，不仅诈骗、侵占、抢夺（后来才规定的独立罪名）等具有从手段意义界定罪名的因素不可能具备独立意义，就是当时的盗窃罪，也不是以秘密手段界定的，而是"公取、私取"皆为"盗"。翻看唐律，不独诈骗罪才是这么规定的，当时所有的财产罪几乎都是以盗窃定罪的，只有抢劫罪因为手段的过于强烈才被称为"强盗"，但仍然没有脱离"盗"的客体束缚。

诈骗罪从盗窃罪中独立出来，其意义在于，不能表面地将手段看成一个孤立的事件，而应将其作为行为要件独立于以往以利益为核心的客体标准，是将行为代表的事实标准从价值标准中独立出来，并成为犯罪标准，具有犯罪标准变革的普遍而重大的理论、制度事件。这一过程在当时也许平淡无奇，甚至悄无声息，即或后人所添加的一些溢美之词，仍未能到位地显现出其应有的历史功绩。但随着时间的流逝，该事件具有的犯罪标准的断代史意义愈发彰显，值得认真总结。

诈骗罪从其所依附的伪造罪、盗窃罪中顽强却艰难地独立出来，完全是时代产物和工业社会的杰作，并非某个人的灵光闪现，带有历史阶段性的必然和宿命。这个时间，大概在十八世纪中叶到十九世纪。英国作为老牌资本主义国家，率先在十八世纪中叶将诈骗罪从伪造类、盗窃类罪名中独立成罪，几乎领先其他大陆法系国家整一个世纪，符合英国作为最早完成工业化国家的地位，也与贝卡里亚《论犯罪与刑罚》出版于1764年的时间点上是吻合的。[1]

之所以说虚假立罪的这一历史时期是胎动期、萌芽期，是因为，诈骗罪独立成罪的事实意义是十分隐蔽的，不仅在当时人类是被动地认知，就是今天，对此有充分的认识仍然是十分地困难。比如，美国学者范伯格的研究，"实际上，欺诈这个概念（作为法律术语，意即'故意欺骗并导致对他人的伤害'）首先是作为某种商业犯罪或侵犯财产的犯罪进入刑法的——某种通过欺骗实施的盗窃行为。在英美法体系中，以刑罚处罚的方式保护财产始于禁止以暴力占有他人财产，因为暴力的存在，财产的转移当然是非自愿的。这个早期即已确定的犯罪被名之以抢劫。对财产的保护很快扩展至禁止未经主人同意搜查其财物，即使并未使用暴力。之后，抢劫罪和盗窃罪均被认为是侵犯财产犯罪。而侵犯财产犯罪又被延至经物主同意合法占有财物者对财物的不当处置——这些行为后来被成文法冠以侵占或滥用信用的罪名。普通法很晚才将以欺诈的方式侵犯他人财产的行为视为犯罪。欺骗作为一项犯罪，最初本为商事不法行为，通常指缺斤短两、要价过高等。'这让人怀疑'，卡迪什和保尔森写道，'对买方的保护不过是防止不正当竞争法律的派生结果而

---

[1] 贝卡里亚明确地说，"在我以前的一些学者已经证明：对暴力盗窃和诡计盗窃在刑罚上不加区别，荒谬地用一大笔钱来抵偿一个人的生命，会导致明显的混乱。这两种犯罪是具有本质区别的。"[意]贝卡里亚：《论犯罪与刑罚》，黄风译，中国大百科全书出版社1993年版，第78页。

已.'不过,欺骗特定对象的行为不像欺骗全体消费者那样不可容忍:'直到1757年法律规定以虚假陈述获取财产的行为为轻罪之前,在商业交易中欺骗对方的行为并非刑事犯罪'。为何法律迟迟不将损害性的虚假陈述犯罪化呢?卡迪什和保尔森将这种态度归因于'买方自慎原则'的影响。在简单地将受骗归结于蠢笨的年代,霍特大法官认为聪明人可以占笨蛋便宜的极端观点是可以成立的。随着时代变迁,即使精明谨慎的人也往往上当受骗,对受骗的恐惧使得人们对'笨蛋'赋予更多的同情。'买方自慎'的限制和例外适时地成为刑法原则。刑法这时增加了新的罪名'以欺骗的方式侵犯财产'(以区别于狭义的'普通法上的侵犯财产罪'),直到今天,刑法中以欺骗手段获取财产已成为未经所有权人同意非法占有其财产的另一种行为方式。现在,(最终)欺诈已经成为和抢劫、秘密窃取类似的罪行。一般认为,'骗取'他人的同意原则上和未取得他人同意并无二致。普通法中的财产犯罪在十八世纪后半叶出现了'以欺骗的方式侵犯财产罪',该罪逐渐演变为诈骗罪。"[1]

同样地,少数英美法系国家,至今仍然没有在立法上完成这一转变,"一般而言,制定了刑法典的国家规定了专门的诈骗罪罪名,而没有统一刑法典的国家和地区则依然将诈骗犯罪归属于盗窃罪,'在16个英美法系国家和地区中,只有加拿大和美国还是将诈骗罪以盗窃罪命名'。"[2]

对于诈骗罪从盗窃罪中独立出来的历史意义,许多著述都仅仅十分平淡地将其着墨为"开创了将诈伪犯罪独立成篇的历史",最多无非添加一些个性化评论,"在大陆法系国家,虽然早在罗马法中就存在着诈骗罪的原型,但不过是与诈骗相关联的伪造铸币、伪造印章和不正当使用度量衡的犯罪。所以说,现代刑法中的诈骗罪是从伪造类犯罪中发展而来的。1851年,普鲁士刑法典第241条才将诈骗罪从伪造罪当中独立出来。德国学者阿尔茨特曾将诈骗罪称之为'立法者在十九世纪创造出来的一个艺术品'。"[3]但这些评论都并未与犯罪标准的革命挂上钩,从这一角度看,都还有论述不彻底的缺陷。

---

[1] [美]乔尔·范伯格:《刑法的道德界限(第三卷):对自己的损害》,方泉译,商务印书馆2015年版,第311~313页。诈骗罪独立成罪的新气象,梅因也注意到了,"最古罗马法所处理的唯一形式的不诚实,是'窃盗罪'。在我写本书的时候,英国刑法中最新的1章,是企图为'受托人'的欺诈行为作出处罚的规定"。参见[英]梅因:《古代法》,沈景一译,商务印书馆1959年版,第173页。

[2] 游涛:《普通诈骗罪研究》,中国人民公安大学出版社2012年版,第52~54页。

[3] 申柳华:《德国刑法被害人信条学研究》,中国人民公安大学出版社2011年版,第322页。

另外一些著作，试图寻出诈骗独立成罪的原因，"在十七、十八世纪，英国刑法的罪种是在不断增加的，其中尤以侵犯财产、扰乱公共秩序的犯罪为多。这是资产阶级革命后'私有财产神圣不可侵犯'在刑法领域的体现，也是当时应对社会巨变之必须。"[1]这个理由过于牵强。"私有财产神圣不可侵犯"，并没有增加利益种类，以行为方式增加的罪种，不能用来说明强化了私有财产的保护。只有在利益之外，从事实的强化保护角度，才可以这样说明。

对于以手段立罪的诈骗罪产生的动因，"R.哈赛默提出，《德国刑法典》第263条是对社会发展一定阶段中，大量出现的、必须及持续性的经济单体间的交流不断扩大趋势所进行的必要的法律反应。工业社会的出现，扩大化的外部联系，也给法益主体间的联系带来了更高的风险，因为面对各式各样的法律和经济关系，法益享有者辨别交易真伪的难度系数增高，也给各类以欺骗为手段，导致法益享有者产生认识错误，而获得其财产的犯罪人带来了可乘之机。"[2]

笔者以为，诈骗罪在世界各国不约而同的产生于十八世纪中下叶至十九世纪中叶，在时间点上恰好是工业社会和市场经济的萌芽时期。但其理由并非仅仅表面浮现着的人们之间的更多联系、诈骗出现的更高概率，而是法治、罪刑法定对事实明确要求的产物。因为，从事实明确的角度讲，只有事实行为，尤其是其中的客观行为、主观心理才能作为犯罪的标准使用。由此，作为客观行为组成部分的手段、方法，就具有了界分犯罪标准的作用和意义，财产罪中以客观手段区分罪与非罪、此罪与彼罪的大趋势，便形成了一股将诈骗罪从以往按照法益归类于盗窃罪、伪造罪独立出来的强大力量。这是谁也阻挡不了的一种力量。诈骗罪的独立就成为历史的必然。

二、手段立罪

第二个历史阶段，是虚假立罪反映了行为立罪。在这场由事实标准向价值标准发起的变革运动中，事实行为、主观心理的事实要件地位，决定了由它们组成的是中路先锋。而在行为中，又进一步划分出事实行为、价值行为。

---

[1] 何勤华、夏菲主编：《西方刑法史》，北京大学出版社2006年版，第324页。
[2] 申柳华：《德国刑法被害人信条学研究》，中国人民公安大学出版社2011年版，第356~357页。

价值行为中，真实的价值手段和虚假的价值手段，由于处于手段要素的地位和价值补充行为的辅助地位，发挥的是左边锋、右边锋的作用。而由事实行为、价值（真、假）行为形成的行为冲击力，最终组成了手段立罪的冲击波。在事实的要件层面，相较于主观心理，手段立罪的突破价值重围的作用，起到了急先锋的意义，所以，也被学术界称为"刑法客观主义"。

在行为之中，虚假手段代表的事实立罪，率先从诈骗罪独立于盗窃罪的事件中得到体现后，星星之火可以燎原，由虚假手段体现出的手段在定罪中的事实意义被立法者敏锐地捕捉到了。很快，这一历史变革就在几乎所有犯罪中全面铺开，犯罪标准从利益立罪转向手段立罪，就成了近代刑法一股不可阻挡的基本趋势。它显然是虚假立罪的第二个历史阶段，以区分罪与非罪，尤其是作为手段与法益的界定为使命。

如果说，仅仅局限于法益、行为的角度规定罪名，法益归罪，具有收缩罪名的意义；手段分罪，则有扩张罪名的趋势。现在，不仅财产罪被公认是按照手段区分的罪名，先后产生了盗窃罪、抢劫罪、抢夺罪、敲诈勒索罪、诈骗罪、侵占罪、故意毁坏公私财物罪、挪用罪、拒不支付劳动报酬罪等，从而，极大地丰富、发展了财产罪名体系；而且，其他类犯罪中，手段的分立现象已经出现并大有"星火燎原"之势。翻开《刑法》，办理、毁灭、伪造、暴力、胁迫、包庇、爆炸、放火、投放、采集、操纵、出售、购买、传播、传授、盗窃、侵占、敲诈勒索、抢夺、放行、拐卖、接送、劫持、劫夺、介绍、换取、持械、冲击、开设、利用、虐待、挪用、破坏、签订、履行、发展、生产、销售、收买、私放、私分、开拆、隐匿、毁坏、毁弃、逃避、逃离、提供、偷越、投放、刺探、发放、出具、披露、倒卖、转让、吸收、泄露、协助、遗弃、引诱、容留、阻碍、持有、聚众等手段表述扑面而来，使现代刑法散发出明显不同于古代刑法的手段、方法气息。

我国古代刑法基本不使用事实要件要素设立犯罪，所以，同类罪名之间的区分，并不依据事实标准，而是依据价值标准。考察古籍能够发现，唐律关于盗窃、诈骗的犯罪规定，如同今天的中国刑法一样，是以数额定罪处罚的，手段的作用和地位不可能被看到，因为其并非具有提示是否成立犯罪的标准功能。所以，《大清新刑律》对于以虚假手段独立规定的诈骗罪，犹如晴天一声霹雳，昭示了一个新时代的来临。

三、虚假立罪

第三个历史阶段，是表现行为的要素层面，虚假类型与事实真实类型、价值真实类型在造成事实危害性上存在的差异。虚假手段由于与真实手段存在事实危害性的显著差异，越来越多地被从真实手段的罪名中分立出来，独立成罪，承担此罪与彼罪的区分功能，从而在当今刑法中形成了真实手段、虚假手段分立、对立的奇特现象。虚假手段从手段中独立出来，单独立罪，是虚假立罪对定罪变革的第三个历史阶段。

从事实内部区分罪与罪的不同，是以体现事实危害性的性质、方式和程度的不同为基础的。这里面至少有两种手段需要区分、独立成罪，一是手段方式差异明显的犯罪之间，即使他们的事实危害、烈度上相差无几、甚至几乎一样，但由于造成事实破坏的事实运行原理、表现方式明显不同，都仍然需要区分开来。比较典型的是我国《刑法》第114条规定的放火、爆炸、投放危险物质、决水这几个罪名，从最后的量刑看，都是一样的，表明立法者认为这几个罪的事实危害性一样。但由于这几个罪的手段方式方法差异明显，所以，需要设置不同罪名定罪量刑。虽然对我国《刑法》第114条分立罪名的做法值得肯定，但仍然不得不说的是，该条将5个罪名一并加以规定的做法，没有尊重不同行为方法之间的事实意义，是缺乏事实标准的思维，应当改正。一是手段方式、事实危害性均有差异，有些甚至差异巨大，它们之间区分独立罪名，也十分必要。因为，事实立罪的目的之一，就是区别量刑。比如，以危险方法危害公共安全罪，使用放火、爆炸等真实方法可以危害公共安全，使用虚假手段借助自然、他人、被害人同样可以危害公共安全。从事实危害性看，由于真实手段与虚假手段之间差异显著，如果同样的危害公共安全，不区分真实手段与虚假手段，对他们处以相同的罪名和刑罚，说明其做法无视了事实意义上两者的差异，是不符合事实分罪基本原理的。1997年《刑法》就没有注意到这一问题，其后我国也出现了使用虚假手段危害公共安全被司法机关定为以其他危险方法危害公共安全罪的现实判例。后来，立法者认识到真实手段与虚假手段在量刑上区分的必要性，于是，通过刑法修正案在《刑法》第291条之一补充规定了投放虚假危险物质罪，编造、故意传播虚假恐怖信息罪，编造、故意传播虚假信息罪三个罪名，使危害公共安全的真实手段与虚假手段，成为独立成罪的因素。从量刑看，虚假手段独立成罪前后差异是十分明显的，根据《刑法》第114条规定，以危险方法危害公共安全的，尚未造成严重后果的，处3年以上10年以下有期徒刑，第115条规定，致人重伤、死亡或者使公私财产遭受重大损失的，处10年以上有期徒刑、无期徒刑或者死刑，而增设的编造、故意传播虚假恐怖信息罪规定，严重扰乱社会秩序的，处5年以下有期徒刑、拘役或者管制；造成严重后果的，处5年以上有期徒刑，可见，真假危害公共安全手段之间的量刑差异是十分明显的。

　　笔者粗略统计了一下，仅在罪名中使用了虚假手段，如诈骗、伪造、变造、诬告、隐瞒等字眼，或可能与虚假手段有关的罪名，大概有119个。这119个由虚假手段成立的罪名，形成了与真实手段成立的罪名对峙局面，如在危害公共安全罪中，有以危险方法危害公共安全的放火、爆炸等罪，就有编造、传播虚假恐怖信息罪等；在破坏市场经济秩序犯罪中，有非法经营罪、强迫交易罪，就有生产、销售伪劣商品罪，虚报注册资本罪，虚假破产罪，金融诈骗罪，伪造货币罪等；在侵犯人身权利、民主权利罪中，有绑架罪、侵犯少数民族风俗习惯罪，也有诬告陷害罪，煽动民族仇恨、民族歧视罪，重婚罪，拐骗儿童罪；在财产罪中，有盗窃罪、抢劫罪，就有诈骗罪；在妨害社会管理秩序罪中，有针对一般国家机关工作人员的暴力胁迫手段成立的妨害公务罪，也有针对公安安全机关人员的可以由虚假手段成立的妨害公务罪，有非法出售、提供试题、答案罪，也有代替考试罪；在妨害司法罪中，有刑讯逼供罪、暴力取证罪，也有伪证罪、窝藏罪、包庇罪，有扰乱法庭秩序罪，拒不执行判决、裁定罪，也有虚假诉讼罪；在妨害国（边）境管理罪中，有偷越国（边）境罪，也有骗取出境证件罪，提供伪造、变造的出入境证件罪；在贪污贿赂罪中，有盗窃、侵吞的贪污，也有骗取的贪污，还有巨额财产来源不明罪、隐瞒境外存款罪；在渎职罪中，有滥用职权罪，也有各类情形、各个领域的徇私枉法罪；在军人违反职责罪中，有战时违抗命令罪、投降罪、拒传军令罪，也有隐瞒谎报军情罪、假传军令罪、战时造谣惑众罪、战时自伤罪。从而，在现代刑法中展现出一番别样的新现象。

　　本来，事实罪名体系应当以规定典型事实手段产生的犯罪为主，虚假手段并非表达事实标准的典型手段，但由于虚假手段使用的广泛性，尤其在涉及经济领域、财产领域、社会管理领域时，虚假手段的使用远远多于暴力、胁迫等典型事实手段的使用，因此，虚假立罪的规定到了"喧宾夺主"的地步。

四、虚假手段的复杂化

虚假手段的使用领域本身也涉及犯罪的，会使虚假手段的使用面临数罪并罚的可能，比如通过虚假诉讼骗取钱财的，既妨害了司法活动成立妨害司法活动罪，也侵犯了财产关系成立诈骗罪，复杂了虚假手段的犯罪形态。以前，这种情况被称为"三角诈骗"，学术界对其应当如何定罪意见也很不统一，有的主张定诈骗罪，有的主张定妨碍司法活动的罪名。现在刑法修正案作了虚假诉讼罪的独立成罪规定后，就统一了认识和执法。

虚假手段的复杂化，实质是虚假手段与特殊法益的结合，使虚假立罪出现了新的复杂形态，显示了虚假立罪一个独特维度的纵深发展。将虚假立罪带入了新的阶段。

五、虚假犯罪预备化

虚假手段的使用越来越普遍，危害也越来越大，为了更有效地打击、防范虚假犯罪，立法者在打击的同时，着力于防范，将为虚假手段做准备的预备行为也规定为犯罪，如使用虚假身份证件罪，伪造、出售伪造的增值税专用发票罪，非法制造、出售非法制造的发票罪，提供侵入、非法控制计算机信息系统程序、工具罪。为虚假犯罪的预备犯规定罪名，属于虚假手段演化历史的第五个阶段。

六、虚假手段未来两方向

一是还有相当部分使用虚假手段的传统犯罪，尚未被人们充分认识，这是虚假手段未来深度演化的可能空间。如果放大这种现象，恐怕所有犯罪均有虚假行为的可能，比如有真实手段的杀人、伤害、强奸，也有虚假手段的杀人、伤害、骗奸（招摇撞骗中的骗色）等骗杀、骗伤、骗奸现象。实践中，在德国发生了用唇膏抢劫的真实案例，中国在2016年上半年也在上海发生了用假炸弹抢劫的案例，两国法院都以抢劫罪定性。

从德国的处理方案看，他们是在杀人、伤害、抢劫、强奸等罪名中，作为一种特殊情节，比如使用假枪、假炸弹形成的一系列强制性质的犯罪，像《德国刑法典》关于绑架罪的第244条（携带武器盗窃，结伙盗窃——笔者注）第1款第1项第2种情形中的"工具或设备"、第250条（情节严重的抢劫——笔者注）第1款第1项第2种情形中的"其他工具"，[1]喝酒比赛中以水冒充白酒欺骗对方造成自我伤害身亡。[2]有的作为独立的不典型罪名加以规定，从而与典型事实的杀人、伤害、抢劫、强奸等罪名区别定罪。

在德国，绑架罪、伤害罪中使用虚假手段达到法益侵害的目的，被认定犯罪成立；但在盗窃罪、抢劫罪中，又未被认定为相关犯罪。同时，学术界的观点对立严重。他们充分认识到虚假手段存在欺骗因素，但法益侵害又实际形成，由于各自对犯罪标准是法益还是行为的标准还不统一，因而对此的定罪争论很大。

近些年，随着工业化、城市化，市场集中、人口集聚日益显现且突出起来，加之信息技术的高度发达和深度渗透人类生活，陌生人之间的沟通、社交能力的信息社会功能强烈放大，利用其中的空隙和空档实施虚假手段犯罪的空间陡然上升，虚假手段的作用空间可能进一步拓展。比如，近年在全国范围内发生的以"理财"为名的金融骗局，造成了成千上万家庭金融资产的重大损失，尤其是在被害人属于社会的弱势群体、贫困群体时，因被骗而致伤、遇害、返贫，会在当下特殊的历史时期极大地放大虚假手段的危害性。再比如，近些年出现在公共交通工具上、公共场所的"诈弹"频发，虚假诉讼增多，经济诈骗花样翻新，电信诈骗愈演愈烈。这也能够解释为什么立法者要不断在相关领域补充规定虚报注册资本罪，虚假出资、抽逃出资罪，虚假诉讼罪，虚假破产罪，骗购外汇罪，编造并传播证券、期货交易虚假信息罪，诱骗投资者买卖证券、期货合约罪等罪名，从而形成刑法规范中"虚假手段现象"的现实原因。可以大胆预测的是，随着信息技术的深度运用，盗窃等其余"平和侵犯"的手段使用会越来越困难，但诈骗的发展"空间"却相应被打开，会不会出现诈骗罪超越盗窃罪成为"第一大罪名"，是值得留心

---

[1] 参见王钢：《德国判例刑法（分则）》，北京大学出版社2016年版，第110、180、275页。
[2] 参见申柳华：《德国刑法被害人信条学研究》，中国人民公安大学出版社2011年版，第283页。

观察的。

虚假手段尽管不能代表行为,更不能代表事实,但它作为行为、事实的一个背面,其大规模、深度地介入今天的犯罪判断,折射出行为、事实在刑法中的重要地位,充分反映了犯罪标准、行为理论、刑法制度已经、正在和可能发生的变革。

第二节 虚假立罪变革犯罪标准

一、虚假立罪追求着法治价值、传统价值的双重价值

虚假手段作为犯罪事实标准使用,标志着犯罪标准由价值向事实的转变。罪刑法定对刑法规范形式的明确要求,催生了犯罪的事实标准。区分事实与价值,产生出罪与非罪的犯罪标准意义;区分事实危害性,产生出界定此罪与彼罪的标准意义。

事实替代价值,并非不反映价值,恰恰相反,如同价值一样,事实有着强烈的价值追求,即事实最终并非脱离价值实现了其他目标,而仍然以实现社会危害、主体危险、法益侵害的价值为己任。事实要额外表明的是,其追求价值方向的途径变了,因为,这种实现途径本身也是一种价值,并且是远比传统价值——社会危害、主体危险、法益侵害,更为重要的法治价值目标。

犯罪的事实标准在追求传统价值的同时,还要追求法治价值,意味着犯罪事实标准追求并收获了法治形式平等、传统价值的双重价值。当然,由于实现途径的改变,对传统价值的追求具有间接性,而直接的实现途径所产生的价值则具有直接性。正是在这个意义上,我们说事实是不同于价值的,有着完全不同于价值的基本标准。

在实现传统价值的同时所收获的法治价值,是很多学者没有看到的,可谓隐性价值,如果像他们所误导的那样,只以传统价值为唯一价值,意味着否认继而放弃法治的形式价值,其结果,传统价值与法治价值冲突、抵销减损后的价值总量,显然没有以形式平等的途径为直接价值、传统价值为间接价值的双重价值更大。这就是工业社会以事实标准实现法治的根本缘由。

事实与价值的不同之一,是从事实内部而不是外部考察事实。事实内部

能够清晰展现事实的来龙去脉，还原事实性质、角度、力度、程度。从组成事实的内部要件要素出发描述事实，就成为必然的选择。客观行为、主观心理，是事实标准的组成要件，手段、对象与意识、意志，是分别组成行为、心理的要素，要件要素都小于事实范围。行为、心理的要件组合，手段、对象与意识、意志的要素组合，具有从事实内部说明事实的能力，尤其是行为要件中的手段要素，作为表达事实意义最典型的行为要素，在事实犯罪的标准中表现得更为突出一些；手段立罪、虚假立罪，代表着事实立罪。

事实不同于价值的地方在于，它要求以能够表现出来、已经表现出来的事实现象作为标准，而不是像价值那样，以事实背后试图表现的价值作为标准，即事实标准强调通过行为反映利益的被侵害，通过主观心理活动反映主体的危险人格，而不是越过行为直接以利益为判断标准，越过主观心理直接以主体为判断标准。事实与价值的差别体现在，一旦出现不以事实表现出来的价值现象，在是否对其定罪的判断中就出现了差异，比如《永徽律疏》第250条规定："诸口陈欲反之言，心无真实之计，而无状可寻者，流二千里"，[1]是一个典型的思想犯，在以价值作为标准的唐律看来成立犯罪，在今天以事实作为标准的刑法看来不成立犯罪。

它意味着从犯罪事实的内部、外部，都能够形成对事实的认识和把握，这就能够解释为什么犯罪价值体系同样需要犯罪的事实现象。但标准考察的因素并不相同，同样的犯罪事实，在事实标准中看重的是事实本身，在犯罪价值标准中看重的是事实背后反映的价值。

以价值为标准，有两层意思，一层是以价值是否被侵犯作为犯罪是否成立、成立何种罪的标准，另一层是以价值受到某种程度的侵犯作为犯罪是否成立的标准。价值立罪，典型罪名如我国1979年《刑法》第160条规定："聚众斗殴，寻衅滋事，侮辱妇女或者进行其他流氓活动，破坏公共秩序，情节恶劣的，处7年以下有期徒刑、拘役或者管制。"

价值类型有三种。

（一）法益（包括秩序）危害

因为客体不同而作不同的价值判断，从而区分不同罪名，作不同的处罚

---

[1] 参见钱大群撰：《唐律疏义新注》，南京师范大学出版社2007年版，第558页。

设计，这在古代刑法中司空见惯，在此就不一一列举了。

所要区分的法益，有特殊法益和一般法益之别。特殊法益，主要是对特定身份首先是皇帝、皇族的利益，其次维护各种社会管理权，如司法权、财产权等。比如，《永徽律疏》第285条规定了恐吓取有犯人财物罪，其中规定："虽不足畏忌，财主惧而自与，亦同。"[1]该规定表明，唐律看重的并不是表现事实的恐吓手段，而是财物是否最终转移的利益侵害，只要有财物转移的法益侵害，该罪就成立了。这样的认定，其标准是利益即客体，而非手段。

（二）主体危险

主体对于定罪的影响，集中表现为身份，这里面，既有如同古代杀人罪在一般人之间，因为表现出的主体危险性的程度不同而在杀人罪名上区别对待的普通杀人罪名，比如，中国古代唐律杀人罪按照主体危险性质、程度不同划分为谋杀、故杀、斗杀、误杀、戏杀、过失杀，也有因为血缘身份、社会身份（包括官民、邻里等）而区别对待的情况。客观地说，围绕普通人之间的杀人罪名，其实是杀人罪名中反映主体恶性性质、程度差异占比很小的，占比更大的，是特定人之间基于各种身份所反映出的主体伦理恶性性质、程度不同的杀人罪名，比如谋杀罪中，又根据行为人、被害人双方身份的不同，规定了大量的特殊人之间具体谋杀罪名，如《永徽律疏》第252条谋杀制使刺史县令等及本部5品以上官长罪、第255条妻妾谋杀故夫之父祖及部曲奴婢谋杀旧主罪等，这些具体谋杀罪，或者因为介入了特定身份而与某种伦理道德关联，使本来一般的谋杀行为具有了或者更大、或者更小的主体危险性。从更准确地反映主体危险性质和程度出发，需要在普通谋杀罪之外另定罪名，才能满足以行为人危险为犯罪标准的区分要求；或者因为对象的特定伦理性而具有特殊的客体价值，侵犯这些对象相应会增大其客体危害。于是，相对于普通谋杀罪而言，特殊谋杀罪特殊的地方，在于其有特殊的主体危险性、客体危险性，而不是特殊的事实性质。

（三）社会危害性

对于那些既非面临客体危害、也非面临主体危险，但依旧属于社会需要维护的价值，如果基于临时、个案的随机价值调整，也成立犯罪，如不应得

---

[1] 钱大群撰：《唐律疏义新注》，南京师范大学出版社2007年版，第622页。

为罪，如中国刑法对阻碍解救被拐卖妇女儿童问题上前后不同政策调整。

二、虚假手段立罪体现了事实手段立罪

今天的犯罪事实体系，具有朝向事实标准的具体化趋势，罪名具有事实要件要素"无限可分"的趋势。以1997年《刑法》为例，事实标准的具体化，要件层面体现为客观行为、主观心理，要素层面有行为方法、对象，主观目的、具体心理等。由于本书论题聚焦虚假手段，因而对手段立罪的讨论更为充分，如果我们移离手段，首先看看同属行为的对象，其次看看同属事实的主观心理，则会发现它们都如同手段一样，纷纷充当起了犯罪标准的立罪标准。

（一）手段立罪

手段立罪，并非为手段立罪而手段立罪，手段不可能仅仅表现手段，只有当手段表现背后的因素，手段的存在才有意义。手段随事实起舞，必须与其他事实因素结合才能成立。

在行为中，不同方法便具有了表达不同事实意义的功能。虚假方法作为一种独立行为方法能够成立，也确实具有与暴力、胁迫等其他方法不同的表达事实结构、渠道、意义的功能。如果说暴力、胁迫手段完成的事实犯罪是真实的事实犯罪，虚假手段完成的就是虚假的事实犯罪。从事实犯罪的法益侵害角度讲，无论真实还是虚假的犯罪，都真实地发生了，因而都是真实的犯罪，从这一角度看，不存在虚假的事实犯罪一说。但从手段的角度看，相对被害人而言，确实存在真实、虚假之分，是否犯罪、构成何罪、侵害法益的过程、途径、原理等方面又都那么的不同，差异决定了处罚的区分必要性，分别定罪才是尊重这种差异的表现。少数学者十分敏锐地注意到真假手段之间的事实区别，并认识到这种不同决定了罪名的不同，因而需要分立罪名，"判例说明之曰，自法理上观察，诈欺取财之罪与窃盗之罪，性质本不相同。即其成立，亦不必如窃盗须有握取迁移之行为。"[1]

从外部把握行为、心理，手段、对象与意识、意志，是评价的，能够给出为什么处罚或者不处罚的客体、主体、社会价值理由，但不可能窥见事实发生、发展的全过程，不可能给出犯罪事实产生的角度、力度、程度的全过

---

[1] [日]牧野英一：《日本刑法通义》，陈承泽译，中国政法大学出版社2003年版，第226页。

程，因而，也不可能将手段上升到作为界定罪与非罪、此罪与彼罪的地位。我国《刑法》第 224 条之一规定的组织、领导传销活动罪是虚假手段描述的典范，"组织、领导以推销商品、提供服务等经营活动为名，要求参加者以缴纳费用或者购买商品、服务等方式获得加入资格，并按照一定顺序组成层级，直接或者间接以发展人员的数量作为计酬或者返利依据，引诱、胁迫参加者继续发展他人参加，骗取财物，扰乱经济社会秩序的传销活动的，处 5 年以下有期徒刑或者拘役，并处罚金；情节严重的，处 5 年以上有期徒刑，并处罚金。"该条对组织、领导传销活动的事实描述，完整而细致地再现了该犯罪的事实状态，是从外部评价组织、领导传销活动所不可能做到的。立法者像杰出的素描大师，草草三两笔就勾画出事实的过程、细节，就描画出一幅活灵活现的事实草图，勾勒出犯罪事实的现场图。

与将法益是否受到侵犯以及侵犯的程度作为标准界定犯罪的价值标准不同的是，事实标准以表现法益受损的行为要素如手段、对象为标准，以呈现侵犯法益的事实性质、途径、状态为使命，并以此作为犯罪标准，因此，其关注重心相应从关注法益到关注行为，尤其是行为的手段变化成为一种趋势。关于这一点，学界关注到的人并不多。但实际上，在盗窃罪的立法上面率先得到了体现。盗窃罪由 1979 年《刑法》时单一的唯数额论，发展到 1997 年《刑法》及修正案不断完善的数额与多次盗窃、入户盗窃、扒窃、携带凶器盗窃共同成为盗窃成立犯罪的标准。诈骗罪出现了同样的动向，我国 1997 年《刑法》第 266 条诈骗罪，与 1979 年《刑法》盗窃罪的规定一样是唯数额论，但《最高人民法院、最高人民检察院关于办理诈骗刑事案件具体应用法律若干问题的解释》第 5 条规定，利用发送短信、拨打电话、互联网等电信技术手段对不特定多数人实施诈骗，诈骗数额难以查证，但具有下列情形之一的，应当认定为《刑法》第 266 条规定的"其他严重情节"，以诈骗罪（未遂）定罪处罚：（1）发送诈骗信息 5000 条以上的；（2）拨打诈骗电话 500 人次以上的；（3）诈骗手段恶劣、危害严重的。实施前款规定行为，数量达到前款第（1）（2）项规定标准 10 倍以上的，或者诈骗手段特别恶劣、危害特别严重的，应当认定为《刑法》第 266 条规定的"其他特别严重情节"，以诈骗罪（未遂）定罪处罚。

虚假手段立罪的广泛、大量立法运用，正是手段立罪的一个缩影，预示着事实立罪时代的正式来临,成为事实立罪的急先锋。

(二) 对象立罪

表现法益受损的行为要素,除了手段,还有对象,对象于是也就成为行为立罪、事实立罪的重要方向。对象立罪的,如走私罪,我国 1979 年《刑法》第 116 条只规定了一个走私罪,但在我国 1997 年《刑法》,在分则第 3 章破坏社会主义市场经济秩序罪,用第 2 节整节规定了走私罪,另外,在第 6 章妨害社会管理秩序罪的第 347 条,基于毒品的特殊事实危害性,规定了走私毒品罪,且走私毒品罪所在的第 6 章第 7 节,都是基于毒品的对象危害性而整节加以规定的"走私、贩卖、运输、制造毒品罪"。不同走私罪的区分标准就是对象的不同。相同的情况还发生在重大责任事故罪、玩忽职守罪,它们都由 1979 年《刑法》时的一个罪名,演变为 1997 年《刑法》时的一类罪名,而同类重大责任事故罪、玩忽职守罪之间相互区别的标准,就在于对象、领域的不同。

(三) 主观心理立罪

表现主体危险的事实标准,是主观立罪,同样践行着事实立罪的变革大潮。我们也从中国刑法中看到,在为数不少的罪名中,主观心理、目的发挥了界定罪与非罪、此罪与彼罪的标准作用,比如杀人罪,中国刑法按照主观心理区分为故意杀人罪、过失杀人罪。

除了上述主要事实因素发挥着立罪的功能外,一些选择性、次要的事实因素,同样发挥着立罪的作用。比如,时间、地点、空间、环境等。

事实的具体化与价值的具体化的不同,还在于事实的具体化辅以罪刑法定原则,意味着在刑法的具体规定之外,不再有该罪的任何其他类型。刑法规范以外的任何司法定罪都因违反了罪刑法定而不能成立。刑法的价值具体化尽管同样具有为司法权定罪量刑的指示作用,但这种指示在没有罪刑法定原则约束的背景下,并没有穷尽该罪的全部情况,司法者仍然可用价值标准补充入罪,此时,司法权就具有准立法的性质,人治就出现了。

实事求是评价中国刑法今天贯彻罪刑法定的情况,尽管立法者做了大量工作,也相比 1979 年《刑法》有了长足进步,但不能不坦率地说,中国立法还有很大的提升空间。因为,我国刑法不到区区五百条,四五百个罪名,不足以应对犯罪事实体系的需求,应当深入研究后,大幅度事实化,简化立法,对事实犯罪认识不深、心中无底,才不敢放手规定。如何才能让中国刑法立法忽如一夜春风来,吹得满园事实香,是罪刑法定前提下立法为先的严峻课题。

笔者斗胆设想,可以针对两点原因入手,一是对事实要素之间的组合不够重视。比如前述杀人罪,在根据主观心理区分成故意杀人、过失杀人之后,便再无下文,使杀人这么传统且复杂的现象,反而在事实标准中被过度简化地规定了,让司法机关难以应对现实生活中的杀人犯罪。反观德日,他们除了主观心理,从行为的手段、对象着手,大量而具体地规定了杀人情节,明显地将司法机关对于杀人案件的审理活动,转换为严格依照刑法规定定罪量刑。

二是对价值要素,应当改变从价值泛滥到缩手缩脚的极端观念。价值泛滥,如我国刑法对于罪状的规定,简单罪状占比过重,其他罪状大量使用,情节立法被普遍规定,数个罪名共用一个条文,都是忽略行为、主观对事实意义所具有的揭示功能的观念反映;缩手缩脚,对于一些应当价值补充入罪的,刑法学界又几乎基于事实标准强烈而本能地抵触其合理性,如奸淫幼女罪的明知问题、能否规定一些严格责任的罪名问题,刑法学界基于当今犯罪必须以具有故意、过失的主观心理前提为理由,坚决地排斥将这两种情况入罪。此时,我们明显看到了刑法学对事实标准的坚守,但此时此地的"坚守",是以放弃事实对价值适度接纳的高度自信、高度自觉为前提的,表述为"恐惧"可能更为恰当。中国立法过于粗放,对事实标准、价值标准均供给不足,导致了两方面的不利局面,一方面过于增大了司法者的自由裁量空间,另一方面司法机关也经常抱怨立法规定不具体,不符合罪刑法定的法治要求。粗放是价值的粗放。

价值补充的必要性表明,事实标准体系无法彻底脱离价值补充而独善其身,既然有其不可回避性,就应当大大方方地认真对待并予以规定。在处理好事实是标准、价值是补充的两者关系后,应当既小心价值标准"越权",又放心适度价值补充。同样是杀人罪名,德国规定了谋杀罪,中国台湾"刑法"规定了母杀子罪、义愤杀人等价值情节,只要处理好事实与价值的关系,就不会破坏罪刑法定。这样,价值标准被立法以明文的形式严格限定在特定范围后,比起前述简化立法所实际存在的价值诱惑,司法扩大,明显缩小了自由裁量的价值空间，更有利于罪刑法定的实现。

第三节　虚假立罪变革行为理论

手段作为行为的要素，是因为行为的犯罪标准地位提升才受到前所未有的重视的。因此，虚假立罪对价值立罪的变革，是以变革行为理论作为突破口。

一、行为都是体系行为

行为不能自己决定自己。行为从来是被决定的。从来就没有自给自足、纯粹且不朽的行为。迄今为止，人类对行为所下的各种定义，都是应用于特定场景、实现某种目的的产物，如人格行为、社会行为、目的行为、因果行为等，莫不如是。所以，从来就没有所谓的"行为"，真实存在的，不是事实行为，就是价值行为；不是人格行为，就是伦理行为。但"行为"一词的使用本身说明，人类仍然在一如既往地追求自给自足、纯粹且不朽的行为。

既然行为都是服从于犯罪论体系目标的体系行为，丢掉幻想，面对现实，建构满足不同历史时期刑法使命的行为理论才是明智选择。现实比人强。

农业社会的犯罪价值标准，行为虽然会被偶然提及，但都是以反映各种形式的价值才被提及的，行为即使存在，也是反映行为背后或者客体、或者主体、或者社会危害，因而是价值行为。作为价值表达物的行为本身，实在没有什么理论地位，几乎到了被遗忘的程度。

工业社会以后，风云突变，罪刑法定要求的事实标准成就了法治渴求的规范形式明确，作为事实组成要件的行为，因为刚好能够满足规范形式明确而获得新生，学术界从此才因为现实需要而产生了行为理论，并且需要的是事实行为。

但人类迄今已经产生的那些行为理论，无一不是从行为外部把握行为的，有的从主体出发把握行为，如人格行为理论；有的从主观心理把握行为，如目的行为论；有的从法益把握行为，如因果行为论；有的从社会危害性把握行为，如社会行为论。如果说最早的自然行为论甚至因果行为论具有从事实意义即行为自身内部把握行为的动因，但角度和方法又都不是从行为内部，从而也决定了其不可能从行为内部把握行为。总之，从行为内部切入行为的，到今天为止，一个也没有。

既然事实必须从事实内部的要件来把握，事实行为同样须从行为内部来把握，才可能是事实行为。不从行为内部把握的行为，一定是价值行为。这决定了，一方面，从事实之外把握的行为，肯定不是事实行为，如社会行为、人格行为；另一方面，从事实内部、但不是从行为内部把握的行为，同样不是事实行为，比如韦尔策尔从主观要件提出的目的行为论。

二、虚假手段是价值行为

行为内部是要素，即像手段、方法、对象、时间、地点之类。从行为内部把握的才可能是事实行为，因为手段、方法、对象中也有事实、价值的不同，只有事实手段与事实对象组成的行为才是事实行为，价值手段与事实对象组成的都仍然是价值行为。

事实方法本身具有物理、事实的侵害能量。价值方法也可能造成价值侵害，但与事实手段不同的是，它必须借助自然力、他人（间接正犯）、被害人（诈骗犯罪）、先行为的力量才能完成物理、事实性质的破坏，才能说明事实怎么就"原来如此"了，而这种破坏究竟是否应当由行为人承担刑事责任，还需要借助社会经验进行再判断，才能完成；判断结果，有承担或者不承担两种。在价值再判断过程中，许多事外因素不仅介入判断，而且起到了主导作用，因而有着强烈的主体个性。

价值手段由于需要利用自然力、他人、被害人、先行为，可以统称为利用类手段，虚假手段是利用类手段之一。虚假手段不能因属于行为而完全入罪，其是否需要入罪，是立法者基于社会价值权衡后的一种选择。

虚假手段，与价值手段中的真实手段相对应，虚假行为与其他价值行为如利用手段、持有手段等不同的是，行为人知道行为是虚假的，具有主动欺骗被害人进而造成利益损害的情形。虚假手段与真实的价值行为的对应，是价值意义的对应。

虚假手段也与事实手段相对应。事实手段都是真实的。如前所述，事实手段，对事实的发生、发展、结束起到推波助澜的决定作用，从行为的要素中，能够回放事实原貌，比如许多犯罪使用的暴力、盗窃、抢劫等手段，具有事实侵害性。而虚假方法必须借助他人、主要是被害人的因素才能产生行为人预期的事实效果。虚假手段与真实的事实行为的对应，是事实危害意义有无的对应。

虚假手段对应其他价值手段，是价值行为之间的真假对应，价值危害途径、程度之间的对应；虚假手段对应事实手段，是价值行为与事实行为的对应，价值危害与事实危害的对应。

虚假手段，既不同于真实的价值行为，也不同于事实行为。在犯罪事实体系以甄别手段的事实、价值差异，以及事实实现途径、表现方式、事实危害程度的标准判断中，虚假手段既需要与真实的价值行为区分开来，也需要同事实行为区分开来。比如，持假枪抢劫，一般人认为不能成立抢劫罪加重情节中的"持枪抢劫"，但可以成立抢劫罪。其实，这种思维在逻辑上存在问题。既然成立抢劫罪，理由无非是持枪，基于持枪成立抢劫罪，又不能成立加重的持枪，这个道理不好说清。但现在的理论和制度现状是，除了极少数虚假手段被独立，与价值真实手段、事实手段相区分，成立了独立的罪名比如编造、故意传播虚假恐怖信息罪、虚假诉讼罪之外，绝大多数传统和新型的犯罪中，虚假手段与价值真实手段、事实手段之间，并非被独立成罪。其中，各国的情况还有很大差异。一些国家充分认识到两者之间的差异，另外一些国家则根本没有认识到其中所具有的事实意义的不同。

德国刑法学已经注意到虚假手段具有欺骗因素，与真实的枪支、炸弹具有的意义并不相同。为了解决这类情况的定罪问题，《德国刑法典》第249条专门补充了以"生命相胁迫"，第255条规定了抢劫性敲诈勒索罪，并且要求结合行为人的主观使用意图进行认定。德国理论界的认识是比较深入的，但从犯罪事实标准看来，还有联系犯罪的事实标准进一步研究的必要。中国的司法机关在理论、立法没有重新认识虚假抢劫行为的前提下，直接以抢劫罪认定。虽然我国抢劫罪中有"其他手段"的规定，但这绝不能成为滥用"其他手段"的理由。这个案例反映出我们理论、实践的盲点。

三、事实行为体系

同理，事实行为需要真实行为，虚假行为不能成立犯罪。但有一个问题会随之产生，即如果将手段仅仅局限于事实手段，大量由虚假手段完成的行为不能成立犯罪，则犯罪范围明显不足以维护起码的社会秩序。

事实行为非常有必要在不破坏事实性质的前提下，于事实外围适度又小心翼翼地由立法补充价值手段，做到在维持犯罪事实性质的同时，保证最低限度的社会安全，从而可控地扩张犯罪的手段和范围。

于是，行为由事实行为、价值行为共同组成，真实手段、虚假手段共同形成的事实行为体系就产生了，在手段的要素层面，同时并存事实手段、和包括了虚假手段在内的价值手段，就是可以预见的。虚假行为尽管是价值行为，但它作为由立法补充的犯罪价值标准而发挥作用，仍然是事实标准的内在要求和有机组成部分。虚假手段的被挖掘并相应被普遍规定在刑法中，为事实行为的出现提供了可能，为发挥事实行为体系的整体功能作出了不懈的贡献。

事实行为体系至少有两点不同于以往的行为理论，一是事实行为体系以各类行为集合的面目出现，不同于单一行为理论。二是事实行为体系反映着事实主导、价值补充的功能格局，事实主导是灵魂，但价值作为补充同样不可或缺。正是因为承认了价值行为的前提，虚假手段依托事实行为体系而发挥着应有作用，虚假手段的存在和广泛使用才是可能的，通过研究虚假立罪的现象，才能折射出整个犯罪理论、刑法制度由价值向事实的深刻变革。

正是因为虚假行为不同于真实行为的价值特征，使由虚假手段组成的行为，在犯罪事实体系具有了与暴力、胁迫等其他手段组成的行为的不同且应当独立的事实意义。而且，基于虚假手段的价值本性，其入罪需要立法专门而明确的例外规定，才具有符合罪刑法定要求的入罪依据。一旦刑法在个罪罪状的规定中，规定了真实手段，但未规定虚假手段，意味着虚假手段不能成立犯罪；司法机关想当然地将立法未规定的虚假手段入罪，无论此解释入罪是通过对"其他行为（手段）"解释完成的，还是通过对"情节"解释完成的，或者通过对"简单罪状"解释完成的，都是使用法益标准的价值入罪，违反了事实标准入罪的体系要求，从而违反罪刑法定。我国司法实践中，曾经存在过对编造、故意传播虚假恐怖信息的行为以以其他危险方法危害公共安全罪认定并量刑的做法,[1]在没有修正案规定编造、故意传播虚假恐怖信息罪之前,就是违反罪刑法定原则的一个判决,而违反罪刑法定的源头,就是因为没有认识到虚假手段所具有的独立于真实手段的事实补充意义。应当说,几乎所有犯罪,都存在类似需要、甚至强烈需要厘清虚假手段与真实手段的必要性。这就充分说明了前述展示过的虚假手段立罪对应真实手段立罪的立法必要性,即在事实手段、价值真实手段之外,需要独立设置对应的虚假手段罪名的立法必要性。

虚假手段等价值行为并未因其是价值的,却因其是行为的,而未能在农业社会的犯罪价值体系受到应有的重视;反而在工业社会的犯罪事实体系,不因其是价值、而是因其是立法补充规定的行为而发挥着界定罪与非罪、此罪与彼罪的重大作用,获得重生和新生。一切的改变均源于标准变化,缓慢而坚定。透过虚假手段立罪这条"鲶鱼"作为标准被放于犯罪之后,考察刑法尤其是犯罪标准、行为理论所发生的种种变革,就成为重要的视角。

第四节　虚假立罪变革刑法制度

虚假手段不仅在犯罪论发挥着标准的作用,还借着以罪定刑的罪刑关系,通过对犯罪的虚假手段界定,实现对包括刑罚论在内的整个刑法理论和制度的影响,从而对刑法产生了基础性影响。

一、自由刑作为刑种中心论的行为注解

何种刑罚种类能够成为刑种的核心,不是因为何种刑罚种类具有某种优势就可以自动决定的。自由刑自身不能决定自己的地位。刑种中心类型,由刑法承担的功能选择。刑罚核心种类是刑罚体系所服务的更大范围的刑法任务确定后,才能选择的。可见,以往从刑种自身具有的优劣来论证其作为或不作为刑罚种类刑罚中心的思路并不正确。

刑罚是一把双刃剑,不是越残酷越好,需要围绕刑罚目标设定一个必要的度,必要度内的刑罚,才可以被接受。针对事实犯罪的刑罚,以能够有效

---

〔1〕参见文海林:《论罪刑法定的事实明确》,中国政法大学出版社2016年版,第231~232页。

遏制事实犯罪为目标，剥夺、限制其行为自由，已足以剥夺、限制其再次实施犯罪的能力，自由刑控制行为的事实有效性得以彰显，自由刑的实质是控制以行为自由为前提的事实犯罪。此时，使用明显超出剥夺、限制行为能力所需要的死刑、肉刑，显然属于过剩刑罚。在犯罪事实时代，需要以自由刑为核心的刑罚事实体系；在犯罪价值时代，需要以死刑、肉刑等能够通过吓阻实现各种价值目标的刑罚价值体系。

自由刑取代死刑、肉刑成为刑罚种类的核心，是给人强烈感官刺激的事件，是刑种历史上的一次重大变革。由于虚假手段在行为中的突出表现，虚假手段在此种注解过程中，发挥了冲锋陷阵的重大作用。

自由刑控制事实犯罪的效果立竿见影，容易被大家所接受。但自由刑对于价值行为的效果，大家也许会有怀疑。

价值行为也是行为，剥夺、限制其行为能力，对于剥夺、限制其实施价值行为，从而防范其犯价值行为之罪，绝大多数情况下仍然是最有效的。归纳价值行为，一类是其行为承载的价值意义十分明显，剥夺、限制其价值行为对于防范其再犯罪的效果毋庸置疑，如持有类中的事实持有，像行为人将毒品放于手提包中，还如本书讨论的虚假手段亦属此类。一类是其行为的价值意义不大，剥夺、限制行为能力对于防范此类犯罪再次发生作用并不明显，只能寄希望于从主观心理角度发挥作用而已，如不作为、过失尤其是其中的疏忽大意过失。

二、死刑适用条件的罪大恶极

死刑适用由宽到限到禁，同样具有历史变革意义。但对死刑适用条件的罪大恶极，其标准需要弄清楚，笼统地提及"罪大恶极"这类带有伦理、情绪色彩的标签、口号，容易将标准引向价值判断，不利于法治的贯彻。

不同犯罪体系对罪大恶极的要求是不一样的。在犯罪价值体系，罪大恶极是价值罪大、价值恶极；在犯罪事实体系，罪大恶极是事实罪大、价值恶极。

在犯罪事实体系中，罪大恶极需要区分为事实罪大、价值恶极两个部分。

动用死刑，首先其犯罪应满足事实罪大的要求。事实不是罪大，不能判死刑。而且，在犯罪事实体系，不能单纯因为行为人价值罪大而判处死刑，比如行为人有着极大的人身危险性，即，因为其人格极其可恶，或者出身于恐怖分子家庭，而成为判处死刑的主导因素。事实罪大，有事实性质罪大、事实程度最大两个方面。罪大和最大，共同保证事实罪大。

犯罪事实体系中仍然存在暴力致死犯罪，按照事实对等原理，保留死刑是能够成立的。但死刑适用必须受到限制，限制的依据是事实相等。事实罪大，是事实标准的罪最大。从事实因素尤其是手段因素考察死刑适用条件，须由组成事实的各种因素结合成罪量危害的最大。

主观心理，只有故意才能算罪大，过失不能算；在故意中，原则上只有直接故意才是罪大，间接故意不能算。

客观行为的手段要素中，只有事实行为才能算罪大，价值行为如持有不能算；在事实行为内部，只有作为才能算罪大，不作为不能算罪大；只有真实手段才能算罪大，虚假手段不能算罪大；在真实手段中，原则上只有暴力手段才能算罪大，胁迫、盗窃、侵占等非暴力不能算罪大；在暴力行为中，只有针对并危及生命的暴力才能算罪大，其余暴力不能算罪大。

可见，虚假手段、非暴力手段、非严重暴力手段，以及价值行为、不作为被当今以罪大的名义判处了死刑，一定不是基于事实行为的标准，而是基于法益罪大、主体危险罪大。在古代的犯罪价值体系，实施虚假手段也被使用死刑，如《永徽律疏》第362条规定："诸伪造皇帝八宝者，斩。太皇太后、皇太后、皇后、皇太子宝者，绞。"第364条，也规定了死刑，这显然是利益（秩序）标准对等的结果。如《永徽律疏》第59条规定："诸阑入宫门，徒二年。殿门，徒二年半。持仗者，各加二等。入上阁内者，绞；若持仗及至御在所者，斩。"

虚假无死刑，应当成为事实刑罚的基本理念。从真实手段、虚假手段之分，虚假手段不可能造成法益侵害，法益最终仍然被侵害了，一定是与被害人的某种人格、心理的缺陷如贪财、贪色、疏忽等有关，无论如何称不上事实危害最大，必须废除所有虚假手段的死刑适用。

客观行为的对象要素中，必须是关系到国家安全、公共安全、个人生命的对象，才能算罪大，关系到健康、人格、财产、经济、秩序的对象，不能算罪大。

客观结果要素中，既遂最大，预备、未遂、事后罪，都不是最大。

动用死刑，其次须价值恶极。不是价值恶极，同样不能判处死刑。

在犯罪价值体系，在没有犯罪事实或者犯罪事实并非最大的情况下，只要价值罪大就可以判处死刑，十分典型的如古代针对皇帝、皇权、皇族的危害甚至威胁，包括客体（利益、秩序）和主体两个方面的价值。

价值恶极，包括三个方面，一是法益危害，一是主体危险，一是社会危害，但法益危害已经事实化地体现在行为对象中，因此，这里的恶极，实质是指的主体危险的恶极即行为人对社会有着最大的威胁、最大的危害。

三、分则结构的事实排序

（一）刑法分则的结构，要解决的是章节两个层次的依据问题

刑法分则的排列，是对犯罪标准按照某种条件分类的结果，因此，刑法分则结构问题，实质是犯罪标准的继续。

解决章节结构的问题，其实就是危害性问题，即由重到轻排序问题。与犯罪存在事实标准、价值标准对应，危害性其实存在价值危害、事实危害的差异，相应的，刑法分则存在事实结构、价值结构。因此，刑法分则的结构，是需要理论支撑的，不是怎么都行的。在人类刑法分则结构的历史中，也出现过面对分则结构十分茫然、无助的时期，比如，美国早期曾出现过的"将罪名按字母顺序排列"。[1]

刑法分则的排序，应当解决两个问题，一是基本反映现实犯罪的事实发生、分布和处罚的实际情况。二是充分体现不同犯罪体系的性质，能够初步起到划分罪与非罪、此罪与彼罪的功能。不同刑法分则排列方案所形成的结构样态，反映的是人类对犯罪标准的不同认识，体现着按照不同标准确立后的罪名归位。以价值危害为甄别目标的，主要以法益为标准对刑法分则结构进行排序，这样有利于展示出不同法益本身的价值危害性质和程度；以事实危害为甄别目标的，应当以事实因素如手段、对象、主观心理，而不是法益、主体危险、社会危害等价值因素进行刑法分则的排序，这样有利于显示不同犯罪的事实危害途径、方式方法、程度等影响事实危害因子。

（二）历史中存在过的结构模式

在刑法分则的价值排序历史中，出现过两个方案，历史上都曾经发挥过

---

[1] 参见［美］保罗·H·罗宾逊、［美］马卡斯·德克·达博:《美国模范刑法典导论》，刘仁文、王祎译，载《时代法学》2006年第2期。

重大的作用。

一是以刑种归罪的方案，以"夏刑三千条""夏刑大辟三百，膑辟三百，宫辟三百，劓墨各一千"为代表；二是同类法益+危害大小的方案；事实价值+纯粹价值，这是中国古代刑法中后期一直沿用至今的方案。由于以刑罚种类为标准设计分则结构的方案，在刑罚种类中起到了决定作用，是社会危害对刑种的选择，因而与后来的根据法益的方案同样是价值标准。

犯罪的事实体系，当然期待着事实的分则排序方案。现实刑法中，确实也出现了一些体现事实结构的新尝试，有三个方案值得关注，一是在当今相当多的国家十分流行的侵犯个人、社会、国家法益+同类法益的方案。该方案尽管使用法益标准排列，但由于加入了个人、社会、国家因素，且由于个人法益是物质化法益、事实法益，社会法益，国家法益是精神化法益、价值法益，因其是事实标准+事实价值的方案，可以说具有从事实到价值的一些特征。但严格说来，这并非一个事实标准的分则排序，因其排序依据完全是法益的价值因素。二是以行为手段（暴力、胁迫、诈骗）、对象、主观心理为标准的分则排序，这是费尔巴哈的设想。在费尔巴哈看来，行为的危险性只有客观根据与主观根据两种，客观根据包括对象、行为与后果的关系、违法的种类，主观根据包括故意、过失。对于暴力、诈骗方法也进行了具体的研究，其中的诈骗方法，费尔巴哈提到了伪造、伪誓、渎职行为、诽谤、勒索等，[1]明显不同于以刑罚、利益、危害性等因素为标准的分则排序。但这些早期研究所具有的法治意义并没有被当今各国刑法所认同。当然，这里面有犯罪论事实性质以及手段、对象、主观心理的事实因素等相关理论尚未被认可的原因，也有费尔巴哈设想中提及的一些因素如违法还不能说是事实因素等原因。因此，该方案的理论研究、要素选择等工作还处于初期阶段，并不成熟。三是法益+手段的共存方案，或者法益决定章、手段决定节一层面的方案。这个方案的重要特征是开始重视手段在结构中的应有作用。当代世界一些国家的刑法典，已经出现了按照手段的不同归类犯罪的刑法分则排列的一些苗头，比如《德国刑法典》和《日本刑法典》中，都专章规定了诈骗罪、伪造罪，《意大利刑法典》在分则第6章危害公共安全罪、第13章侵犯

---

[1] 参见［德］安塞尔姆·里特尔·冯·费尔巴哈：《德国刑法教科书》，徐久生译，中国方正出版社2010年版，第118~121、336~376页。

财产罪中，都以暴力、欺诈作为区分节的依据，第7章侵犯公共信义更是全章以或者伪造、或者作假区分为四节。表面看，该方案与唐律专卷规定诈伪律似乎并无不同，但仔细研究会发现，唐律中的诈骗手段并不具有成立罪名的标准意义，诈骗罪在当时所受到的从属于盗窃罪的待遇就是代表，而今天的上述第三类方案中，虚假手段具有区分罪与非罪、此罪与彼罪的作用，诈骗罪因而有独立于盗窃罪的历史性机遇。上述三种方案，无疑都隐约浮现着事实、手段对于犯罪的分类作用。

总结起来，现在流行的刑法分则排序方案，基本上是以法益为标准，尤其是德日体系的个人法益、社会法益、国家法益的方案，中国的同类法益+危害大小的方案。

（三）犯罪事实体系中，以价值标准排序形成的"事实体系、价值排序"的分则价值结构所存在的问题

当今刑法分则结构主要是以法益为标准的排列，比如，同样是走私的手段，但走私毒品的成立走私毒品罪，与其他涉毒犯罪一并规定在妨害社会管理秩序类罪中，而走私毒品以外其他物品所成立的犯罪，则被置于破坏社会主义市场经济秩序类罪中，这样的分类，显然注重了犯罪侵犯的法益，而不是犯罪的手段即事实表现形态；持有手段也是一样，侵犯法益的不同，使同一的持有手段被分布于不同侵犯法益的类罪中。

以法益作为分则排序的基本标准，在追求事实的刑法分则中，存在两个问题：

第一，在刑法分则中最受重视的前几类犯罪，存在被现实虚置的问题。尽管我们需要承认，任何一种排序方案，由于自身标准的规律、局限作用，都不可能将以该标准筛选出来的现实中大量发生且最为严重的罪名集中规定在最前面。

但不得不承认的是，以法益作为标准的分则排序，将法益重大的放在最前面，尤其是中国这样按照国家、社会、个人顺序排列的分则结构，放在前面的危害国家安全、公共安全、破坏经济秩序的犯罪，并非事实标准最看重的事实现象。其中，危害国家安全罪、军职罪等，在现实中几乎是备而不用的，最多战时等特殊时期使用得相对多一些。而这就与农业社会时期，对保护皇权的高度重视并因而将其置于刑法分则第一卷明显不同。

因为，农业社会以法益为标准之一，以法益为顺序排序本来就是标准的必然结局，不存在与标准冲突的硬伤。同时，考虑到农业时代战争频繁、时刻觊觎皇位皇权的大有人在，对皇权严格而具体地进行保护实属必要，只要翻开唐律中第七卷的"卫禁"，我们就能够很直观地看到当时对皇权保护的细密和周详；而且，当时围绕保护皇权设定的罪名，并非摆设，而是得到较为切实适用的，这就决定了当时的法益顺序是有其体系合理性和现实需求性的。

仔细研究唐律我们不难发现，唐律为了解决以法益为标准排序，会因为法益的松散而存在重点不够突出的缺陷，在第一卷第 7 条集中规定了十恶（谋反、谋大逆、谋叛、恶逆、不道、大不敬、不孝、不睦、不义、内乱），第 8 条规定了八议对象（亲、故、贤、能、功、贵、勤、宾），从而明白地告诉人们唐律定罪、从宽的客体、主体重点。所以，尽管依据客体、主体类型是复杂而分散的，依据其所作的刑法结构排列也是有些杂乱，但总则中对十恶、八议的集中、突前规定，又使刑法分则结构的灵魂和核心聚集起来，从而使刑法分则结构形成强而有力的凝聚力，突出了其强烈而明确的价值导向和追求。

第二，由于具体个罪的罪名是按照事实因素确定的，但分则章节的编排、顺序又按照法益顺序进行，两者之间不协调甚至冲突的现象一定会存在，事实上已经存在了。比如，第 291 条之一规定的编造、故意传播虚假恐怖信息罪，往往也会危及公共安全（在该罪未由修正案补充规定之前，曾经出现过以以其他危险方法危害公共安全罪定罪的案例），按照法益标准，其应当归类在第 2 章中以危险方法危害公共安全罪，即与第 114 条、第 115 条规定的危害公共安全罪，因是同一法益的犯罪，而应当归入同一类。但现在的刑法规定却因为手段的不同，将编造、故意传播虚假恐怖信息罪放在了妨害社会管理秩序罪中，从而使该罪的归类标准出现了不同于分则排序整体把握的法益标准，也让人们有理由怀疑以法益为标准的分则结构的正确性。

再比如，生产、销售伪劣产品罪，也是危害公共安全的一类犯罪，2008年轰动一时的三聚氰胺案件，是造成 4 人死亡、全国因食用该奶粉住院近 4 万人的重大危害公共安全案件。该案在定罪阶段也曾经考虑过使用第 115 条的以危险方法危害公共安全罪的罪名，但后来认为该案是在生产、销售的经营过程中出现的，所以，还是以生产、销售伪劣产品罪定罪较为妥当。从两类罪的关联性上看，生产、销售伪劣产品罪其实就是同时使用了危险方法、虚假方法危害公共安全罪的一类犯罪，生产、销售伪劣产品中的危害公共安全，不同于《刑法》中以危险方法危害公共安全罪的地方，在于生产、销售所处的经营环节中，所以，其行为方式、环境、场景不同于以危险方法危害公共安全罪的行为方式、工作场景。因此，这两类罪之间的区分，是事实意义的区分，而不是侵害法益的区分，从法益角度的区分，两者不应该有什么不同。如果以法益为标准，以三聚氰胺案件已经造成的重大社会危害的法益来看，是一个十分典型的以危险方法危害公共安全的案例，完全应当以以其他危险方法危害公共安全罪定罪。《刑法》将两类罪分别归类于危害公共安全罪、破坏社会主义市场经济秩序罪，表明立法者充分认识到并以两者在行为方式上的不同性质作为区分标准，而相应淡化了它们在法益上的共同性。

再如诉讼诈骗，也叫"三角诈骗"，由于其中多以骗取财产为目的，司法机关以往大多从该罪侵犯的法益出发，以诈骗罪定罪。现在由于修正案补充规定了虚假诉讼罪，而且，诈骗罪、虚假诉讼罪分属侵犯财产罪、妨害社会管理秩序罪，表明立法者已经抛弃了法益的归类，转而采用手段的归类，并且，认为虚假诉讼与诈骗罪的手段仍然存在不同。

事实体系、价值结构之间的别扭在于，法益标准筛选出的罪名，并不能让事实标准如其所愿地将常见、多发、危害严重的事实罪名方便而快捷地寻找出来，并据此对罪名进行事实危害性质、方式、程度加以判断，从而为定罪和量刑打下坚实基础。具体罪名按照事实标准，章节结构排序按照法益标准，一定会导致刑法分则内部关系的冲突，进而让人们怀疑犯罪事实标准的合理性、合法性，因此，分则结构的排序标准，是一个急需解决的重大问题。

（四）影响分则事实结构的因素和应然排列

真正意义的刑法分则事实排列方案始终没有出现，与当今对事实犯罪、对事实标准、对事实要素的认识还不够深入有关，认识不深导致接受度不高。如果借由对虚假方法的研究，由此拓展到对暴力、胁迫、盗窃等事实手段、其余价值手段的研究、分类，并以行为方法为主线对所有罪名进行一个粗线条的分类，辅以主观心理的补充，事实分类、排序方案的最终出现，将更有利于犯罪事实体系的实现。

事实危害由重到轻的判断,需要厘清纳入判断的因素。在要件要素的事实因素中,作为分则结构基础因素的,以有效性、规律性、涵盖性三点作为影响因子,行为的手段要素是最符合的。从要件层面看,本来行为是比较符合的,但行为本身并无实质内容,而是由要素决定着事实危害的大小,与犯罪事实危害的判断隔着下一层的要素。主观心理当然也有决定事实危害大小的功能,但其类型过窄,只有故意、过失两种,很难满足事实犯罪复杂又千变万化的判断要求。

既然要件层面都有各自难以克服的障碍,那么,从要件之下一层的要素着眼,就是值得认真考虑的思路。

要素层面中,手段比起对象、意识、意志,都更符合对判断事实危害具有有效性、规律性、涵盖性的条件。所以,笔者主张以手段为标准建立刑法分则的事实结构。基于此点,本书对以虚假手段为代表的手段立罪的研究,就具有了重构刑法分则结构的潜在意义。

同时,在不同手段类别内部,可以加入对象、主观心理等因素进一步分类,如果仍然不能有效分类罪名,还可以借助作为事实直接反映的法益、主体因素作为归类的依据。如此这般后,沿着事实危害由重至轻的有序的事实罪名体系,就能够建立起来,从而既与犯罪事实体系遥相呼应,也根本不同于价值罪名体系。

一幅人类生活的事实图景由此绘就,它不同于以往由利益缠绕编织的图景。事实图景能够发挥区分罪与非罪、此罪与彼罪的类别作用,比如,同样危害公共安全,虚假手段(虚假信息)与真实手段(放火)在分则结构上明显属于不同的类罪。

笔者有一个梦想,希望人类有朝一日,能够建立一个符合刑法事实体系的分则结构。笔者斗胆,试着拟就下列分则事实体系的初步排列方案,尽管这一纯粹的事实方法结构可能并不具备现实性。刑法分则要具备事实分类的现实性,恐怕还需要与价值标准的概括性结合起来,对此,下一章将具体讨论。

第五章　虚假立罪的刑法变革

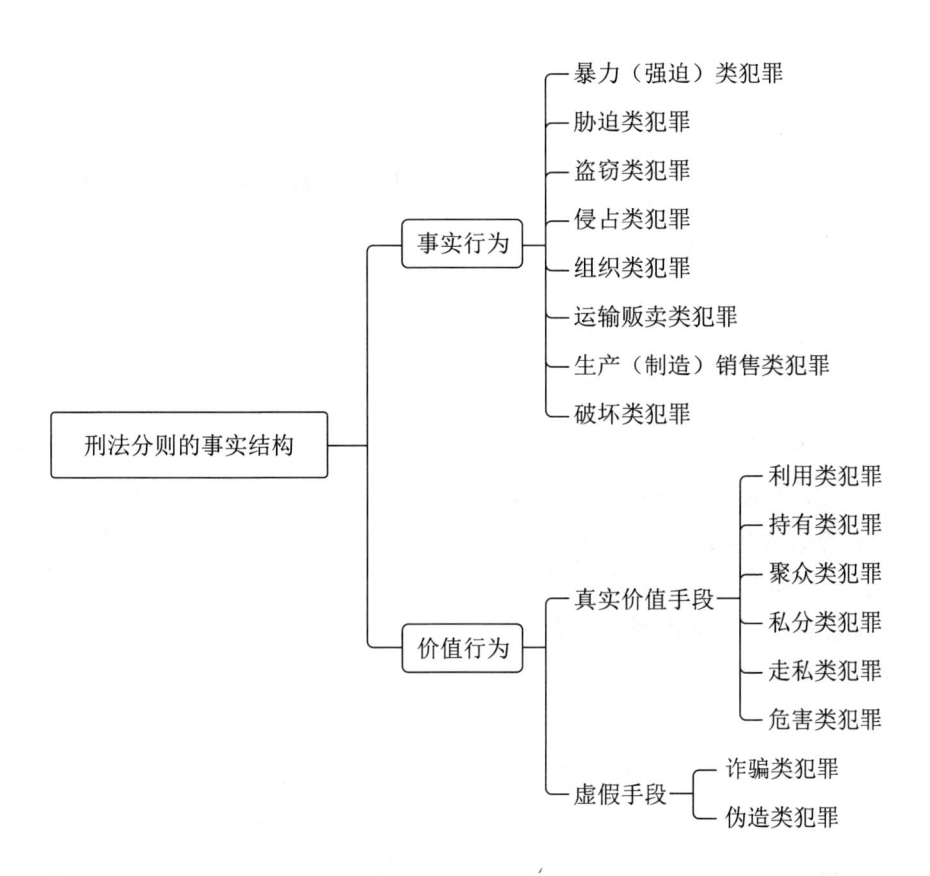

```
刑法分则的事实结构
├─ 事实行为
│   ├─ 暴力（强迫）类犯罪
│   ├─ 胁迫类犯罪
│   ├─ 盗窃类犯罪
│   ├─ 侵占类犯罪
│   ├─ 组织类犯罪
│   ├─ 运输贩卖类犯罪
│   ├─ 生产（制造）销售类犯罪
│   └─ 破坏类犯罪
└─ 价值行为
    ├─ 真实价值手段
    │   ├─ 利用类犯罪
    │   ├─ 持有类犯罪
    │   ├─ 聚众类犯罪
    │   ├─ 私分类犯罪
    │   ├─ 走私类犯罪
    │   └─ 危害类犯罪
    └─ 虚假手段
        ├─ 诈骗类犯罪
        └─ 伪造类犯罪
```

第六章
财产罪的事实体系分类

标准决定分类，分类实现标准。任何犯罪分类，都不是盲目的，而是服从于实现犯罪标准，服务于社会功能；不同标准的财产犯罪，由于所体现财产犯罪的功能不同，需要不同的分类。分类的科学、准确，有助于人们对犯罪现象的标准化认识，有助于标准的实施。

犯罪往往与罪名联系在一起，犯罪分类的实质是罪名的分类，包括个罪罪名、类罪罪名。

第一节 单一分类的问题

犯罪分类理论在现有刑法理论中并不是重要理论，这和犯罪分类理论不成熟有关。纵观现有刑法立法、理论中的分类，实质有单一分类、体系分类两种，本部分研讨单一分类。

单一分类，根据单一标准分类，为分类而分类，是分类的初级阶段，也是当今主流的犯罪分类理论，比如轻罪、重罪，基本犯、加重犯，自然犯罪、非自然犯罪等分类。

单一分类并不单纯，其优点是尽可能地挖掘出了事实分类的各种可能，为最终的体系分类创造条件。没有扩张就没有收缩，通过扩张更有利于有目的地收缩。正因为单一分类发散式对财产犯罪分类的充分挖掘，回归最终的"收缩式分类"即体系分类才有基础，从这一角度讲，单一分类仍然有其积极理论意义。

单一分类片段、脉冲式的分类缺点对犯罪标准缺乏系统性、一贯性的反映，分类的周延性受到挑战。

一、单一分类的结局是唯一分类

从单一分类是否允许多重标准衡量,单一分类有多种分类、唯一分类两种。

单一分类中的多种分类,看到了不同标准客观、实际、同时存在的合理性,不得不肯定不同分类,但不同分类之间孤立存在。单一分类中的多种分类没有打通不同分类之间关系的动力,毫无体系分类的意识,没有预设分类的功能、目标,属于单一分类的初级阶段。

唯一分类萌动了确立不同分类之间体系的地位意识,在没能按部就班将每个分类各就各位的时候,本能地、急切地确立了犯罪分类,同时排斥其他分类;因此,该分类放大了单一分类的孤立特征,走到了极端地排斥其他分类的程度。唯一分类在分类中,是关系初级、孤立顶极。唯一分类现在很少,无比珍贵,因为,其萌动的唯一分类,犹如单一分类形成的一片黑夜中划过的一束"体系之光",在终结单一分类的同时,将迎来体系分类。

在众多单一分类中,终究会有一种分类,看似随性、毫无目的,但在随意、不经意间,依旧有一股内在的探寻财产犯罪标准的神秘力量推动着分类,张明楷教授也说,"侵犯财产罪这类犯罪,尽管在法益、主体要件、主观要件方面有非常多的共同点,但刑法仍然将其区分为具体的种类,否则规定侵犯财产罪只需两个条文:一是非法占有他人财物的构成犯罪;二是非法毁坏他人财物的构成犯罪。这也不是罪刑法定。"[1]财产犯罪中已经义无反顾地出现了唯一分类,比如刘明祥教授反对"把一般犯罪的分类方法套用到财产罪的分类之中。例如,把财产罪分为'侵犯单一客体的犯罪与侵犯复杂客体的犯罪''一般主体的犯罪与特殊主体的犯罪'。"[2]该观点的不少支持者进一步指明了应当以何种标准分类,"根据犯罪客观方面手段的类似性对财产犯罪进行分类是较为妥当的。一则,根据犯罪行为侵犯了财产所有权还是使用权等进行分类不甚妥当。例如行为人采用秘密窃取的方式将其放置于别人处的所有物取回的行为,并未侵犯财物的所有权,但通说却认为这一行为应当成立

---

[1] 张明楷:《法益初论》,中国政法大学出版社2000年版,第236页。
[2] 刘明祥:《财产罪比较研究》,中国政法大学出版社2001年版,第8页。

盗窃罪。"[1]该观点值得肯定的，是切入了财产犯罪的事实标准，以事实标准分类显然更符合财产犯罪的现状，有利于认识、分析现代财产犯罪，而其余分类则无视了事实标准。夺取罪、交付罪是大家看好的事实分类标准，通常事实分类标准更易于处理好与其他分类的关系，但很遗憾，采用该标准分类时，有意无意间会排斥其他分类。一般主体、特殊主体、侵犯财产不同法益是立法明文规定的不同犯罪类型，排斥主体、法益标准的分类与立法规定不符。该观点萌动的事实分类的唯一性是可贵的，有了探求不同分类之间关系的潜意识，但一概否定其余分类不符合立法规定。

唯一分类简单、一概排斥其余分类，是现代刑法理论无力说明不同犯罪之间关系的体现，缺乏固定关系的"共处"会存在困难，排斥"不能共处"的分类就是必然的结局，比如，在没能理顺法益、主体与行为的关系之前，不可能摆正法益、主体形成的分类与行为形成的分类之间的关系，以是否特殊主体出现的一般主体罪（如盗窃罪等）、特殊主体罪（如贪污罪等）的分类，就不可能摆正与以不同行为方法的夺取罪、交付罪分类之间的关系；还如，在行为方法内部的取得罪、毁坏罪，在行为对象内部的利得罪、财物罪的不同分类之间，如果不能有效说明不同行为方法"共处"的理论基础，不同行为对象之间"共处"的理论基础，也会存在同样的尴尬，即使承认其"共处"分类可能，也有变数，比如对于财产犯罪中侵犯利益的，日本刑法规定了抢劫利益罪，我国就没有规定；对于其他财产罪名比如盗窃罪是否能够包括盗窃利益现象，日本理论界也有争论，我国一般是将利益解释为"财物"，但与立法使用的"财物"一词明显违背，反对的理论自然就存在了。

在单一分类背景下，我国学者反思传统分类是一种积极进步的力量，它是一种向事实标准看齐的觉醒，是对不同现象之间关系进一步探讨的发问。

二、缺乏犯罪整体形象

缺乏关系分类的分类是不成熟的，是分类的初级阶段。单一分类具有的散兵游勇式的各自分类，相互之间互无关联的关系状态，使犯罪事实标准的统领作用无法发挥，标准的逻辑性受到破坏，犯罪整体形象缺失，看不到罪

---

[1] 王玉珏：《刑法中的财产性质及财产控制关系研究》，法律出版社2009年版，第30页。

刑法定实现的基本路径。

单一分类具有单一、随意、碎片化、分离化的特点，经常出现的如重罪、轻罪，形式犯、实质犯，基本犯、加重犯与减轻犯，身份犯、非身份罪，亲告罪、非亲告罪等，分类标准多样、复杂、多变。其中，有些并非现今的犯罪标准形成的分类，不宜作为犯罪分类使用，比如基本犯、加重犯与减轻犯，类似的，还有依据刑事诉讼标准对犯罪的分类，比如亲告罪、非亲告罪；还如犯罪学意义的犯罪分类，比如仇恨犯罪、非仇恨犯罪，白领犯罪、蓝领犯罪，等等。正因为看到现有犯罪分类无助于犯罪事实标准的认识、运用、实现，泷川幸辰教授认为犯罪分类"既无学理上的根据，又无实际上的必要"[1]而且，这样的看法还有相当的氛围，比如翻开相当多的刑法教科书、犯罪理论著作，为数不少的均没有安排犯罪分类内容。

三、不周延

理论自觉度的不足，付出的是不周延的代价，比如，后续提及的夺取罪、交付罪是当今十分流行的分类，但其实质以是否转移区分夺取罪，以是否违背被害人意愿区分交付罪，转移、被害人意愿并不是一个标准，两者同时作为财产犯罪分类标准，不符合分类标准同一的原则，存在不周延问题。

四、单一分类不能满足法定化的期待

单一分类更多反映了分类者的个人偏好，而不是现实要求。立法立足于现实需求，以"柔软"的身姿接纳非标准的财产犯罪现象，"全家福"式罪名展示是关系分类，也是体系分类的标配。任何一部刑法典规定的罪名，都有存在的权利和理由。

第二节 体系分类

单一分类所有的缺点，正是体系分类的优点。

对应单一分类的是关系分类，"分类的意义在于，它比之单纯的识别具有

---

[1] [日]泷川幸辰：《犯罪论序说》，王泰译，法律出版社2005年版，第17页。

更多的内容；因为在分类中，被识别的事物间的关系以分类关系的形式得以表示。这就使得有可能发展起一种具有共同特征的一切性质的分类的形式体系，即以如此一种方式阐明观察到的关系并进行鉴认，从而允许按规则进行推理。"[1]关系分类最终必然发展为体系分类。围绕关系的分类，理论并不陌生，在刑法分则章一层次的分类中，同类客体成为分类标准，对各章的排序就是一种关系分类，我国按照危害大小对章的排序，是一种危害关系分类，而德日刑法按照侵犯个人利益、社会利益、国家利益的排序，是一种从事实法益到价值法益的排序。同时，章以下的节、个罪之间也是关系分类，是传统理论的空白区域。

对于不同标准静态、固有的优劣，刑法学界对此是有一定观点的，比如，余淦才等认为"行为是罪状的核心内容，具有最广泛的适应性……行为的内容丰富，具有辨别罪质最高的准确性和精确度。犯罪客体具有极大的重合性，多数情况下不能成为犯罪的标志性特征；犯罪主体在绝大多数犯罪中具有共性，只要具有刑事责任年龄和刑事责任能力的人都可以构成；作为犯罪主观要件的罪过，仅有过失和故意之分，不能充分地反映个罪的差异性……当然，行为标准也存在较大的局限性。在一般情况下，行为标准无法揭示和区分同类行为的犯罪在保护法益方面的差异性……行为方式上并无明显区别，但侵害的法益则各不相同"比如不同走私罪、不同生产销售伪劣产品罪之间的分辨。[2]

一旦确立了犯罪标准，无论其存在什么样的优劣，从体系最终效果看，一定是效果最好、效率最大化的，这不是从静态评估单一标准得出的优劣结论。即使从某种角度看处于劣势的，但从最终原则看，都是利大于弊的。所以，对于由事实标准成立的体系分类而言，不能单纯从优劣选择并形成犯罪的事实标准，而是从实现罪刑法定的需要确立事实标准及其体系，在事实体系可以允许、能够接纳的范围内，一定程度地进行价值补足。其中，有些需要选择价值标准补充，比如法益在刑法分则编、章分类中的优劣是行为无法

---

[1] [美] M. W. 瓦托夫斯基：《科学思想的概念基础——科学的哲学导论》，范贷年等译，求实出版社1982年版，第217页，转引自余高能：《刑法分则体系的法理基础与立法完善》，中国社会科学出版社2019年版，第20页。

[2] 参见余淦才、胡云腾：《论刑法分则体系的革新与重建》，载《中外法学》1992年第2期。

替代的，这是由法益、行为的层次不同内在决定的，不可能通过对行为的改造弥补不足。因为事实标准长于对微观、具体现象的明确和描述，但面对宏观、抽象现象，它的表达则力有不逮、无力概括。这是由行为所处事实层次决定的，其对行为、方法、对象的层面具有无可替代的表达能力，但对行为、主观层面的现象的归宿的法益、主体，则会出现表达不力的困惑；而有些则是可以通过完善行为要件弥补的，比如行为方法对法益表达的不足，是现在对行为的理解存在缺陷造成的，事实行为本来由行为方法、行为对象组成后才能完整呈现，[1] 现在要求行为方法一个要素实现对事实行为的全部表达，是超出了行为方法自身的功能。而通过对事实行为科学、完整组合后，由行为对象承担起对不同法益的表达功能，实现对不同走私罪、不同生产销售伪劣产品罪的辨识功能，就是可行的。可见，这不是行为本身的问题，而是理论还没有提炼出事实行为概念、以及组成事实行为的要素造成的，是理论问题。

现实需要的财产犯罪分类都是复杂到了体系程度，在该体系内部的不同类型，每一种类型都有固定的位置和功能，不同类型共同拱卫、实现了犯罪标准。与单一分类形成唯一分类不同，体系分类接纳不同标准形成的分类，承认不同分类存在的合理性、有效性、正当性，体系分类导致了多样分类、复杂分类。体系分类如同一幅"世界地图"，单一分类如同南半球、北半球，热带、亚热带、寒带的单线世界划分。由单一分类进入体系分类，是任何一个时代的必然，也是衡量理论是否成熟的标志。

按照犯罪成立的事实、价值标准的不同，体系分类区分为事实体系、价值体系。前面已经说明人类刑法史上出现过的关系分类只有法益关系分类、危害关系分类，都是价值标准的关系分类。古代唐律由盗窃罪、强盗罪形成的财产犯罪价值体系分类，泾渭分明、源流清晰、功能互补、位置稳定，按图索骥，就能摸清财产罪的价值体系分类；如果要形成事实体系分类，必须产生事实关系分类，也是本书后续试图展开讨论的。

对事实体系而言，事实标准的要件要素由于事实层次等原因，有其表达盲点，难免效果不好，为此，价值的适当补充是必需的，这就出现了多种标

---

[1] 参见文海林：《论罪刑法定的事实明确》，中国政法大学出版社2016年版，第227~243页。

准共生共存的体系现实，体系为体系分类提供了可能。当然，多种现象共处的现实，并不否定其中的主和次、原则和例外的关系，处理好这些关系，是体系分类必修的功课，由此，事实体系分类便完成了。

具体而言，事实、价值标准之间具有不同功能关系、排异关系、标准与补充关系、互补关系、层次关系，比如事实毁坏方法、价值毁坏方法之间，事实标准与价值标准比如法益、主体、危害性之间都是排除关系，也能够形成标准、补充关系；事实标准内部比如取得罪、毁坏罪之间是事实衔接关系，取得罪、毁坏罪内部的不同事实方法之间、不同毁坏方法之间形成的是互补关系，比如秘密窃取方法与强取方法之间，形成了平和与非平和的事实互补，共同形成了完整的事实关系。复杂、丰富、多样的不同关系类型之间，形成标准主导、功能互补、错落有致、类型各异的体系，为体系分类提供了基础。而单一分类面对具有不同关系的现象，不是排斥分类，就是无视分类，或者自分自类。

现有犯罪制度和理论已经为我们做出了表率。在共同犯罪中，基于非实行行为与实行行为间的有机联系，非实行行为因为具有与实行行为的客观联结而具有了犯罪性，如组织行为与实行行为之间具有制约关系，教唆行为与实行行为之间具有诱发关系，帮助行为与实行行为之间具有协同关系。非实行行为与实行行为之间，即正犯与共犯之间，便因为上述不同关系而成功分类为正犯、组织犯、教唆犯、帮助犯的事实共犯人，事实共犯人为了实现共同目标的事实犯罪分为事实行为、价值行为，满足正犯、实行行为的条件是共同事实犯罪的必备前提。

事实财物罪存在的价值补充并不以实现事实标准为条件，因而，不需要具备事实标准的前提，因此，它的价值补充与前述共同事实犯罪的补充相比会更为灵活，从而为犯罪分类带来新的空间。

但是，无论是否以实现事实犯罪为目标，价值补充的功能都是补充事实标准存在的不足，从这个意义讲，所有的价值补充最终都是以事实标准为补充目标的，都在为事实体系的建构进行补充。

从分类的角度讲，事实、价值两个标准之间，事实标准内部之间，价值标准内部之间，都会因形成了不同的类型而具有分类的内在需求，从而相互之间形成以事实为主干、价值为补充的错综复杂的分类关系。本书后续为了有效讨论，将问题区分为事实对外排除分类、事实主导分类、事实辅助分类、价值补充分类四大板块进行研讨。

第三节　事实外分

财产犯罪的分类本身是内部排序、内部问题，但内部问题首先是一个与外部区分的外部问题。确立内部的实质是将不属于内部的现象排除出财产犯罪。任何标准形成的犯罪类型，必须确立自己的"自留地"，形成其犯罪类型的"全家福"。关系分类起于标准分类，发于非标准分类，体系分类由此形成。选择什么作为分类标准，本身已经体现分类的基本关系，比如事实财物罪使用事实占有行为、主观心理作为标准，其结合形成的事实占有关系不同于主要由所有权法益形成的归属关系性质。犯罪的事实界定意味着排除关系首要的就是将不属于自己的现象从范围中清除出去，成为排除分类；即使被排除的价值现象例外地被立法补充入罪，其也需先被排除后再根据需要被选择性纳入，以体现标准的逻辑性、一贯性。

事实在整体层面对外区分价值，在要件要素层面对内区分不同事实需求，同时排除要件要素层面的价值现象。外分是首要任务，内分以外分为前提。

排除价值始终是法治时代的最强音，价值的主要表现是社会危害性、法益危害性、主体危险性。法治时代的犯罪事实标准为了能够有效地与上述三大价值现象相区分，进行了艰苦的探索。行为作为一种物理、外观、客观存在的现象，是最典型的事实现象，围绕行为展开的事实、价值区分，是事实、价值之间区分并形成相应分类最有说服力的证明。

在行为的问题上，为了与价值相区分主要经历了两个阶段，体现了刑法在事实、价值分类上不同时期的侧重点。

第一阶段，区分行为、非行为的1.0版本，喊出了"犯罪是行为"的口号，反价值、反伦理、反道德成为启蒙思想的先锋。这是从外部认识并确立行为标准。标志性的事件有日本刑法在20世纪初围绕杀尊亲属罪是否违反平等原则及其存废的大讨论，清晰勾勒出杀人事实、身份的不同性质，保留观点是从儒家文化出发认为需要继承传统伦理道德，废除观点则基于事实行为平等、价值身份不平等进行论述。废除观点已经可贵地在人类历史上将杀人事实行为、价值身份有效分离，赋予其不同性质，行为、非行为分道扬镳具备了不同的意义。与此遥相呼应，我国清末修律、1979年《刑法》规定的流氓罪、社会危害性理论在1997年《刑法》规定罪刑法定后被分解、清算，都在事实对价值清理的历史长河中前赴后继。经过此阶段，罪刑法定原则、"犯罪是行为"的事实标准从此深入人心，历史上大行其道的价值、伦理、道德对犯罪标准的影响大为下降。

行为、非行为的犯罪标准分类，作为犯罪排除分类的第一道防线，曾经在唤醒民众的罪刑法定信仰中发挥了历史性的作用。尽管那些非行为价值现象比如身份等，在后来的立法、理论中又被许多犯罪吸收进来作为判断的要件要素，但无论当时还是现在，行为、非行为所具有的不同刑法功能，应该归入不同的刑法体系、犯罪体系中，服务于不同社会治理模式，已成为共识。比如，今天基于身份的犯罪如贪污罪，与盗窃罪、诈骗罪等分立罪名，就是这一认知的现实反映，基于该分类形成的一般主体、特殊主体的分类也已经被公认为一种犯罪分类。

行为、非行为的犯罪分类标准，并非以行为作为犯罪标准的面目出现，而是以行为与心理结合的面目出现的，这被理论总结为"主客观相统一"。主观心理被"犯罪是行为"的口号有意无意地忽略了。所以，"犯罪是行为"的口号其实有失偏颇，准确的提法应当是主客观相统一的事实标准，即"犯罪是事实"。

主客观相统一作为现代犯罪的标准并非偶然。行为、心理分别体现了法益、主体两个方面，将它们结合，再按照事实标准进行筛选、结合，事实现象及其分类便是水到渠成了。

第二阶段，区分不同行为的2.0版本，不断寻找事实行为。"犯罪是行为"的热情过后，人们认识到有些行为与价值标准并无二致，不区分它们，就没有彻底、最终实现反价值、反伦理、反道德的历史使命，罪刑法定依旧是个空壳。于是，区分行为内部不同类型、客观行为与主观心理之间差异的2.0版本，是行为的外部被排除而安定后，从内部进一步筛选、认识行为标准，其实质是寻找事实行为，也许是更为艰难的工作。比如预备行为与实行行为，帮助行为与实行行为，用刀杀与吓杀、骗杀之间的差异，围绕行为不同方法、对象差异形成的理论，进而又逐步抽象出事实方法、事实对象的方向。实际上，我们现在有些犯罪已经自觉地进入了行为方法+行为对象的行为阶段，比如用财产犯罪的方法划分罪名。在这一事实标准和风细雨般发展的中期，学术讨论、争锋成为主基调，在此过程，尽管对事实有误解比如对主观心理事实的价值判断，不时有价值、规范的"回流""回潮"，事实、价值之间的尖锐斗争依旧暗流涌动，但代表事实方向的古典派、新古典派始终牢牢地占据着主导。

第四节　事实内分

事实内分有主线、辅线两个。组成事实的各要件要素之间的事实地位、作用有主、次之分，分类有主分、辅分之别。但毫无疑问，最终形成的都是围绕事实关系展开的分类。

事实内分需要事实标准的自觉指导，并且按照组成事实标准的元素展开分类，才能形成事实体系分类，很明显，这需要刑法理论的革故鼎新，局限于传统元素是不可能为犯罪分类带来一股清新气象的。体系分类不止衡量不同标准之间的优劣短长，更看重分类的体系的整体效果，为此，不惜借助非体系的标准进行局部补充分类。因此，看问题的层面会很不相同。

以事实标准形成的事实意义的要件要素等元素，作为犯罪分类标准，是形成事实关系分类的前提。其中，行为方法不仅相对行为对象而言是主要的，由行为方法主导的行为，相对主观心理而言同样也是决定性的；因而，行为方法成为了事实分类的主线，其余要件要素，包括主观心理要件、行为对象、时间、顺序等要素也能够作为事实分类的标准，但属于事实分类的辅线。可见，事实标准内部并非半斤八两的关系，先后次序必须安排妥当。

一、事实主导分类

事实往往以物理、外观、客观的现象显现出来，客观行为因其天然吻合该特征而相对主观心理居于事实标准的主导地位，客观行为、主观心理虽然都是事实标准，但显然客观行为主导、主观心理辅助，以客观行为为标准形成的犯罪分类，成为主导分类；在客观行为的组成要素中，方法因相对对象具有更积极、主动的地位而居于主导地位，对象处于辅助地位，以行为方法为标准形成的犯罪分类，成为主导分类。

（一）取得罪、毁坏罪的分类

取得方法、毁坏方法都是侵犯财物的事实行为方法，在事实行为方法中两者是相邻的并列关系，以行为方法为标准的分类即取得罪、毁坏罪，是第一层次的事实分类，行为方法一举奠定了分类事实财物罪的基本面貌和主流。一般而言，由于取得方法是运用常见的方法，在实践上具有比毁坏方法更重要的地位，所以，取得犯罪一般被置于毁坏犯罪之前。

取得罪、毁坏罪的对象尽管都是财物，但侵犯法益和行为方式不同，这是两者能够分类的保证。取得罪保证了财物的完整无缺，直接转移的是占有权、间接转移的是所有权，在保证财物完整的前提下转移财物占有权、所有权的方法，就是取得行为方法；毁坏罪则要毁坏财物的完整性，并不以转移财物位置、归属关系为目标，针对财物完整性的所有方法都是毁坏方法。取得、毁坏作为不同行为方法具有不同的事实意义，成为它们相互分类的基础。

如果从被害人角度看，侵犯法益则是相同的，两者不能进行分类。取得罪、毁坏罪都同样地侵犯了所有权，山口厚教授的说法很能说明这一点，"财产犯还可以区分为，仅以财产侵害为要件的毁弃罪、以取得财产的效用而造成的财产侵害为要件的取得罪"[1]在侵犯所有权层面两者是一致的，山口厚教授对取得罪、毁弃罪都使用了"财产侵害"要说明的正是这一点，因为对所有权侵犯的一致性，使取得罪、毁坏罪之间的性质并无分类的必要，这也正好解释了古代中国对盗窃罪、毁坏罪都是被以盗窃论罪同样处罚的原因。取得罪、毁坏罪的分类说明，侵犯所有权的各种行为方式都被所有权法益吸收进而消灭了，行为方式之间的差异在所有权的一致性面前获得了统一，法益从被害人角度出发、以所有权为唯一标准，显著区别于从行为人角度出发、以行为方式为标准，从所有权而不是行为方式说明现今不同财产犯罪之间的区别是不合时宜的。

（二）事实取得、价值取得的分类

在取得罪、毁坏罪分类的基础上，对取得罪内部再次分类，是第二层次的事实分类。

---

[1] [日] 山口厚：《刑法各论》，王昭武译，中国人民大学出版社2011年版，第197页。

事实取得、价值取得。"取得罪"的提法重在"得",意为"获得",以排除"毁坏"。

取得财物因为取得方法的不同,分类为事实取得方法、价值取得方法,事实方法是标准,价值方法是补充,标准与补充的关系奠定了两者分类的基调。在现代财产犯罪中,主流的取得方法是事实占有方法,即事实取得方法。事实取得方法强调以事实占有的方式获得财物,突出被害人事实占有、行为人排斥被害人事实占有所形成的事实攻防转换、互动,事实取得的灵魂是事实占有,具有显著的事实互动功能;非事实占有方法尽管从法益侵犯的角度实现取得,但却不符合事实方法地侵犯法益,须与此严格分离、分类。此外,凡一切能够侵犯所有权的现象,均是价值方法地侵犯法益,属于价值行为方法、价值取得。

德日理论在具体讨论取得罪时为了显示不同取得方法之间的差异,使用夺取罪、交付罪的分类。其中,夺取重在行为人"夺"的取得方式,"夺"字已经显现出行为人、被害人之间在财物事实占有之间的攻防互动,提示了在被害人反对前提下事实占有互易时的紧张关系;交付重在被害人"交付"的不同,是借用被害人力量后的取得方式。夺取罪、交付罪分类理论的意图很明显,就是意识到了取得内部存在不同方法,具有不同的性质、标准,必须分类判断。

夺取罪、交付罪的差异虽然对事实、价值的不同有所揭示,但概括不够全面、解释不够透彻。

概括能力是分类的基础,没有概括能力的分类是不完整的。

行为方法分类为事实方法、价值方法,与侵犯法益具有对应关系,即全部侵犯法益的方法刚好能够解释针对法益的侵犯,行为的方法之和等于法益,事实方法+价值方法=法益;在行为方法内部,事实方法与价值方法之间是对立关系,出事实方法、入价值方法,以事实占有方法作为分类标准,与其对立的自然是价值占有方法。

在被害人事实占有且不愿意交付财物的前提下,行为人只有事实夺取才能获得财物,从行为人在被害人事实占有下转移财物的单向考察,就能获得有效说明财物转移的原因,这就是夺取罪的逻辑;在被害人事实占有,已经或愿意交付财物的前提下,行为人不使用事实夺取方法就能够获得财物,其间，既要考查行为人行为，也要考查被害人在其中的作用即行为人、被害人双向度考查，才能最终认定是否成立财产犯罪，这就是交付罪的逻辑。

夺取罪对应事实方法、交付罪对应价值方法。夺取罪重在"夺"的提法已经具有了事实的"雏形"，也算有了相当的概括力。但必须指出，夺取的意义在于其改变了利益入罪的逻辑，注重的是取得财产的行为方法、过程，而不是取得财产的最终法益归属改变的结果。但是仍需看到，夺取一词依旧存在性质提示不够明确的问题。因为，"夺"更有相对被害人违背其意愿的意思，只要不是被害人同意的侵犯财物均可视为"夺取"，这已经和法益标准并不二致。显示不出事实夺取的外观、物理属性，所以，还是事实方法更好，不仅满足于夺的意思，还意在强调外观、物理即事实地"夺"。

但交付罪对价值方法的概括力就差强人意了。价值方法本身不足以导致法益侵犯，必须借助其他力量后才能完成法益侵犯，属于"借刀杀人"，价值方法作为利用型行为方法，由于借助了行为以外的其他因素，需要评估行为人行为在整个取得财物中的地位、作用，才能最终决定是否给行为人定罪，因而属于价值判断。[1]根据所利用力量的不同，有利用自然、利用他人、利用被害人、利用先行为四种情况，被害人虽然属于价值因素，但并非价值介入的唯一因素，不能代表所有的价值方法。现有交付罪分类是利用被害人的不同心理形成的，诈骗罪是利用被害人贪小便宜的弱点，侵占罪是利用被害人先行交付财物的不足，敲诈勒索罪则是利用被害人不愿反抗的弱势。

交付罪属于利用类的财产犯罪，能够解释利用被害人的现象，但排斥、忽略了利用自然、他人、行为人先行为等其余的价值现象，对利用类价值现象没有全部的概括能力。（1）不能解释利用自然的现象。自然现象对被害人的影响，主要影响强的侧面，比如被害人被困于树洞中不能脱身，行为人趁机将被害人身（手）上财物取走的，被害人眼睁睁看着无力阻拦。对于此类现象究竟应当定盗窃还是抢劫，尽管存在争议，但没有争议的，是此类现象不属于交付罪。（2）不能解释利用他人行为的现象。在虚假诉讼、冒充军警人员取走财物等案件中，也有利用法院、警察等公权力侵犯财物的现象出现，其中，可能还会伴有暴力、强制、胁迫、诱导等手段的出现，也属于利用他

---

[1] 参见文海林：《论罪刑法定的事实明确》，中国政法大学出版社2016年版，第215~217页。

人的财产犯罪。由于对利用他人现象的理论解释资源匮乏，导致对此类现象定罪的争论四起。比如他人为了拘禁将被害人五花大绑后，行为人利用被害人被强制的状态取走被害人财物的，也只能认定为公开窃取，肯定不是交付罪。（3）不能解释利用行为人的先行为现象。事后抢劫、携带凶器抢夺、先编造一个理由将被害人骗离房间后取走被害人财物，都属于此类情形。抢劫罪的顺序问题，是所有复合行为的共同问题，其强制行为、取财行为之间先后顺序的关系，实质是行为人的先、后行为之间的关系问题。利用先行为现象不是利用被害人现象，不属于交付罪。

交付罪的标准，是法益的价值标准。交付是被害人是否同意转移事实占有（包括所有），交付是被害人的交付，交付改变了事实占有方法在事实财物罪中决定是否犯罪、犯何罪的标准功能，转而采用法益标准。交付罪注重结局，而不是取得财产的方法和过程；只要没有导致被害人财产损失，比如虽然被害人交付了财物，行为人并不拒绝归还财物，是不能成立侵占罪的。对于交付罪而言，重要的不是交付，而是交付后导致的财产损失，行为方法固然重要，但利益是否受损更为重要，是最终的标准，如果行为方法没有导致利益受损，不成立财产犯罪；"侵占原则上是针对特定物的所有权进行保护的，所以对种类物的挪用多以缺乏可罚的违法性或缺少不法领受意思等理由而否定侵占罪的成立……侵占罪中的'金钱'问题只是'金额'问题，作为物的侵占罪不宜受到保护。"[1]既然是所有权标准，就需要在评价了被害人行为后，才能最终确立是否成立财产罪，如诈骗罪。[2]所以，诈骗罪是十分典型的交付罪，也是不能单向度地从诈骗行为方法一方就独自得出是否构成诈骗罪的关键。不明白这个道理，按照事实行为一贯从行为方单向判断结论的思维，是要犯错的。夺取罪则不同，夺取行为本身已经足以入罪，行为人愿意归还财物也是财产犯罪，因为行为方法体现的过程已经完整地完成了。是否侵犯利益虽然重要，影响是否既遂，并不影响行为方法的标准即犯罪是否成立。

---

[1] [日]佐伯仁志、[日]道垣内弘人：《刑法与民法的对话》，于改之、张小宁译，北京大学出版社2012年版，第7页。

[2] 这也是德国刑法理论之所以产生被害人信条学，主要用以解决诈骗罪中被害人侧面问题的根本原因。

尽管行为人利用被害人是最常见的利用类型财产犯罪，是表现在实践中占绝大多数的价值利用类犯罪，但依然改变不了夺取罪、交付罪存在部分不能充分涵盖整体的不足。

价值标准除了利用类型，还有其他价值标准形成的类型，对此，交付罪更是无法涵盖。

比如，有的是从社会危害性出发进行价值评价，如我国大陆规定的携带凶器抢夺定抢劫罪，反映出立法者基于自身判断对该现象社会危害性的评价，我国台湾"刑法"同样规定了此种情形，却是以抢夺定罪从重处罚，反映出对此现象更多从行为人角度出发，看淡其社会危害性的价值立场。可见，无论大陆还是我国台湾，都从社会危害性出发得出了各自对携带凶器抢夺的评价，然后得出了不同的价值评价结论。

又如，有的是从主体危险性出发进行价值评价，如我国《刑法》第268条规定的聚众哄抢罪，对于首要分子和积极参加的行为人的定罪量刑，哄抢作为行为方法区别于盗窃和抢劫，接近抢夺。我国《刑法》第289条规定的聚众"打砸抢"中，对于抢走、砸毁财物的首要分子，以抢劫罪定性；抢走的定抢劫还说得通，但砸毁的定抢劫，是从被害人所有权被侵犯角度出发认定，已经明显改变了事实标准从行为人角度出发定性的逻辑。同时，两罪聚众中的首要分子（包括聚众打砸抢中的积极分子），将聚众本身作为方法的变量融入行为方法中，使行为方法演化出新型特征，但这种行为方法的新特征显然是主体危险性带来的变量，需要结合主体要件考察才是正确之道，刑法对两罪规定只处罚首要分子（包括聚众打砸抢中的积极分子），而不是一概将所有参与者定罪处罚，正是对主体因素分辨后的结果。

上述研究表明，当今事实财物罪迫切需要挣脱夺取罪、交付罪存在的对事实方法、价值方法分类涵盖不足的束缚，直接改用事实方法、价值方法作为分类标准，才是根本策略；同时，事实方法主导、价值方法补充，以事实方法为标准形成的犯罪分类，成为主导分类。

（三）不同事实占有方法的分类

分类出不同事实取得方法，是第三层次的事实分类。

1. 事实取得方法即事实占有方法

事实取得、价值取得比夺取罪、交付罪的分类更科学、更周延，但并没有自动解决事实取得的标准，事实取得作为罪刑法定选定的标准，还需要具体的"抓手"。

首先，将事实取得定位于占有，是第一步，这一步是方法的性质转变，即由法益向行为的转变。

不同于所有权着眼于财产的法律归属，占有着力于事实现象层面。占有，作为对财物的控制，以反映对于财物的事实掌控为基本特征，其事实特征也已被广为认同。使用占有替代所有，成功使犯罪标准从价值层面俯身于事实层面，即将所有权的层面转换到行为层面。

占有概念在行为层面从所有到占有，占有的行为改变是那么显著，使组成行为的要素比如方法、对象均一跃成为左右行为性质的因素，不同方法、不同对象的不同组合带来了行为性质、类型的深刻改变，是财产犯罪能够被人们充分捕捉到并上升到罪名之间区分开来的根本因素；在法益层面从所有权到占有权，占有方法的行为属性使其迥异于法律归属，对应占有行为的法益必须启用占有权才能准确涵盖，占有权在与所有权之争中能够成为通说，很大程度上要归功于占有方法。

其次，占有方法是事实占有方法，是最后一步，这一步是方法的类型转变，即由方法向事实方法转变。

选定占有取代所有作为行为方法主导犯罪标准，完成从法益到行为的转变，是为了实现事实意义的转变。但占有方法还不能自动成为事实，因为，占有作为行为方法，内部仍然有事实方法、价值方法的不同，即事实取得、价值取得，而且，它们都是行为方法。占有方法的使用，同样属于占有方法的价值表达，占有方法存在鱼目混珠的空间，可见占有方法的概念依旧无法完成甄别事实、价值的任务。为了区分出占有方法内部的不同行为性质，使用事实占有、价值占有的概念便成为最后的解决方案。

早期有天才选用"占有"一词作为财产犯罪行为方法的标准，就是看重了占有的事实特征，占有的实质是事实占有。已经创造出来的事实占有、规范（价值或者法律）占有概念，表明占有的事实、价值不同类型已经在学术界被充分认识到了，但罪刑法定选择事实占有、排斥价值占有的观念则没有同步建立，导致两个概念都有不少主张者，两个占有概念都用的结果一定是价值占有的概括性占优，事实占有仅仅会在非其莫属时才登场。一旦事实占有无法涵盖价值（规范或者法律）占有，导致占有范围的不足，就会促使不少学者从概括性出发，又有意无意地搬出"价值占有"概念扩张"占有"，或者干脆沿用"占有"的类概念，"价值（规范）占有""占有"两个概念，放大了占有范围使之接近于"所有"的程度，在实际运用中放弃了事实占有的事实特征，这就必然违背选用"占有"时追求罪刑法定要求的明确性初心，引发概括性、明确性的取舍混乱，这在存款占有问题的讨论中最充分地显现了出来。行为方法必须回归事实占有方法的正轨，才能根本解决标准问题；价值占有方法比如交付罪，盗窃罪、抢劫罪中的价值占有，原则上不是事实犯罪，如果成立犯罪只能屈就于标准的补充，依赖立法个别规定后才能成立犯罪。今天的事实财物罪恰恰在这一问题上吃了不少苦头，徐凌波博士认为，"日本刑法理论对于不同的具体构成要件中所涉及的占有概念并没有作统一的解释，而是根据不同罪名的具体功能来具体地解释其中占有的含义。在盗窃罪、诈骗罪等占有移转型犯罪中，占有只限于事实性、物理意义上的控制支配管领关系，这一点并无争议。但在侵占罪中，日本理论通说则认为占有不仅包括事实上的支配控制，而且也包括了法律上的支配控制。"〔1〕

2. 事实占有分类

确立了事实占有方法的标准地位后，成为组成行为、事实犯罪的主要侧面的基于方法的分类——不同事实占有，便摆上了议事日程。

回忆价值标准的古代，是以平和、非和平手段不同将财产犯罪分类为盗窃罪、抢劫罪，后来又在两者中间加入了抢夺罪，三罪代表中国刑法史上财产犯罪的价值分类。历史进入了罪刑法定的事实标准时代，仍然需要以平和、非和平将财产犯罪分类为盗窃罪、抢劫罪、抢夺罪，它们周延地、互补地包揽全部事实取得方法，形成了事实衔接、互补关系、分类。

财产价值分类标准是法益——所有权，财产事实分类标准是行为方法——事实占有方法，标准调整带来的边界调整使财产犯罪的类型出现了重大分化，财产犯罪之间的关系迎来了重新布局，诞生的事实财物罪新类型为重新分类提供了契机。下面以盗窃罪、抢劫罪为例说明。

盗窃罪，秘密窃取是典型的"小偷"事实形象，秘密窃取排斥公开窃取

---

〔1〕 徐凌波：《存款占有的解构与重建：以传统侵犯财产犯罪的解释为中心》，中国法制出版社2018年版，第55页。

成为事实盗窃罪清除价值盗窃罪的必然。为此，必须分类出事实盗窃罪、价值盗窃罪分类；但价值标准则是公取、私取皆为盗，均成立盗窃罪，不需要分类出事实盗窃罪、价值盗窃罪。

抢劫罪，先强后盗符合强取的事实标准，确立了事实抢劫罪的典型类型；先盗后强已经被边缘化，依赖立法的专门规定才能成立犯罪，这已经是全世界的共识，表明抢劫罪从价值到事实的转换十分顺利，转换是以分类出事实抢劫罪、价值抢劫罪为前提。但价值标准则是先强后盗、先盗后强皆为强盗，均成立强盗罪，不需要分类出事实抢劫罪、价值抢劫罪。

不同盗窃罪、抢劫罪，可以以罪名群的立法方式出现，从而能够清晰反映群内的标准、排斥、补充关系分类。同时，盗窃罪、抢劫罪之间，由于事实危害大小的关系，由重到轻的排序标准，会自动形成抢劫罪、盗窃罪的关系分类。

（四）不同价值取得方法

根据前述讨论结论，使用价值取得取代交付罪的概念后，价值方法将打开补充入罪的价值空间，从局限于利用被害人，延展到利用其他因素，以及各种价值要件要素的介入，从而极大地丰富基于价值标准的财产犯罪分类。比如，我国刑法规定的携带凶器抢夺定抢劫罪、聚众打砸抢中抢走、毁坏财物定抢劫罪，均是价值占有方法的抢劫罪。

价值取得方法与事实方法是标准、排斥补充关系，但相互之间则是互补关系、分类，没有主次之分，但可以以类别的不同分类、排序。

价值取得方法存在两个情况，一是以纯粹价值补充面目出现，与事实标准没有关系的类型，比如前面讨论的利用型中利用被害人的交付罪，即侵占罪、诈骗罪、敲诈勒索罪，其他的还如我国刑法规定的聚众哄抢罪等；二是在事实犯罪中出现价值方法的补充情形，比如在抢劫罪中利用被害人错误认识如使用假枪抢劫、利用他人致被害人陷于强制困境取得财物，此类现象出现了价值方法的使用，属于事实犯罪中的价值现象，如果立法将其独立成罪，则与事实犯罪形成罪名群。

上述两种情况均可能出现罪名独立的情形。当然，第二种情况也可能像我国刑法那样作为事实犯罪的一种特殊情形，通过以盗窃论、以抢劫论定罪。只要出现新罪名，价值占有方法形成的财产犯罪，就会出现与其他财产犯罪分类的内在需求，形成分类的关系对应。

（五）事实毁坏、价值毁坏

与占有方法相比，毁坏方法是次要的事实方法，一般将毁坏财产犯罪置于占有方法之后；毁坏方法内部，事实毁坏、价值毁坏之间，如同取得罪的事实方法、价值方法一样，形成的是标准、补充分类关系。

对于毁坏财物的所有权而言，是通过毁坏财物肉眼可见的物理属性如将他人杯子、柜子砸碎，还是毁坏财物的使用如将他人戒指抛入大海，形成了德日理论中的物理毁坏说、效用毁坏说，实质是事实毁坏、价值毁坏，效用（价值）毁坏说可以包括物理（事实）毁坏说。

从法益的角度讲，物理（事实）毁坏是站在行为人角度看重对事实占有权的破坏，一旦财物被物理性毁坏，财物完整性前提下的被事实占有、占有权进而所有权也就不存在了，比如，一个国宝级青花瓷瓶，被人用砖头砸碎后，花瓶的立体外观、古色古香气息、被人捧抱的事实占有效果、占有权益、所有权益都不复存在了，经济、文化、社会价值荡然无存，因而是事实破坏力。毁坏罪的事实标准侵犯财物的完整性，价值标准侵犯财物的完好性，它可以包括效用论，比如纽扣案、将他人珍贵小鸟放归大自然、将他人戒指扔到大海里等。

效用（价值）毁坏就是站在被害人角度破坏了所有权的正常行使，侵犯的是所有权的法律归属性，比如我国发生的纽扣案，其对纽扣的使用、处分、收益的权益因为被混倒一地，而经济价值大为下降，所有权益被严重侵犯，但纽扣被完好无损地散落一地，纽扣作为一颗颗独立、完整形态仍然由被害人事实占有着，被害人的占有权依旧存在，被害人丧失的仅仅是不同颜色、大小、规格纽扣放置于不同麻袋中的便捷性，这种便捷性形成的占有特征更应当被理解为所有权的经济性；当然，有些价值毁坏是将被害人的事实占有、占有权与所有权一并毁坏了，比如将他人的金戒指抛入大海。价值毁坏对所有权的侵害，恰恰证明了古代毁坏财产按照盗窃定罪的正确性。

在事实标准以手段相互区分的大背景下，物理毁坏才是应有的选项。从事实标准出发，只能选择财物完整性，否定财物效用性，价值毁坏就成为需要剔除的毁坏现象，如果需要定罪须以立法例外、个别补充规定为前提，这就是当今围绕毁坏激烈争论的实质。效用毁坏是以法益为标准，物理毁坏是以手段为标准。

二、事实辅助分类

事实标准的要件要素组合，决定了行为方法作为行为、事实的分类主线，并不能替代非方法的其他要件要素的分类辅线。主线、辅线，就是它们的分类关系。

第一，以行为对象为标准的分类。事实行为不是方法的"独舞"，而是方法、对象的"共舞"，只有方法、对象结合，才是实行行为；没有对象的"伴舞"，就不可能有"事实行为的舞蹈"。没有对象的方法（比如蹲守）、没有方法的对象（比如跟踪），都是预备行为，而不可能是实行行为。对象对于事实行为具有方法不可替代的作用、功能和地位，对象要素自然成为影响财产犯罪分类的要素之一。但也要承认，相对事实方法，对象的分类是次要要素。

作为方法的行为对立面，对象既被方法限定，也限定着方法。一方面，方法筛选对象。事实方法需要事实对象的配套。对象主要是财物、利益之间的不同，德日刑法理论围绕对象区分为财物罪、利得罪。[1]可以想象的是，事实占有方法不可能抓握无体物、债务、虚拟财产的利益现象，只有财物才能与事实方法形成事实行为，完成一出事实剧目的表演。另一方面，事实对象反向塑造方法的事实属性。一般而言，事实方法才是侵犯财物的有效方法。财物犯罪的事实化，必须通过财物的易手来体现。事实对象只能被事实方法事实地侵犯，其虽然也能被价值方法侵犯，但那已经不是事实侵犯了。不同大小、形状、颜色、方位、速度的对象需要不同的取得方法，财物需要能够对其抓握、移动、翻滚的方法，如此才能完成移离原地、永久所有的转换，通过事实占有实现所有的目标才能实现。抓握、移动、翻滚的方法，就是事实占有方法。相反，利益一旦被物理、外观地事实化比如欠条，也能形成如同事实现象一般的侵犯。否则，是不可能、也不需要事实化地侵犯，比如行为人欠被害人3000元意欲不还，被害人要求行为人还钱时，行为人用刀威胁被害人"我到底欠不欠你的钱？"被害人见状改口"你不欠我的钱"，行为人于是放了被害人。欠钱本是债务，抢劫利益只要让被害人放弃债权即可，不

---

[1] 参见［日］大塚仁：《刑法概说（各论）》，冯军译，中国人民大学出版社2003年版，第172页。

需要财物的易手。从抢劫事实化的角度看，此类案件虽有暴力方法，但缺乏财物易手的过程，不能算典型的事实抢劫。

从事实对象的角度，也有可能进一步分类。尽管我国财产犯罪只规定了财物一种对象，没有进一步细分的必要，但并不意味着在其他犯罪中事实对象不会细分，一旦出现细分的需求，罪名的分立便成为必然，我国生产、销售伪劣产品罪，走私罪等犯罪中，由于对象的不同导致法益、方法的差异促成了分立罪名的立法规定，已经昭示了此种可能。既然财产犯罪并没有财物细分导致的罪名分类，本书就此打住，不再深化研讨。

对象与方法的组合，无非事实方法、事实对象，价值方法、事实对象，事实方法、价值对象三种。事实方法、事实对象属于典型的事实行为组合，剩下的价值方法、事实对象，事实方法、价值对象的，属于价值行为组合。

其中，价值方法、事实对象的组合，形成了前述方法中的价值现象，本来需要排除于事实财物罪。但如果立法需要将其犯罪化，则可以有不同选择，如形成独立罪名，普遍认可的有利用被害人的诈骗罪、侵占罪、敲诈勒索罪，利用先行为的事后抢劫，有的立法比如日本刑法规定为独立罪名，有的立法比如我国刑法规定为按照抢劫罪定罪处罚。一旦价值方法被立法认可为犯罪，其与事实方法的犯罪之间自然形成了方法要素的分类基础。

事实方法、价值对象的组合，本来需要排除于事实财物罪。但如果立法需要将其犯罪化，则可以有不同选择，可能采取独立罪名（比如日本刑法规定的抢劫利益罪、侵夺不动产罪）和视同典型财产犯罪（将电力视同财物）两种方式，利益、不动产、电力等价值对象就与事实对象具备了分类的意义。

第二，以主观心理为标准的分类。财产犯罪的心理类型主要是故意，过失心理很少。我国没有规定过失的类型，因此也就不存在依据心理类型的分类，但国外刑法规定了过失心理的，比如《俄罗斯联邦刑法典》第168条规定的"过失损毁财产"，不同心理的分类基础就有了。相比于行为要件分类，心理分类的地位是次要一些，其分类也不及行为分类重要。

与传统故意、过失分类不同，目的犯是故意犯中附加特定目的的心理类型，以是否具有特定目的为标准，可以分为目的犯罪、非目的犯罪。财产犯罪是理论公认的目的犯，即其中的取得型犯罪必须以非法所有为目的，是否以非法所有为目的，是取得型财产犯罪与其他财产犯罪相互区别的心理标准。

取得型犯罪的标准是事实占有，故意是事实占有故意比如盗窃故意、抢劫故意，但事实占有的事实属性不具有区分生活事实、工作事实与犯罪事实的功能，必须在心理层面附加非法所有目的，才能将财产犯罪具有的将他人财物的法律归属转归行为人非法所有。事实占有以实现法律归属改变为目标，但表达法律归属的价值意义，不同于占有的事实意义；事实占有故意并不具有表达非法所有目的，价值的介入即非法所有目的才能有效区分罪与非罪。

事实占有心理是故意标准、非法所有目的是故意实现目标，清晰表明了标准、目标之间的位次功能。"以非法所有为目的"的区分功能体现在两方面，一是与不具有"非法所有目的"的生活事实中的事实占有财物行为区分。二是与侵犯使用权的财产犯罪相区分。下面进一步讨论第二方面带来的分类。

分离出侵犯使用权财产犯罪的本身，就是否定其原本的侵犯所有权的传统标准。在古代，侵犯使用权包括在侵犯所有权中，所以，盗用、挪用都以盗窃罪论处，并没有成立独立的盗用罪、挪用罪。

事实标准以侵犯占有权为标准后，盗用与盗窃之间、挪用与贪污之间，因为事实占有方法的差异，具备了相互独立的方法基础，独立成罪成为必然。但事实占有之外，盗用、盗窃之间，挪用、贪污之间的区分需求催生了目的差异的区分功能，侵犯使用权不仅顺理成章地从侵犯所有权中独立了出来，而且"以非法所有为目的""以非法使用为目的"，成为盗窃与盗用，挪用与贪污之间的区分标准。不同侵犯使用权的财产犯罪之间，以及与侵犯所有权的取得型财产犯罪之间，顺理成章地具有了分类的内存需求。[1]

侵犯使用权的，可以规定诸如盗用罪等，此外，还可以如《奥地利联邦共和国刑法典》那样规定长期盗用物品罪（第135条）、未经授权使用交通工具罪（第136条）等。[2]我国刑法没有规定盗用类犯罪，但规定了挪用类犯罪，如挪用公款罪、挪用资金罪、挪用特定款物罪。

我国财产犯罪对于要件要素层面的价值补充入罪，由于理论研究的滞后，有不作为的一面，比如对于使用假枪抢劫如何处罚没有规定；有乱作为的一

---

[1] 尽管，从物权内部，根据侵犯权能的不同可以分类出侵犯处分权、使用权的不同财产犯罪，但考虑到以物权权能区分不同法益类型的做法并没有获得学界认同，同时，目的差异形成的目的犯理论已经被学界认同。所以，笔者主张以目的的不同对侵犯不同权能的财产犯罪进行分类。

[2] 参见《奥地利联邦共和国刑法典（2002年修订）》，徐久生译，中国方正出版社2004年版，第57~58页。

面，比如对于抢劫利益没有像日本刑法的规定，但理论界不少学者却一股脑儿地将抢劫罪中的"财物"一词解释为包括"利益"，完全无视财物、利益词意的明显不同。

第五节 价值补充分类

价值补充分类，在上一部分讨论事实分类时，已经在事实内部的要件要素层次、类别中都有展开，除此之外，还对事实对外的价值排除分类进行了讨论。但价值排除类型中，有一些具备补足事实标准各种天然不足的功能，事实标准不得不将其在各个层面进行补充，由此形成了与事实标准对应、价值标准之间互补的分类关系。下面，具体讨论从法益危害、主体危险两个方向的价值补充分类。

将所有犯罪按照一定逻辑概括进来、有序排列，是刑法分则的基本使命。其理想状态当然是由犯罪标准出面归纳全部犯罪，但这必须有一个前提，即犯罪标准的概括能力足够涵盖所有犯罪。事实标准由于自身所处事实层次，对事实现象的概括没有问题，但对高于事实的价值层次的概括不足、无力，而事实标准正因为概括能力的短板，不得不在许多价值层面补充了大量罪名，如何收拢、归纳这些价值犯罪，成为事实标准必须面对的难题。德国刑法学家费尔巴哈曾经从事实标准出发设想对所有犯罪按照行为、心理的要件标准归类，但不甚理想，至今也未见有哪一个国家的刑法分则是按此排列的。可见，适当地让位于价值标准完成价值层面的归纳任务，尤其在刑法分则的编、章、节的层面需要概括超出事实现象时，价值标准适时出场便在所难免。由此，会形成所有犯罪的归类关系，并产生相应分类。

一、法益分类

法益，法律保护的利益，实质是利益。哪些利益需要动用法律保护，哪些不需要，是一个社会权衡利弊后的价值选择，因而是一个价值现象，利益向外、向上的价值评判倾向十分明显，受到价值倾向、变动的强烈影响。

早期的利益是宏观、抽象、观念、笼统的，体现出人类对利益认识的混沌、初级特征，价值导向特色鲜明，在刑法中设立的犯罪也往往是大类法益。

比如，中国古代最早只规定了贼、盗两类犯罪，分别处理侵犯人身、经济两类犯罪，盗窃罪作为大类犯罪，立足于财产所有权，但实质包括了现今的经济犯罪。因此，像现今的走私罪、强拿硬要、强买强卖等经济犯罪，古代都是以盗窃论罪就不足为奇了。

到了法治社会，利益变身为法益，实现了一系列的事实意义的改变，对包括犯罪分类在内的犯罪现象产生了直接、重大的变革。

首先，要认识到，法益作为事实反映的目标出面解决全部犯罪归类，并且形成法益分类是合适的。一方面，法益作为事实行为尤其是其中的行为对象直接反映的内容，与事实标准存在千丝万缕的关系，严格讲，法益作为事实价值并没有完全脱离事实范畴，以法益作为标准归纳事实现象也是可行的。另一方面，法益毕竟本质上是价值的，与同是事实价值的主体危险性、社会危害性的纯粹价值也有内在相通的一面，相互转换更为便利。

其次，由于事实标准的深度介入，法益在以往被人类逐步深化认识的基础上，开始出现事实、价值不同利益的革命性裂变，通过不同途径产生了事实法益、价值法益的不同性质分类[1]，在促成法益进一步分类的同时，为辅佐事实分类，实现事实标准，做出了重大贡献。下面以财产犯罪为例说明。

(一) 财产犯罪的性质

法益通过主体分类为事实法益、价值法益，是法益分类的第一个途径。我国刑法分则是按照危害大小由重到轻依次分为十大同类客体，但是，国外比较普遍的做法是按照主体不同将所有法益分类为侵犯个人法益的犯罪、侵犯社会法益的犯罪、侵犯国家法益的犯罪，侵犯财产罪是其中的侵犯个人法益的犯罪。我国对法益的分类是古代沿用至今的古老分类，而个人、社会、国家的法益分类，则是现代刑法之后的事情，不过短短几百年。

对于侵犯个人法益的犯罪、侵犯社会法益的犯罪、侵犯国家法益的犯罪分类，不仅按照法益进行，而且表面上还是一种通过主体的法益分类，但笔者认为，其是遵循了从事实法益到价值法益的关系分类，侵犯个人法益的犯罪是事实法益，侵犯社会法益的犯罪、侵犯国家法益的犯罪是价值法益。因为，法益的主体类型，与事实、价值联系紧密。只有与个人利益相关的犯罪，

---

[1] 参见文海林：《犯罪论的基本体系》，中国政法大学出版社2011年版，第78~81页。

才能形成具备物理、外观、客观的事实现象，而侵犯社会法益、国家法益的实质是秩序犯，如果完全没有个人利益融入其中，则属于纯粹的社会法益、国家法益，不应该成立犯罪。

个人法益是事实法益，社会法益、国家法益是价值法益。以伪造货币罪为例。古代的伪造货币罪侵犯的法益是货币发行权，一旦伪造货币便侵犯法益成立伪造货币罪，但停留在货币发行阶段的法益是国家法益，不以个人利益参与其中为前提，国家的货币发行权更类似于货币秩序；但今天的伪造货币罪为了达到事实标准，需要千千万万个人利益参与其中，法益便定位于货币流通领域，以货币公共信用作为侵犯法益，为此，必须在主观伪造故意之外，额外地要求"以行使为目的"，使伪造货币罪成了目的犯，排除了基于收藏、教学、表演道具等目的的伪造货币行为。从罪名上看，古今都是以"伪造货币罪"定罪的，但法益设计的不同，使伪造货币罪的性质、标准、范围等方面均相去甚远，古代因为侵犯国家法益而是价值货币罪，今天因为侵犯个人法益而是事实货币罪。

财产犯罪归入侵犯个人法益犯罪，是归入侵犯事实法益的犯罪。这样的性质定位对于财产犯罪的理解具有重大的理论、实践指导意义，自觉从事实标准出发认识财产犯罪的要件要素，具有重要的战略意义。现有财产犯罪理论之所以在一系列理论问题上存在争论，并长期无法形成通说，根本原因就是对自身性质的认识不清造成的。

（二）财产犯罪的分类

法益区分物质化法益、精神化法益是法益分类为事实法益、价值法益的第二个途径。此途径在几乎所有存在争议法益的犯罪中，均鲜明体现了出来，比如故意伤害罪的身体完整性、生理机能健全之争，财产犯罪的占有权、所有权之争，非法拘禁罪的现实自由说、可能自由说之争，等等。只不过，人们还没有自觉地在事实法益、价值法益的平台统一看待法益内部的争论而已。

财产犯罪内部也需要根据物质化、精神化的特征，作出事实法益、价值法益的分类。

现代民法的财产类型包括物权、债权、知识产权，都是个人的财产性质。民法和经济法，前者关乎个人财产利益，后者关乎个人经济秩序。侵犯财产犯罪本质是侵犯利益犯罪，侵犯经济犯罪本质是侵犯秩序犯罪。财产类型中的物权、债权、知识产权，物权是事实特征显著的事实财产，债权、知识产权是事实、价值混合的财产，但无疑都是个人的财产类型，与体现社会、国家意志的秩序类型差异明显。

从对应角度看刑法的归类，我国1979年《刑法》规定了侵犯物权的财产犯罪，侵犯著作权、专利权、商标等是放在破坏社会主义市场经济秩序罪中的；1997年《刑法》基本沿用了这一分类，只是对于拘禁他人索债的以非法拘禁罪定罪处罚；后来以修正案方式规定拒不支付劳动报酬罪后，我国财产犯罪实质上已经以侵犯法益为标准分为侵犯物权、侵犯债权两部分；《中华人民共和国刑法修正案（十一）》规定了催收非法债务罪，放在破坏社会管理秩序罪中。我国破坏经济秩序、社会管理秩序中的经济犯罪，大多是有个人利益融入秩序中的，尽管有少数纯粹的秩序犯罪，也是立法机关价值补充的犯罪。

其他各国也是将侵犯所有（占有）权归入财产犯罪中，但对于侵犯债权、知识产权的犯罪，态度有二。第一，归入财产犯罪。这在当今各国刑法中为数不少，比较典型的如《喀麦隆刑法典》侵犯财产罪的分类，基本是以法益作为分类标准，所以，才能将侵犯著作权、专利权、外观设计、商标、债务的犯罪纳入财产犯罪。[1]第二，不归入财产犯罪。这在当今各国刑法中同样为数不少，其中又有两种做法，一是像我国那样明确将侵犯债权、知识产权的归入其他类别犯罪主要是经济犯罪中；二是单独成立一章，如《巴西刑法典》。[2]

中外刑法不将侵犯债权、侵犯知识产权犯罪归入财产犯罪，都是用价值看待、定位侵犯债权、侵犯知识产权中侵害社会秩序部分因素后，不能正确处理好与财产归属的事实财产犯罪的关系导致的，是民法、经济法区分困难的刑法折射，反映出两大问题：一是重秩序轻法益（尤其是个人法益），我国刑法分则规定了十分庞大的破坏社会主义市场经济秩序罪、妨害社会管理秩序罪，实际是将它们分别作为了经济犯罪、社会犯罪的类罪的兜底（口袋）犯罪。使用秩序作为标准对于事实标准而言有致命不足，标准范围已经严重超出事实范围。秩序，包括又不限于法益，秩序犯意味着首先和主要侵犯的

---

[1] 参见《喀麦隆刑法典》，于志刚、赵书鸿译，中国方正出版社2007年版，第168~174页。
[2] 参见《巴西刑法典》，陈志军译，中国人民公安大学出版社2009年版，第66~85页。

是相关秩序；但法益首先考虑的是利益尤其是个人利益，秩序是法益之余考虑的；两者反映出标准的差异。二是架空了财产犯罪的类型。秩序犯罪的规模不受约束的自我扩张，越来越有发展为口袋罪的趋势，是重秩序轻法益的必然结果。秩序作为精神化的法益具有更加突出的价值特征，具有不断自我膨胀、自我壮大的强大内驱动力。我国刑法中的破坏社会主义市场经济秩序罪、妨害社会管理秩序罪，无论 1979 年《刑法》还是 1997 年《刑法》，不仅罪名数量始终是最多的，而且，刑法修正案补充的新罪名，即使是侵犯财产法益的犯罪，也大多归入秩序犯罪。

笔者认为，将侵犯物权、侵犯债权、侵犯知识产权组成事实财产犯罪的分类。其中，侵犯物权是事实法益、标准法益，侵犯债权、侵犯知识产权是价值法益、补充法益，都应当毫无例外地纳入财产犯罪中。

除了物权犯罪后续专门研讨，其余的价值法益，有两种：第一，侵犯债权。纵观世界各国，规定得比较多的主要有骗吃、骗喝，抢劫利益，其他侵犯债权犯罪。第二，侵犯知识产权。根据我国现有的罪名设置即可。

（三）财物犯罪的分类

侵犯物权内部的权能，需要根据事实法益、价值法益的标准，进一步细分为侵犯占有权、处分权、使用权，分别使用占有权、处分权、使用权的不同侵犯法益，成立不同的犯罪。

侵犯占有权，有抢劫罪、抢夺罪、盗窃罪。

侵犯处分权（以往称为所有权），有敲诈勒索罪、诈骗罪、侵占罪、侵占遗失物罪、聚众哄抢罪。

侵犯使用权，有挪用类犯罪，如挪用公款罪、挪用资金罪、挪用特定款物罪。

以往的财产犯罪，都试图用所有权或者占有权涵盖上述不同财产犯罪，显然没有针对不同分类的思路，客观存在的不同分类已经埋下了争论不休的种子；如果不改弦易辙，这样的争论会永无宁日，始终看不到形成通说的那一天。

二、主体融合

主体虽不如法益般重要，但作为一种客观存在的现象，仍然有其不可替代的作用，以主体为标准的犯罪分类也成为补充分类的一个方向。

在财产犯罪中，主体的生理途径基本没有发挥作用的空间。因此，主体主要以行为人的特殊身份为标准，形成一般主体、特殊主体之间的财产犯罪分类。1979年《刑法》曾经规定过惯盗罪、惯骗罪，是将人格作为分类标准；现行刑法规定了冒充军警人员犯抢劫罪加重处罚；公职人员财产犯罪比如贪污罪、挪用公款罪，公司、企业人员财产犯罪比如挪用类、职务侵占罪，是将人的身份作为分类标准，具备了分类的需求。

也有将被害人身份作为分类标准的，只不过，它们并不构成独立的罪名。比如我国将抢劫银行或者金融机构，抢劫军用物资或者抢险、救灾、救济物资作为加重处罚的依据，司法解释将盗窃残疾人、孤寡老人、丧失劳动能力人等情形的财物作为考虑因素；《匈牙利刑法典》第321条抢劫罪第3款、第4款规定了针对官方公务员、外国公务员或者执行公务人员实施抢劫的加重处罚。[1]《古巴刑法典》第327条不仅规定了被害人的身份，还规定了行为人身份作为加重处罚的依据，如"罪犯身穿革命武装力量成员的制服，或者冒充公务员，或者出示虚假的国家机关命令或者授权书的。"[2]

第六节 分类的类别性

具体讨论了事实体系分类后，就有条件对体系分类的基本特征做讨论、归纳和总结。

分类类别是横向分类。区分类别，是区分功能的因素，从而将事实、价值落实在具体现象上，完成从抽象到具体的转换。分类类别是导致犯罪分类具有功能关系、衔接关系、互补关系、标准补充关系等的重要依据，是分类的根本标准。

对比单一分类，体系分类的类别性有两大特征。

一、分类的关系性

前面的讨论已经表明，体系分类承认被立法规定的所有犯罪均有其体系

---

[1] 参见《匈牙利刑法典》，陈志军译，中国人民公安大学出版社2008年版，第169~170页。
[2] 参见《古巴刑法典》，陈志军译，中国人民公安大学出版社2010年版，第183~184页。

正当性，都是体系犯罪的一员，体系分类不会像单一分类那样无缘无故排斥任何一种被立法了的犯罪现象，区别仅仅在于对不同犯罪的关系处理、定位不同，分类的意义相应不同。事实是标准、价值是补充和总原则；事实内部、价值内部均有进一步分类的必要，分类后犯罪之间形成了固定的位置、关系。相信通过前面的研讨，各种事实、价值现象之间的关系位置已经得到比较清晰的展现，摆放、处理好这些分类关系对于事实标准具有重大的意义。

在事实标准、价值补充的总关系中，关系枢纽是价值补充。我们现在对于这样的分类关系，在认识和处理上，有时做得很好，说明充分把握了这样的总关系，但有时也存在认识、处理不好的地方，需要总结、归纳和提升。比如在事实标准、价值补充的总关系中，价值补充既可能与事实标准并行设置罪名，也可能作为事实标准的兜底罪名即成立价值兜底罪，但无论如何，价值不能与事实并用同一罪名。兜底罪往往使用法益标准兜底罪。

我国盗窃罪中的"数额较大"就是以法益的量化标准入罪的，是古代"计赃论罪"的延伸，数额较大与多次盗窃、入户盗窃、扒窃、携带凶器盗窃的事实方法形成对应，出事实入价值。但长期以来，理论上对数额与其他方法的关系始终语焉不详，以往立法界、学术界都是缺乏深究的，由此也会导致是否要求数额与方法同时成立等的疑惑。事实方法也许远不止上述立法标示的种类，但立法选中并明示上述方法，表明在现阶段立法认为所标示的方法的事实危害已经足以需要按罪论处，实际上，我国对盗窃罪的事实方法的选用也是一个逐步增加的过程，在没有被立法选用之前，比如1997年《刑法》只有"多次盗窃"的方法，当时并没有规定入户盗窃、扒窃、携带凶器盗窃的方法，使用入户盗窃、扒窃、携带凶器盗窃的行为方法只能按照数额是否较大衡量成立盗窃罪，这些方法都是被数额"兜住"的；"数额"标准，是事实方法标准的兜底，其将不属于上述事实方法、价值方法但满足数额要求的盗窃方法"一网打尽"。很明显，数额是以法益为标准，法益兜住了方法的底，但并不是方法标准。

价值兜底罪的立法例在生产、销售伪劣商品罪，走私罪等犯罪中得到了成熟的运用。生产、销售伪劣产品罪在本类犯罪中是普通罪名，与本类其他犯罪属于普通与特殊的关系，普通的地方表现在两方面：一是对象普通，现行《刑法》第141条至第148条以外的所有伪劣产品，都可以视为生产、销售伪劣产品罪的犯罪对象；二是客观方面的要求，属于第 141 条至第 148 条所列产品但达不到其客观要件要求的，只要能够满足生产、销售伪劣产品罪对销售金额 5 万元的条件，就可以成立本罪。强调产品的数额而不是对象的属性，是从法益而不是行为（对象）看问题的视角，是在用价值（法益）标准替代事实（行为）标准。生产、销售伪劣产品罪的普通性、特殊性，是法益与对象之间的关系，实质是价值普通与事实特殊的关系，两者之间是价值兜底、事实类型的关系。

不同标准不同罪名，使用价值标准兜罪，与事实标准形成了不同标准的使用，应该像生产、销售伪劣产品罪中普通数额入罪、特殊对象入罪分立罪名那样，不能将价值兜底罪与事实标准成立同一罪名。我国在处理价值兜底的犯罪中，就有两种现象值得注意：一是数额与事实方法一并入罪，我国盗窃罪中的数额入罪、方法入罪就没有分立罪名。数额较大成立盗窃罪，与多次盗窃、入户盗窃、扒窃、携带凶器盗窃成立盗窃罪的标准并不相同，宜分别规定为不同的盗窃罪，以示区别。二是以"其他"的要件要素的方式加以规定。抢劫罪即使用了"暴力、胁迫或者其他方法"的规定，反观国外成熟立法，"其他"的方式被十分警惕地禁用。

二、分类的无限性

犯罪不仅可分，而且是罪名无限可分。[1]根据事实标准不同，其分类无限的具体表现如下。

1. 要件要素无限

一般而言，行为方法、对象，包括心理总归是有限的，但毕竟还是有一定数量，可以说，要件要素决定了事实犯罪复杂性、多样性，为罪名无限化打下了基础。

事实罪名的无限化，最主要的动力来自行为，而行为是由行为方法、行为对象两个要素组成，行为分罪无限化主要体现为行为方法、行为对象的无限化，尤其是对象的无限，使事实危害存在很大差异，具备分别定罪、区别量刑的需求。这里以生产、销售伪劣商品罪，走私罪的不同对象为例说明，

---

[1] 参见文海林：《犯罪论的基本体系》，中国政法大学出版社 2011 年版，第 35 页。

由于商品的种类以千万计，尽管它们都侵犯了生产、销售产品或海关活动的正常秩序，但对象的不同是侵犯着不同法益形成了千差万别的事实危害性，催生了罪名分立的无限化。自从 1997 年《刑法》规定罪刑法定原则以来，不仅是生产、销售伪劣商品罪以及走私罪因为对象的不同从中衍生出生产、销售假药罪，生产、销售有毒、有害食品罪，生产、销售不符合安全标准的产品罪，走私武器、弹药罪，走私核材料罪，走私文物罪等几十个罪名，这两个犯罪也由 1979 年《刑法》的个罪变为了 1997 年《刑法》的类罪，是事实罪名无限化的具体体现，其它犯罪比如重大责任事故罪等也出现了同步的演化。

2. 结合无限

事实罪名无限的核心在于要件要素之间还要结合，结合出事实，无结合无事实，事实犯罪分类的无限，主要是指要件、要素之间结合的无限可能性。结合是不同要件、要素之间的结合，一旦要件、要素的某一方因素被替换，事实意义自然就不同了，成立的犯罪、罪名也不一样。比如，事实行为是方法与对象的结合，在对象一定的情况下，分类不同的方法就具有了区分罪名的意义。我们讨论抢劫罪的暴力，是以暴力方法与财物对象结合后成立抢劫行为，如果暴力不与财物结合，或者与财物结合的是其他方法比如窃取、骗取等，显然罪名是不同的。结合放大了分类的可能性，要件要素之结合，将要件要素本已"多样"的分类直接推升到"无限"的分类。

3. 价值补充无限

以抢劫罪为例，中外都形成了典型、不典型抢劫罪的局面，典型抢劫罪就是事实抢劫罪，不典型抢劫罪就是价值补充的各种抢劫罪。比如《日本刑法典》规定了强盗罪、强盗预备罪、事后强盗罪、昏醉强盗罪、强盗致死伤罪、强盗强奸罪、强盗强奸致死罪，强盗罪的要件、要素组合不同就成立不同罪名，日本刑法切实地践行了"罪名无限可分"的思想。尽管我国规定了不同抢劫罪类型，它们实质是不同抢劫罪类型，但不足的是都以抢劫罪定罪，并不是不同抢劫罪名，要成立不同抢劫罪名必须达到不同量刑。我国和日本刑法立法分别形成了量刑差异调节罪名与要件要素调节罪名，显然前者是价值思维的产物，而后者是事实思维的产物。

总结起来，事实财物罪的事实标准多点化、结合化、价值化，足以促成罪名的无限分类。

犯罪分类的无限，成就了立法史的辉煌，也形成了分类层次的随意，容易虚化立法，补强司法，客观上助长了价值刑法与价值分罪的"无底洞"和"深不可测"。适合人治不适合法治，中国古代刑法"刑不可知则威不可测"的说法，正是对于价值效果的追求、期待。但对于事实刑法、罪刑法定，则是致命的弱点，需要极力避免，比如像走私罪那样，列举一定数量有明显危害差异的特殊走私罪后，可以采取价值兜罪方式将其余的统一规定为普通走私罪。

三、分类的丰富性

法治社会以来，犯罪采用事实标准，对犯罪现象作出进一步裂变并细分，分类的关系性导致了分类的无限性，已如上述。深刻地促使犯罪标准复杂化的同时，也极大地丰富了犯罪类型。尤其是犯罪事实类型，包括事实、价值混合类型的大量出现，比如预备现象，以往没有将犯罪从着手作为起算点，预备犯罪包括了主观心理的思想犯、犯意表示，预备，但我国《刑法》第22条"为了犯罪"的规定，表明作为价值时段的预备犯罪，只包括为了实行的预备，前面三种现象的预备，由于远离实行的事实标准，不是今天需要定罪的预备犯。实行的预备，不同于预备的预备，笔者乐于将其概括为"事实的预备"，以区别于"价值的预备"。事实标准对于犯罪分类带来的搅动、丰富，由此可见一斑。

第七节　分类的层次性

分类层次是纵向分类。犯罪分类的层次性，是犯罪标准存在层次关系的必然。层次是标准、类型比较的结果，单一分类没有可比标准、类型，自然不会有分类层次，只有体系分类存在相互关系时才能出现。

犯罪分类的层次，不是点或者水平线之间的层次，而是范围之间的层次；层次内还有层次，层中有层、层内套层。一般而言，层次并不解决分类的具体标准、类型，比如行为分类，分类层次性并不能决定行为能够划分出哪些具体类型，但能够决定分出的类型所处的是哪些行为层面，而行为层面往往与事实现象有关；再如法益分类，分类层次同样不能决定法益能够划分出哪些具体类型，但决定分出类型所处的是哪些法益层面，而法益层面往往与价值现象有关。从这个角度看，层次是分类的前提，是为具体分类服务的，仍然属于分类理论。有些层次有可能直接决定分类，比如后面提及的心理层次，由于心理层次内部不同标准本身也是一个层次问题，那么，不同层次的心理本身也是分类标准，具备分类功能。

犯罪分类的层次性，对犯罪理论、立法产生了重大、深远影响，出现了要件要素理论、阶层理论、（违法或责任）推定理论、封闭（开放）构成要件要素、分则排序和关系分类。

一、事实层次分类

财产犯罪的层次性是因为不同层次标准具备不同功能，能够实现不同的社会目标。分类分层，分层分功能，不同层次不同功能成为分层的根据。

无论财产犯罪，还是一般犯罪的标准，都涉及意识、意志、方法、对象、行为、心理、利益、主体、形势、政策、文化、民族、社会、国家等众多现象，现象之间存在由低到高的纵向差异，具有意义的层级差异。一般而言，事实向内，意识、意志、方法、对象、行为、心理等现象始于做事，更专注、擅长对事实层面的微观表达，这些因素能够有效说明事实发生、发展、结果的全过程，具有恒定性、明确性；反之，价值向外，利益、主体、形势、政策、文化、民族、社会、国家等现象更能够与主流价值观念宏观对接，其使用依赖于价值判断、取舍，随意而不明确。事实、价值的不同标准，带有强烈的功能性、层次性、方向性、关系性，分类分层。

犯罪标准的层次性促成了犯罪分类的层次性。对任何历史时期财产犯罪的分类而言，首要的，就是根据需要实现的社会功能筛选出当前财产犯罪所处的层面，自觉在相应层次展开，同时本能排异其他层次，分类先分层，这就是分类的层次排异理论。行为无价值、结果无价值之争，实是层次之争。

层次排异在社会变革、立法改革、理论创新时，如果过于剧烈，往往伴随革命者被砍头的风险。我国清末修律、1997年《刑法》修订时对社会危害理论的争论，都是层次排异的具体例证。事实标准形成事实危害，其范围显著小于价值危害，从事实标准角度看，绝对不可能使用政治犯罪、仇恨犯罪、流氓犯罪的层次因素作为判断事实犯罪的标准，1997年《刑法》由罪刑法定原则正式确立事实标准后，同步将政治犯罪改为国家安全犯罪、取消了流氓罪等，大量而普遍地使用事实内部的要件、要素作为犯罪认定标准，正是犯罪事实层次发挥作用的必然结局。

(一) 要件层次

现今刑法理论所说的要件、要素，实质是事实内部的两个层次。[1]

要件的功能有二。第一，确立事实层次。要件的首要功能是基于罪刑法定的原则在所有犯罪层次中寻找并确立事实层次，为事实犯罪打下基础。要件是事实的起点。第二，明确事实行为、心理事实的要件组合。首先，划分出事实行为、心理事实的两大要件。之所以区分出事实行为、心理事实两个分支，是因为任何一个事实的产生，都是由心理动力、行为实施共同完成的，它们分别来自并主要体现了主体、法益两个价值方向，能够充分体现行为人、被害人两方不同目标。事实必须是当事人双方的结合产物，只有一方的因素，永远不会有事实出现。落子事实层次后，价值层次的法益、主体、危害，均不应当成为要件要素，它们反而成了要件要素应当排斥的现象。从这一层次理论能够看到，德日三阶层理论明显"棋高一着"，四要件以及社会危害性理论确实值得反思。其次，事实行为、心理事实的事实要件之间，以事实为目标进行结合才是事实现象。无结合则不为事实，结合须以事实为目标的结合，否则，如同预备犯罪也体现了主观、客观的结合，但其不以犯罪事实作为结合目标，就不可能是事实的现象，诸如以事实行为、心理价值，价值行为、心理事实的结合，均非以事实为目标的结合，不能成立事实犯罪。

确立事实层次后要做的第一件事，就是明确以事实行为、心理事实作为要件概念，替换以往的行为、心理两个类概念。事实行为既要区别于法益，还要区别于价值行为，以往使用的行为概念承担不了该任务，行为作为侵犯法益的方式，如果没有对行为进一步限制，行为概念与法益的区别是不大的，行为包括事实行为、价值行为，行为概念没有排除价值行为，但事实行为却

---

[1] 根据大谷实教授的研究结果，"构成要件论源于德语 Tatbestand。Tatbestand 是拉丁语 corpus delicti（罪体）的德译。罪体是指根据刑事程序所证明的犯罪事实，本来是诉讼法上的概念，但从18世纪末开始，变为指应当成为犯罪的行为以及结果，供排除法官的任意性使用。之后，费尔巴哈等将其发展为实体法上的要件。"这一演变的介绍，很能说明要件与事实标准的关系。但遗憾的是，现有德日理论对构成要件的解释，具有很强的立法倾向，已经同构成要件产生时事实渊源的初衷越来越远。参见 [日] 大谷实：《刑法讲义总论》，黎宏译，中国人民大学出版社 2008年版，第98页。

做到了此种排除；同理，心理要件也需要使用心理事实概念，该要件既要有别于主体，还要区别于心理价值，心理概念做不到这一点。传统理论使用行为替代事实行为、心理替代心理事实，既是引发行为理论始终走不出与法益和其他行为之间困局的根本原因，也是心理理论始终不能摆正事实、价值不同类型的根本原因。

分类要有对比因素，要件之间，由于缺乏对比因素而不具备相互分类的基础，即行为与心理之间，是不适合分类的；行为、心理之间有要件类别不同的区分意义，缺乏相同类别的分类意义。对于行为的分类，一般和结果对应区分为行为犯、结果犯，也可以分类出事实行为、价值行为；心理内部，可以分类出心理事实、心理价值。但不会出现行为犯、心理犯的分类形式。

(二) 要素层次

要件具有抽象性，要素具有具体性。要件确立事实层次，要素落实事实标准。要素同样有确立要素事实性质、要素之间相互结合两层意思。首先，事实行为内有方法、对象，心理事实内有意识、意志，之所以要素也同要件一样地两分，是因为要素一样地承载着行为方、被害方双方因素，其中，方法更多代表行为方的意图、性质，对象更多代表被害法益；意识更多代表搜索到的被害目标，意志更多代表了行为人的追求。每个要素内部，又都存在事实、价值的不同，事实行为、心理事实的设立罪名标准，不在事实行为、心理事实的要件层面，反而源于要素层面的事实、价值分类，尤其是行为要素的分类，比如，方法要素分为事实方法、价值方法后，促成了夺取罪、交付罪的罪名分类；对象要素分为财物、利益后，促成了利得罪、财物罪的分类，反而笼统的事实行为，基本失去了设立罪名的功能、分类的能力。

其次，事实方法、事实对象之间，意识、意志之间的结合，便形成了犯罪的事实行为、心理事实图景；反之，如果是事实方法、价值对象（如抢劫利益），或者价值方法、事实对象（如使用假枪抢劫财物），均不成立事实抢劫行为。

事实结合还有固定顺序的设置，即先方法后对象，违背该顺序已经不是事实意义的犯罪。这不仅适用于像抢劫罪、强奸罪这样侵犯两个以上法益的复合性行为，也适用于盗窃罪、诈骗罪侵犯一个法益的行为，所以，在德日理论中，对取得型财产犯罪有更为简明的概括，即"强取""窃取""骗取"，绝对不能颠倒顺序形成"取强""取窃""取骗"。

(三)价值层次

价值的具体层次是法益危害、主体危险,抽象层次是社会危害性;在价值标准范围内,事实层次也属于价值层次。这么一来,价值层次依次是:纯粹(危害)价值、事实(法益、主体)价值、事实要件、事实要素四个层次。这就能够解释为什么古代的价值刑法,也可以使用事实现象比如工具等作为区分标准。

鉴于事实的要件、要素两个层面已经在上面讨论过,下面只讨论属于价值的两个层次。第一,事实价值的目标分类,比如法益、主体这一层次。笔者认为,法益、主体是事实价值,[1]跨越事实、价值两个层次,法益、主体分别是行为、心理的反映目标。但法益、主体不是事实标准。第二,纯粹价值的目标分类,比如秩序、政治、文化、形势、政策等。

二、分类的方向性

价值向外、事实向内,价值外分、事实内分是基本方向,方向性分类也是一种关系分类。

(一)价值分类的外向性

所有价值现象,都由社会主流价值标准充当评判标准,社会主流价值标准会产生"虹吸效应""拉力效应",是向上、向外的价值效应,从事实价值到纯粹价值,自然形成外向性演化。

价值外向又是相对的,不同层次的外向起点、方向各不相同。社会危害性层级最高,覆盖了全部犯罪现象;法益、主体的层级次之,行为、心理层级,以及行为方法、行为对象、意识、意志层级也可以价值评价。除了社会危害性由于已经达到"天花板"层级的价值评价而无法再"向外",其余以下层级的价值评价均可以由更高层级价值评价,从而有一股神秘向外、向上的外溢拉力。比如财产犯罪,古代并不满足于以所有权为法益,而是以是否侵犯经济利益为法益,侵犯所有权注重财产的存在现状和归属关系,而经济利益看重的是财产利益是否获得,经济利益包括但不限于所有权,古代的盗

---

[1] 参见文海林:《犯罪论的基本体系》,中国政法大学出版社2011年版,第54~61页。

罪才有机会包括今天的经济犯罪如走私、强拿硬要、强买强卖等犯罪。

（二）事实分类的内向性

事实都是由要素一步步推动最终完成，要素对于事实的说明能力深入到内部的骨髓，这些"毛细血管"才能全方位准确说明犯罪事实何以产生，出现了哪些阶段，要素是要件分类的真实基础。从事实标准的角度看，认识要件从来不是认识要件本身的问题，而是认识组成要件的要素问题，向内才能认识。由于向内的收敛性，标准内向性、内分是事实体系分类的基本趋势，也指明了理论研究的方向性，但现有行为理论、心理理论的研究思路已经分道扬镳。

行为理论始终停留在行为层面，不肯下探到从组成行为的要素中获得标准，不可能为行为判断提供落地的要素标准。结局无两，要么从行为外部寻找根据，比如传统行为理论几乎都是如此，已经出现的从社会、人格、目的等外部因素判断行为，基本不成功；要么是绝望，比如多方努力后德国刑法理论出现的消极行为说。行为无价值论以伦理作为行为实质，肯定会让以反价值、反伦理、反道德为旗帜的启蒙思想者"大吃一惊"。

在财产犯罪行为理论中，本来前人已经天才般地启用了事实占有概念，该概念具有明确性强、概括力弱的突出特征，是罪刑法定的理想行为方法概念。但面对具体案件比如在国外和我国前些年引发热议的存款占有问题时，该概念概括不足的弱点使一些学者坐不住了，保护法益、社会危害性等"根深蒂固"的理念再次站出来指责占有的事实局限，扩大占有概念涵盖范围的冲动始终没有停止，于是，价值占有、规范占有的概念被创造出来。价值占有、规范占有包括但不限于事实占有，是占有现象外向化的结局，其概括范围扩大了，是以牺牲明确性、罪刑法定为代价的，远不及坚守事实占有的同时个别、适度扩张占有范围的方案好。

心理理论则是另一番景象，两条线路可以证明。第一条线路，早已出现心理是否可分的追问，已经出现了心理事实的故意、过失，与心理价值的目的犯（主观超过要素）等的分类。第二条线路，故意、过失的研究是从意识、意志的要素层面展开的，故意理论出现的认识说、希望说、容认说等都试图在要素类型中提供标准，忠实践行了事实向内的方向性。尽管，心理要件由于没有事实标准的指导，其事实标准的自觉性、主动性、深入性还有提升余地，但这是完善的问题，不是无解的问题。

三、分类层次引发的犯罪理论

分类层次性，导致了犯罪在前述的要件要素，以及入罪、出罪、分则排序等部位中出现了阶层性现象。阶层现象，是犯罪及其分类层次性导致的。

（一）入罪的层次性

事实向内、向下入罪天然存在概括不够的痼疾，价值返身向上，丰富入罪标准的同时，也复杂了入罪类型，增加了分类的多样、多变、类型。事实以标准入罪，价值以补充入罪，事实、价值之间的入罪标准不同，入罪的层次性便形成了。

在主观心理要件中，故意是事实标准，使用心理事实标准判断，其中，直接故意的希望意志是最典型的心理事实，间接故意的放任意志是心理价值；希望意志是行为已经实际存在过的心理现象，放任意志既有行为人存在过的意志现象、也有社会一般人标准对其应有的意志期待，既存意志、期待意志之间，已经具有意志的事实、价值两个层次。故意、过失之间，尤其是疏忽大意的过失，行为人根本没有任何心理现象，但被认定为具有过失心理也是一种期待心理，既存心理、期待心理的不同层次、特征更为明显，两者对比，心理的事实、价值的层次性特征更为突显。

行为同样如此，作为是事实层次，不作为是价值层次，这就能够解释为什么对于不作为的本质，日本刑法理论认为其是"与作为价值相当的现象"，既有作为、期待作为的层次差异呼之欲出。在财产犯罪中，先强后盗具有"强取"特征，属于事实抢劫现象，但先盗后强明显不具备"强取"特征，是被立法比照"强取"侵犯了财产权、人身权两个法益标准，设定了"护赃""逃跑""毁灭罪证"三个前提后，价值评价为"强取"的，先强后盗、先盗后强属于既有事实抢劫、期待事实抢劫两个层次。

现有行为以"身体为基础"，是一种事实行为的预设，其中，身体的动是行为、静是不作为。身体的事实外观层次，将作为、不作为合为一个层次。但持有不以身体为前提，是纯粹价值意义的行为，属于价值行为。据此，事实行为、价值行为应当是行为的分类，事实行为内部分类出作为、不作为；价值行为有持有行为、预备行为等。刑法理论一直讨论持有是作为、还是不作为的归属，是由于没能认识到持有与作为、不作为不是同一事实行为层次的前提，本来就不应该将持有归入事实行为之中，讨论持有在事实行为中的归属，是讨论一个本来就不存在的问题。持有应该在价值行为中，讨论与预备行为等其他价值行为的分类，才算精准定位了自身的层次。

(二) 出罪的层次性

事实入罪、价值出罪，入罪、出罪使用两个标准，在两个层次完成判断，犯罪判断的层次性已经被归纳为三阶层理论。

看不出事实犯罪的层次性，是否定三阶层理论的实质。二阶层将事实入罪的两个要件分别纳入出罪的违法、罪责中，忽略了事实入罪完整性的应有意义，偏重法益、主体出罪的归宿性的表现。主张一阶层，看重罪责标准的功能，是龙勃罗梭天生犯罪人理论的贯彻，更是彻底抛弃了事实标准。

(三) 违法推定理论、罪责推定理论

推定理论之所以能够成立，就是因为行为推定法益侵害性，心理推定行为人危险性的直接反映、被反映的关系，最终都共同反映社会危害性，实质是层次导致的。

(四) 封闭构成要件要素、开放构成要件要素

犯罪存在的层次现象，使犯罪判断、处理具备鲜明的指向性，向内、向外指向性的稳定运行，使犯罪判断出现封闭、开放的方向特征，分别成就了法治、人治的社会治理模式。其中，封闭构成要件要素是向事实内部封闭，开放构成要件要素是向价值外部开放，犯罪分类层次特征，为封闭、开放构成要件要素的认识提供了另外一种可能。

(五) 分则犯罪排序的层次性

分则犯罪排序，就是对犯罪层次性的排序。犯罪的事实排序，面对分则所有犯罪的现实，必须顾及概括力、明确性两方面。

第一，编、章层次的排序。编、章的层次仍然承担着繁重的罪名分流功能，不具有概括优势的行为标准不适合作为编章分类标准。从概括能力角度看，需要价值层次即法益标准作为分类标准。此外，对章排序的"编"，当今世界各国主要做法是按照侵犯个人法益、侵犯社会法益、侵犯国家法益排序。

第二，节、个罪的排序。节要容纳的罪名数量锐减，更有条件以事实标准分类。我国刑法分则只有破坏社会主义市场经济秩序罪、妨害社会管理秩序罪因为罪名数量较大，有"节"一层次，其余章均没有节层次，但在刑法

教科书的安排中，所有章都做了节的归纳。

规定了节的两章，节罪名都是法益分类，但我国理论上出现了第二种方案，即危害公共安全罪按照危害公共安全的方法、对象，分类出以危险方法危害公共安全罪、破坏特殊对象罪、实施恐怖危险活动危害公共安全罪、违反枪支弹药管理危害公共安全罪、违反安全管理危害公共安全罪，其中，第一、第三两类是以行为方法、方法预备形态为标准的犯罪，其余三类是以行为对象、特殊领域为标准的犯罪，所以，危害公共安全罪是以方法、对象形成的节罪名，是一种事实犯罪分类。

笔者认为，节层次可以视条件而定。事实标准的概括能力足够的，以事实标准分类节，例如危害公共安全罪章那样。否则，以法益分类节。事实财物罪分为事实财产法益、价值财产法益即侵犯物权犯罪、侵犯债权犯罪、侵犯知识产权犯罪三节，所有具体的财产罪名，分门别类归入其中。法益分节，能够清晰说明不同节之间的事实、价值排序依据、关系、位次。同时，能够说明不同节罪名之间，尽管会存在要件要素的相同，但法益的不同，已经足以导致两者之间的不同。

个罪排序，按照事实重要性先事实、后价值，事实危害先大后小，先行为后心理，先方法后对象，决定排序先后。

对照上述方案，根据我国刑法财产犯罪的现有规定格局，将贪污罪与行贿罪、受贿罪单独合并成章，从而试拟定下述侵犯财产罪事实体系排序方案。

第一编　侵犯个人法益的犯罪

第一章　侵犯公民的人身权利、民主权利罪

…………

第二章　侵犯财产罪

第一节　侵犯物权罪

第263条　抢劫罪

第264条　事后抢劫罪

第265条　抢劫利益罪

第266条　携带凶器抢夺罪

第267条　聚众打砸抢罪

第268条　抢夺罪

第 269 条　盗窃罪

第 270 条　公开盗窃罪

第 271 条　敲诈勒索罪

第 272 条　侵占罪

第 273 条　侵占遗失物罪

第 274 条　职务侵占罪

第 275 条　诈骗罪

第 276 条　聚众哄抢罪

第 277 条　挪用特定款物罪

第 278 条　挪用资金罪

第 279 条　故意毁坏财物罪

第二节　侵犯债权罪

第 281 条　拒不支付劳动报酬罪

第 282 条　侵犯债权罪

第 283 条　催收非法债务罪

第 284 条　拘禁索债罪

第三节　侵犯知识产权罪

第 285 条　假冒注册商标罪

第 286 条　销售假冒注册商标的商品罪

第 287 条　非法制造、销售非法制造的假冒注册商标标识罪

第 288 条　假冒专利罪

第 289 条　侵犯著作权罪

第 290 条　销售侵权复制品罪

第 291 条　侵犯商业秘密罪

第 292 条　为境外窃取、刺探、收买、非法提供商业秘密罪

第二编　侵犯社会法益的犯罪

…………

第三编　侵犯国家法益的犯罪

…………

主要参考文献

1. 文海林：《犯罪论的基本体系》，中国政法大学出版社 2011 年版。
2. 文海林：《论罪刑法定的事实明确》，中国政法大学出版社 2016 年版。
3. 刘明祥：《财产罪比较研究》，中国政法大学出版社 2001 年版。
4. 童伟华：《财产罪基础理论研究：财产罪的法益及其展开》，法律出版社 2012 年版。
5. 储槐植：《美国刑法》，北京大学出版社 1996 年版。
6. 赵秉志主编：《侵犯财产罪研究》，中国法制出版社 1998 年版。
7. 钱大群撰：《唐律疏义新注》，南京师范大学出版社 2007 年版。
8. 孙向阳：《中国古代盗罪研究》，中国政法大学出版社 2013 年版。
9. 徐凌波：《存款占有的解构与重建：以传统侵犯财产犯罪的解释为中心》，中国法制出版社 2018 年版。
10. 张明楷：《刑法学》，法律出版社 2016 年版。
11. 王雨田：《英国刑法犯意研究——比较法视野下的分析与思考》，中国人民公安大学出版社 2006 年版。
12. 林山田：《刑法各罪论》（上册），北京大学出版社 2012 年版。
13. 王钢：《德国判例刑法（分则）》，北京大学出版社 2016 年版。
14. 陈重业辑注：《古代判词三百篇》，上海古籍出版社 2009 年版。
15. 高绍先主编：《中国历代法学名篇注译》，中国人民公安大学出版社 1993 年版。
16. 中国社会科学院语言研究所词典编辑室编：《现代汉语词典》，商务印书馆 2016 年版。
17. 法制晚报社《古法回眸》编委会编著：《古法回眸》，法律出版社 2008 年版。
18. 蔡枢衡：《中国刑法史》，中国法制出版社 2005 年版。
19. 郑孟状：《论抢劫罪中的几个问题》，载甘雨沛等主编：《犯罪与刑罚新论》，北京大学出版社 1991 年版。
20. 闵冬芳：《清代的故意杀人罪》，北京大学出版社 2015 年版。
21. 周啸天：《事后抢劫罪法条性质二分说的提倡与应用》，载刘艳红主编：《财产犯研究》，东南大学出版社 2017 年版。
22. 陈子平:《台湾"刑法"上的准强盗罪》,载冯军主编:《比较刑法研究》,中国人民大学出版社 2007 年版。
23. 张明楷:《外国刑法纲要》,清华大学出版社 2007 年版。
24. 秦新承:《支付方式的演进对诈骗犯罪的影响研究》,上海社会科学院出版社 2012 年版。
25. 游涛:《普通诈骗罪研究》,中国人民公安大学出版社 2012 年版。
26. 申柳华:《德国刑法被害人信条学研究》,中国人民公安大学出版社 2011 年版。
27. 何勤华、夏菲主编:《西方刑法史》,北京大学出版社 2006 年版。
28. 张明楷:《法益初论》,中国政法大学出版社 2000 年版。
29. 王玉珏:《刑法中的财产性质及财产控制关系研究》,法律出版社 2009 年版。
30. 余淦才、胡云腾:《论刑法分则体系的革新与重建》,载《中外法学》1992 年第 2 期。
31. (清)沈家本:《历代刑法考》(下册),商务印书馆 2011 年版。
32. [意] 贝卡里亚:《论犯罪与刑罚》,黄风译,中国大百科全书出版社 1993 年版。
33. [美] 乔尔·范伯格:《刑法的道德界限(第三卷):对自己的损害》,方泉译,商务印书馆 2015 年版。
34. [美] 乔治·弗莱彻:《反思刑法》,邓子滨译,华夏出版社 2008 年版。
35. 美国法学会编:《美国模范刑法典及其评注》,刘仁文等译,法律出版社 2005 年版。
36. [英] 梅因:《古代法》,沈景一译,商务印书馆 1959 年版。
37. [日] 牧野英一:《日本刑法通义》,陈承泽译,中国政法大学出版社 2003 年版。
38. [日] 泷川幸辰:《犯罪论序说》,王泰译,法律出版社 2005 年版。
39. [日] 佐伯仁志、[日] 道垣内弘人:《刑法与民法的对话》,于改之、张小宁译,北京大学出版社 2012 年版。
40. [日] 大塚仁:《刑法概说(各论)》,冯军译,中国人民大学出版社 2003 年版。
41. [日] 西田典之:《日本刑法各论》,刘明祥、王昭武译,中国人民大学出版社 2007 年版。
42. [日] 大谷实:《刑法讲义总论》,黎宏译,中国人民大学出版社 2008 年版。
43. [日] 山口厚:《刑法各论》,王昭武译,中国人民大学出版社 2011 年版。
44. [日] 山口厚:《从新判例看刑法》,付立庆、刘隽译,中国人民大学出版社 2009 年版。
45. [德] 安塞尔姆·里特尔·冯·费尔巴哈:《德国刑法教科书》,徐久生译,中国方正出版社 2010 年版。
46. 《德意志联邦共和国刑法典》,徐久生译,中国政法大学出版社 1991 年版。

47. 《日本刑法典》，张明楷译，法律出版社 1998 年版。
48. 《俄罗斯联邦刑法典》，黄道秀等译，中国法制出版社 1996 年版。
49. 《古巴刑法典》，陈志军译，中国人民公安大学出版社 2010 年版。
50. 《奥地利联邦共和国刑法典（2002 年修订）》，徐久生译，中国方正出版社 2004 年版。
51. 《喀麦隆刑法典》，于志刚、赵书鸿译，中国方正出版社 2007 年版。
52. 《巴西刑法典》，陈志军译，中国人民公安大学出版社 2009 年版。
53. 《匈牙利刑法典》，陈志军译，中国人民公安大学出版社 2008 年版。
54. 《古巴刑法典》，陈志军译，中国人民公安大学出版社 2010 年版。

后 记
为事实刑法学而奋斗

库恩说任何学科以范式的建立作为是否成熟的标志。现代刑法从早期的事实标准到二十世纪初的规范即价值标准,也处于建立自己范式的艰难时期。笔者以为,早期学者们的努力方向是对的,构成要件要素、三阶层、主客观相统一的基本和被公认的判断逻辑都是事实标准的产物,问题仅仅在于,如何进一步将事实标准做深、做精,尤其是如何与价值标准和谐相处,才是事实范式真正、最终建立的一刻。

转行到大学教书后,笔者认定符合罪刑法定原则的就是犯罪事实标准,从此致力于犯罪事实标准建构,并在不同层面展开,宏观建立标准,微观落地标准,围绕犯罪事实标准的基础理论已经出版了两本专著。本书将事实标准的讨论具体到财产犯罪,希望通过对一些具体问题的讨论,展现出事实标准的运用价值。笔者一直认为自己有义务将自己所能认识到的十分粗浅的实在犯现议记录下来,借专家们批判,以有利于中国刑法的发展。

本书前后写了8年。本想再多写一些,比如财产数额、事实占有方法、事实时空的刑法意义、事实危害性与社会危害性比较、侵占罪双重标准、法益的事实性等重要问题,无奈自己由于高度近视和用眼过度,得了飞蚊症,只好草草收笔,所以,是"初论"。于我而言,这可能是自己最后的文字,以后再无眼力写作。但事实刑法学无疑是一项需要几代人接力奋斗的事业,希望后来人能够写出《事实财物罪续论》,最终实现完整版的《事实财物罪研究》,进而完成《事实刑法学》。

本书的写作,消耗了太多的精力。书中每章都在写作中不断捕捉理论关联问题,设想解决方案,许多问题都需要在不断定性、解决中徘徊,增删增删间,就到了退休年龄。所幸,许多问题在德日刑法理论中也曾有过讨论,这使笔者获得了不少的"助力",将自己主张的事实标准代入后,问题的解决相对顺利了不少。但本书写作还是有一些重要挑战的,一些问题几乎没人讨论过,从选题到选择写作内容都在不断试错中最终完成,过程十分地艰辛,比如前二章的内容。当然,写作本身也有很大收获,一些长期不解的问题得到了根本解决,比如被害人事实占有财物是在学习财产犯罪现有理论时作为前提性知识灌输给我的观点,尽管其解决了侵占罪的成立,但笔者仍然一直对此适用于其他取得型财产犯罪疑惑不解,本书的写作认识到被害人事实占有财物是激活财物封闭性,也是提高行为人行为门槛的必要条件,从而对被害人事实占有财物做了合理的理论定位,也解决了我的疑惑。

感谢夫人唐进蓉女士30多年的不离不弃,为我潜心修学尽可能提供良好条件,同时,许多时候夫人充当了我考察事实标准、价值标准中价值标准的"代言人"角色,有些问题笔者会和夫人先行讨论相关标准的差异,比如重庆万州公共汽车坠河案发生后,笔者与夫人讨论了以其他危险方法危害公共安全罪中的"其他危险"范围,她所持的法益危险观点,印证了学界一些同仁的标准。

笔者围绕犯罪事实标准思考而成的几本专著都由中国政法大学出版社鼎力出版,十分感谢出版社的厚爱,也感谢中国政法大学出版社诸位编辑的辛勤劳动!早在八九年前,彭江编辑就与我约定下一本书由其承担,我一直记着这一约定,希望早日履约,感谢他不嫌弃本书"初论"的模样坚持出版本书!

文海林
2025年3月3日